U0725543

工程财务系列教材

工程项目管理

主　编　罗远洲　周　晟
副主编　汪　辉　李炳宏

中国建筑工业出版社

图书在版编目（CIP）数据

工程项目管理/罗远洲，周晟主编. —北京：中国建
筑工业出版社，2016.12
工程财务系列教材
ISBN 978-7-112-20019-1

Ⅰ．①工…　Ⅱ．①罗…　②周…　Ⅲ．①工程项目
管理-高等学校-教材　Ⅳ．①F284

中国版本图书馆 CIP 数据核字（2016）第 254237 号

　　本书为《工程财务系列教材》之一。本书满足工程项目管理及相关专业的教
学需要，以期不断提高工程项目管理人员的业务素质，立足于全面、系统，重点
对工程项目的组织、决策、勘察设计、招投标、合同、进度、质量、造价、风险
防范、竣工验收、项目后评价、监理和信息的管理与控制等主要问题进行阐述。

　　本书既可作为一般高校工程管理专业本科教材，也可作为相关专业自学参考
用书。

责任编辑：于　莉　田启铭
责任设计：李志立
责任校对：李欣慰　党　蕾

工程财务系列教材
工程项目管理
主　编　罗远洲　周　晟
副主编　汪　辉　李炳宏

*

中国建筑工业出版社出版、发行（北京海淀三里河路 9 号）
各地新华书店、建筑书店经销
霸州市顺浩图文科技发展有限公司制版
北京建筑工业印刷厂印刷

*

开本：787×1092 毫米　1/16　印张：16¼　字数：392 千字
2016 年 12 月第一版　　2016 年 12 月第一次印刷
定价：**45.00** 元
ISBN 978-7-112-20019-1
（29496）

前　言

随着新时期国家关于工程项目管理的相关法规、制度的调整、改革，对工程项目管理的实践操作的要求也发生了相应变化，对教材相关内容进行及时的更新和完善显得非常重要。工程项目管理是集工程技术与经济管理等多学科门类于一体，以质量、工期、投资三大目标为主轴，不断提高资源的最佳配置和最佳效益，强调理论与实践相结合，专门研究工程项目管理理论与管理方法的一门交叉学科。随着社会主义市场经济体制日臻完善，我国工程建设项目管理工作也日益与国际趋同，实现工程项目管理科学化、规范化和信息化已成为当今业界理论研究者和实践探索者的共同目标和任务。二十多年来，我国诸多专家学者通过学习借鉴和实践创新等方式逐渐创立了符合我国国情的工程项目管理理论体系，这些创新的理论和方法对我国工程建设项目的管理实践活动起着非常重要的指导作用。

为满足工程项目管理专业的教学需要，不断提高工程项目管理人员的专业素质，我们在过去编写的《工程项目管理》教材基础上，吸收国家关于工程项目管理的最新法规相关内容和借鉴目前业界最新理论研究成果的基础上，重编这本教材。本教材立足于全面、系统，重点对工程项目的组织、决策、勘察设计、招投标、合同、进度、质量、造价、风险防范、竣工验收、项目后评价、监理和信息的管理与控制等主要问题进行阐述。本教材由罗远洲任主编。全书共13章，参加编写的同志有：第1章，李先君；第2章，张巍；第3章，杨伟华；第4章，李炳宏；第5章，黄如安；第6章，李驹；第7章，刘燕花；第8章，罗远洲；第9章，元红花；第10章，杜文军；第11章，周晟；第12章，周述发；第13章，汪辉。初稿完成后由罗远洲、周晟、汪辉和李炳宏修改，最后由主编总纂定稿。

受编者经验和水平限制，书中难免有疏漏、不当之处，敬请有关专家和广大读者批评指正！

编者

二〇一六年五月

目　　录

第1章 工程项目管理概述

1.1 工程项目

1.1.1 工程项目的含义与特点

1. 工程项目的含义

项目是指在一定的约束条件下，具有特定目标的一次性任务或活动。在社会生活中，符合上述含义的事物极为普遍，如科学研究中的课题攻关、新产品开发，文化体育活动中的举办运动会、组织文艺晚会等。显然，项目是指一个过程，而不仅指过程终结后所形成的成果。

工程项目是指为了特定目标而进行的投资建设活动，是最为常见、最为典型的项目类型，是一种既有投资行为又有建设行为的项目决策与实施活动。在工程建设领域，建造一栋大楼或开发一个住宅小区，兴建工矿企业，修建道路、桥梁或水库、堤坝等，都是项目。因此，我们所说的工程项目是指在一定条件约束下，以形成固定资产为目标的一次性事业。一个工程项目必须在一个总体设计或初步设计的范围内，由一个或若干个互有联系的单项工程所组成，经济上实行统一核算，行政上实行统一管理。

2. 工程项目的特点

工程项目从管理的角度而言，具有一些显著特点。

（1）建设任务的明确性。工程项目都有明确的建设任务，如建造一栋教学楼、兴建一座发电厂或修建一条铁路线等。

（2）建设地点的固定性。工程项目的建设地点都是固定在某一确定位置的，建成后也是不可移动的。

（3）建设目标的约束性。工程项目的建设目标有多方面要求，如质量要求，即工程建设要达到预期的使用功能、生产能力、技术水平、产品等级等；时间要求，即工程建设有合理的工期时限；资源要求，即工程建设是在一定的人力、财力和物力投入条件下完成的。这些要求即是工程项目建设目标的约束性，同时成为项目管理的主要目标，即质量目标、进度目标和费用目标。

（4）建设过程的唯一性。工程项目的建设过程不同于一般商品的批量生产，具有唯一性。即使是按照同一设计图纸建造的两栋楼，由于建设地点的不同，也会有所差异。

（5）投资的风险性。工程项目建设是一次性的，其建设周期一般较长，且在建设过程中，存在许多不确定性因素。因此，工程项目投资具有风险性。

（6）管理的复杂性。一个工程项目往往是由多个相互关联的子项目所构成的复杂系统，且项目建设涉及面广，需要多个单位、部门之间的协调与配合，加上外界社会、经济和政治环境的变化、影响，使得项目管理的复杂性不断提高。特别是一些大中型项目由于建设规模大、技术手段复杂，其管理的难度尤为突出。

1.1.2 工程项目的分类

为便于科学管理，需要从不同角度对工程项目进行分类：

1. 按投资的再生产性质划分

工程项目按投资的再生产性质可分为基本建设项目和更新改造项目，如新建、扩建、改建、迁建、重建属于基本建设项目，技术改造、技术引进、设备更新等属于更新改造项目。

2. 按建设规模划分

按国家规定的标准，基本建设项目可分为大型项目、中型项目和小型项目；技术改造项目可划分为限额以上项目和限额以下项目。

3. 按建设阶段划分

工程项目按所处阶段不同可分为预备项目（投资前期项目）或筹建项目、新开工项目、施工项目、续建项目、收尾项目、投产项目、停建项目。

4. 按项目用途划分

工程项目按用途可分为生产性建设项目和非生产性建设项目。生产性项目是指用于物质产品生产的建设项目，如工业项目、农业项目、交通运输项目、农田水利项目、能源项目；非生产性项目是指满足人们物质文化生活需要的建设项目。

5. 按资金来源划分

工程项目按资金来源可分为国家预算拨款项目、银行贷款项目、企业自筹资金项目、利用外资项目等。

1.1.3 工程项目的周期

工程项目周期，是指一个项目由筹划立项开始，直至竣工投产收回投资，达到预期投资目标的整个过程。工程项目周期是人们在长期的工程建设实践过程中，对工程建设客观规律的科学认识和理论总结。按照项目自身的运动规律，工程项目周期包括项目决策期、项目实施期和项目使用期，其中每一时期又分为若干阶段。不同的时期、不同的阶段具有不同的目标和任务，需要投入不同的资源，因此具有不同的管理特性、管理要求和管理内容。

1. 项目决策期

工程项目的决策期是指从投资意向形成到项目决策这一时期，其中心任务是对拟建项目进行科学论证和决策。项目的成立与否、规模大小、资金来源及利用方式、主要技术与设备选择等重大问题，都要在这一时期完成。项目决策期可分为以下四个阶段：

（1）投资机会研究。机会研究的目的是寻找投资领域和方向，进行项目选择。机会研究主要是市场需求研究和资源研究，将投资意向构思成项目概念，并对项目内容进行预见性描述和概括。

（2）项目建议书。项目建议书是投资机会研究的具体化，它是以书面的形式申述项目建设的理由和依据，即立项申请。

（3）可行性研究。可行性研究是从经济、技术、社会等多方面对项目的可行性、合理性、必要性等进行科学的、客观的、详细的研究论证，并提出可行性研究报告作为项目决策的重要依据。可行性研究是项目决策期的关键环节。

（4）项目决策。在对项目可行性研究报告真实性、可靠性评估的基础上，进行投资决策，确定项目成立与否。

2. 项目实施期

项目实施期是在项目决策后，从项目勘察设计到竣工验收、交付使用这一时期，其主要任务是通过投资建设使项目成为现实，一般都要形成固定资产。项目实施期一般包括以下三个阶段：

（1）项目设计。工程项目一般要下达设计任务书，根据设计任务书进行初步设计和施工图设计。初步设计是项目可行性研究的深化和细化，在此基础上的施工图设计是工程施工的直接依据。

（2）项目施工。项目施工是根据施工图纸进行建筑、安装活动，把项目变成实物的过程。为保证施工的顺利进行和工程质量，在工程开工前要进行施工准备，如招标、征地拆迁、材料与设备采购等工作。

（3）竣工验收。竣工验收是建设工程项目竣工后开发建设单位合同设计、施工、设备供应单位及工程质量监督部门，对项目是否符合规划设计要求以及建筑施工和设备安装质量进行全面检验，取得竣工合格资料、数据和凭证。竣工验收一般是先进行各单项工程竣工验收，然后进行全部工程整体验收，验收合格后办理交付使用手续。

3. 项目使用期

项目交付使用后便进入其使用期或生产运行期，经过使用或生产运行可实现项目的建设目标或达到其生产经营目标，收回投资并产生资金增值。这一时期主要包括以下工作：

（1）项目后评价。项目后评价是经过一段时间的使用或生产运行后，对项目的立项决策、设计、施工等过程进行总结评价，以便总结经验、解决遗留问题。

（2）实现生产经营目标。实现生产经营目标包括尽快生产出合格产品，并达到设计规定的生产能力，按计划实现利润指标。

（3）资金回收与增值。项目建设的根本出发点就是按计划收回投资、归还贷款并达到资金增值的目的。

1.2　工程项目的系统分析

任何项目都是有组织有计划的系统活动，必须用系统管理的方法全面、动态地分析和处理问题，才能求得系统目标的总体优化。一个工程项目往往是由若干形体独立、功能关联的单体工程所组成，而一个单体工程一般又是由基础、主体结构、装饰装修及设备系统等共同构成的有机整体，并且工程项目也与外部社会经济环境有着千丝万缕的联系。正确认识、把握和处理好这些关系，对于工程项目管理来说十分必要。

1.2.1　工程项目的内部系统构成

工程项目的内部系统可从项目所包含的工程实体内容的多少和大小上进行划分，一般分为单项工程、单位工程、分部工程和分项工程等子系统。

1. 单项工程。单项工程又称单体工程，是指具有独立设计文件、能单独组织施工，且竣工后能够独立发挥生产能力或效益的工程。如一所学校的教学楼、办公楼、图书馆、食堂等均为单项工程。一个工程项目可包含多个单项工程，也可仅有一个单项工程，即该单项工程就是工程项目的全部内容。单项工程从施工的角度来说也是一个独立的系统，在工程项目总体施工部署和管理目标指导下，可形成自身的项目管理方案和目标，并按其投资和质量要求，单独组织施工和竣工验收、交付使用。

2. 单位工程。单位工程是单项工程的组成部分，是指具有独立设计文件，能够单独组织施工，但竣工后不能单独投入使用的工程。一个单项工程按专业性质及作用不同可分解为若干个单位工程。如教学楼中的土建工程、给水排水工程、电气照明工程等。一个单位工程又可进一步分解为若干个分部工程。

3. 分部工程。分部工程是单位工程的组成部分，是将单位工程按结构部位的变化进一步划分所得，是单位工程的进一步分解细化。如土建工程中的基础工程、主体工程、楼地面工程、屋面工程、装修工程等。

4. 分项工程。分项工程是分部工程的组成部分，是将分部工程按照材料类型或施工工序的变化进一步划分所得，如基础工程中的模板工程、钢筋工程、混凝土工程等。分项工程是项目划分的最小单位，它既有其作业活动的独立性，又有相互联系、相互制约的整体性。分项工程是建筑施工生产活动的基础和工程质量形成的直接过程。

1.2.2　工程项目的外部关联方

工程项目的建设必然涉及到建筑市场，包括工程建设市场和建筑生产要素市场的各方主体。它们通过一定的交易方式形成以经济合同，包括工程勘察设计合同、施工承发包合同、工程技术物资采购供应合同等为纽带的各种经济关系或责权利关系，从而构成工程项目及其外部各相关系统的关联关系。

1. 业主方。项目业主，即项目的投资者。它从自身利益出发，根据建设意图和建设条件，对项目投资和建设方案作出既符合自身利益又适应建设法规和政策规定的决策，并在项目实施过程中履行业主应尽的义务和责任，为项目实施创造必要的条件。业主的决策水平和行为规范，对一个项目的建设起着重要的作用。

2. 使用方。按照质量管理的思想，"用户第一"是工程建设的基本方针。使用者对项目使用功能和质量的要求，决定了工程项目的策划、决策、设计及施工。评价工程建设质量的重要依据也来自使用者。

3. 设计方。设计单位是综合考虑业主的建设意图、使用方的使用要求、国家建设法规要求及项目建设条件，进行项目方案创作，编制出用以指导项目实施文件的机构。项目设计联系着项目决策和项目实施两个阶段，设计文件既是决策方案的体现，又是项目施工的依据。因此，设计过程是决定项目投资和质量目标的关键环节。

4. 施工方。施工单位是以承建工程施工任务为主要生产经营活动的建筑产品生产者。在市场经济条件下，施工单位通过工程投标竞争取得工程施工承包合同后，通过制定经济合理的施工方案，组织工程施工作业，并按发包方规定的要求完成施工任务，以取得经济效益。施工方是将工程项目变成实体的项目实施过程的主要参与者。

5. 供货方。供货方包括建筑材料、建筑构配件、工程机械与设备的生产厂家和供应商。他们为项目实施提供各种生产要素，其交易方式、产品价格和质量、服务体系等，直接影响着项目的投资、质量和进度目标。

6. 监理方。我国实行建设工程监理制度，建设工程监理是指具有相应资质的工程监理企业，受建设单位的委托，承担其项目管理工作，并对各承包单位履行相关建设合同的行为所进行的监督和管理工作。工程监理企业是建筑市场的主体之一，其工作包括项目决策阶段的咨询服务和项目实施阶段的目标控制及合同管理、信息管理等工作。

7. 政府主管方。建设工程具有强烈的社会性，政府主管部门代表社会公众利益，通过执行基本建设程序和实施工程质量监督，对建设立项、规划设计、竣工验收等建设行为进行审批，以保证工程建设的规范性及质量标准。

8. 地区与社会。工程项目与所在地区有许多必要系统的衔接配套，如项目内部交通与外部的衔接、水、电、气的供给、通讯、消防、环卫设施等，都需要地区相关部门的协作配合才能按其规定的要求和流程与外部相应系统有机衔接，为项目的顺利使用创造条件。

1.3 工程项目管理

1.3.1 工程项目管理的含义

工程项目管理的含义有多种表述，英国皇家特许建造学会（CIOB）对其所作的表述是：自项目开始至项目完成，通过项目策划和项目控制，以使项目的费用目标、进度目标和质量目标得以实现。此种表述得到多数国家建造师组织的认可，在工程管理业界具有较高的权威性。

在上述表述中，"自项目开始至项目完成"是指项目的实施期，包括设计准备阶段、设计阶段、施工阶段、使用前准备阶段和保修阶段，由于招投标工作分别在设计准备阶段、设计阶段和施工阶段中都有进行，所以不单独列出招投标阶段；

"项目策划"是指项目控制前的一系列筹划和准备工作；

"费用目标"对业主而言是投资目标，对施工方而言是成本目标。

工程项目管理是工程管理的一部分，其内涵涉及项目管理的全过程和全方位，包括项目决策期、项目实施期和项目使用期，并涉及参与工程项目投资建设的各关联方。工程项目管理的核心任务是实现项目目标。

1.3.2 工程项目管理的特点

工程项目管理是项目经理和工程项目管理组织运用系统工程的理论和方法，对工程项目及其资源进行决策、计划、组织、指挥、控制、协调等一系列工作，以实现项目目标的管理方法体系。工程项目管理具有以下特点：

1. 工程项目管理是复杂的综合管理

工程项目是由多个体系组成的综合系统，建设周期长，影响因素多，项目管理相关者众多，需要综合运用工程技术、经济、法律、社会等多种学科知识，对项目实施全过程、各阶段进行多要素综合管理。特别是一些规模巨大、技术复杂的大中型项目，其管理的复杂性尤为突出。

2. 工程项目管理是约束性强的控制管理

工程项目在实施过程中要受到时间限定、资源消耗、功能要求、质量标准、技术条件、法律法规、环境影响等各种因素的制约，工程项目管理也有着明确的时间、质量、费用目标，这决定了工程项目约束条件的约束强度比其他管理更高，因此，工程项目管理是高约束性控制管理。

3. 工程项目管理具有创造性

由于工程项目具有一次性特点，存在较多未知因素，因而项目管理既要承担风险又必须发挥创造性，才能正确处理和解决工程实际问题、实现项目目标。工程项目管理就是将现代项目管理理论与经验创造性地运用于工程管理实践，这也是项目管理与一般重复性管理的主要区别。

4. 工程项目管理需要建立专门的组织机构

工程项目建设需要对资金、人员、材料、设备等多种资源进行优化配置，具体实施过程中出现的各种问题，不同职能部门应尽快作出相互配合、相互协调的反应，以适应项目目标的要求。因此，必须建立围绕专一任务开展工作而不受现有组织任何约束的一次性专门化管理组织。

1.3.3　工程项目管理的类型和任务

一个工程项目的建设，往往有多个参与方承担不同的工作任务，工程项目管理类型主要是按照工程项目不同参与方的工作性质和组织特征来划分的。各个参与方的工作任务和利益取向都不相同。

1. 业主方的项目管理

由于业主方是工程项目生产过程的总集成者和总组织者，所以对一个工程项目而言，虽然有代表不同利益方的项目管理，但业主方的项目管理才是整个项目管理的核心。投资方、开发方和由咨询公司提供的代表业主方利益的项目管理服务，都属于业主方的项目管理。

业主方项目管理的目标包括投资目标、进度目标和质量目标。其中投资目标是指项目的总投资目标，进度目标是指项目各阶段工作直至交付使用的时间目标，质量目标不仅涉及施工质量，还包括设计质量、材料质量、设备质量和影响项目运行或运营的环境质量，以及业主方特殊的质量要求等。

业主方的项目管理涉及项目投资建设的全过程，主要进行安全管理、投资控制、进度控制、质量控制、合同管理、信息管理和组织协调等工作。

2. 设计方的项目管理

设计方作为项目建设的参与方，其项目管理主要服务于项目的整体利益和设计方自身的利益。其管理目标包括设计的成本目标、进度目标、质量目标及项目的投资目标。项目的投资目标能否实现与设计工作密切相关。

设计方项目管理的任务包括设计成本控制和与设计工作有关的工程造价控制、设计进度控制、设计质量控制、设计合同管理、设计信息管理、与设计工作有关的组织协调工作等。设计方的项目管理工作主要在设计阶段进行，但也涉及设计准备阶段、施工阶段和保修期等。

3. 施工方的项目管理

施工方作为项目建设的参与方，其项目管理主要服务于项目的整体利益和施工方自身的利益。其管理目标包括施工成本目标、施工进度目标和施工质量目标。

施工方项目管理的任务包括施工安全管理、施工成本控制、施工进度控制、施工质量控制、施工合同管理、施工信息管理、与施工有关的组织协调工作等。施工方的项目管理工作主要在施工阶段进行，但也涉及设计准备阶段、设计阶段和保修期等。

4. 供货方的项目管理

供货方作为项目建设的参与方，其项目管理主要服务于项目的整体利益和供货方自身的利益。其管理目标包括供货方的成本目标、进度目标和质量目标。

供货方项目管理的任务包括供货方的成本控制、供货进度控制、供货质量控制、供货合同管理、供货信息管理、与供货有关的组织协调工作等。供货方的项目管理工作主要在施工阶段进行，但也涉及设计准备阶段、设计阶段、动用准备阶段和保修期等。

5. 项目总承包方的项目管理

项目总承包方作为项目建设的参与方，其项目管理主要服务于项目的整体利益和项目总承包方自身的利益。其管理目标包括项目的总投资目标和总承包方的成本目标、项目的进度目标和项目的质量目标。

项目总承包方项目管理的任务包括安全管理、投资控制和总承包方的成本控制、进度控制、质量控制、合同管理、信息管理、与项目承包方有关的组织协调工作等。项目总承包方的项目管理工作涉及项目实施阶段的全过程，即设计准备阶段、设计阶段、施工阶段、动用准备阶段和保修期。

1.3.4 工程项目管理的发展趋势

1. 工程项目管理的国内外发展

20 世纪 60 年代末，工业发达国家开始将项目管理的理论和方法应用于建设工程领域。项目管理的应用首先是在业主方的工程管理中，而后逐步在承包商、设计方和供货方中得到推广，并于 20 世纪 70 年代中期兴起了项目管理咨询服务。1980 年，国际咨询工程师协会（FIDIC）颁布了业主方与项目管理咨询公司的项目管理合同条件（FIDIC IGRA 80 PM），该文本明确了代表业主利益的项目管理方的地位、作用、任务和责任，成为国际通行的项目管理合同示范文本。目前，世界上许多国家的工程项目管理都是由专业人士——建造师担任，建造师的业务范围不仅是项目实施阶段的管理，还包括项目决策的管理和项目使用阶段的管理。

我国改革开放后，随着世界银行等国际金融机构贷款和外商投资建设项目的大量增加，以及国际文化交流的进一步发展，工程项目管理理论和实践逐步在我国推广应用。特别是由于世界银行和一些国际金融机构要求接受贷款的项目必须按照国际惯例实行项目管理，这对我国从 20 世纪 80 年代初开始引进工程项目管理起了重要的推动作用。1983 年，原国家计划委员会提出推行项目经理负责制；1988 年，开始推行建设工程监理制度；

1995年，原建设部颁发《建筑施工企业项目经理资质管理办法》；2003年，又发出《关于建筑业企业项目经理资质管理制度向建造师执业资格制度过渡有关问题的通知》及《关于培育发展工程总承包和工程项目管理企业的指导意见》，与此同时，国家人事部、原建设部联合发布《建造师执业资格制度暂行规定》，对从事建设工程项目总承包及施工管理的专业技术人员实行建造师执业资格制度；2004年，原建设部又颁布《建设工程项目管理试行办法》，开始建设工程项目管理试点；2008年，中国建筑业协会工程项目管理委员会发文要求做好《建设工程项目管理规范》的宣传培训和实施工作。至此，工程项目管理在我国得到全面推广和实施。

2. 现代工程项目管理的特点

（1）项目管理现代化

现代工程项目管理吸收了现代科学技术的最新成果，具体表现在项目管理理论、方法及手段的科学化。现代工程项目管理的理论体系是在系统论、控制论、组织论、信息论等理论基础上产生和发展起来的，项目管理实质上就是这些理论在项目实施过程中的综合运用。现代管理方法如预测技术、决策技术、数理统计方法、数学分析方法、模糊数学、线性规划、网络技术、价值工程等是解决各种工程项目管理问题的重要工具。现代管理手段主要是信息技术在工程项目管理中的应用，计算机、多媒体、互联网及各种精密仪器等的使用，极大地提高了项目管理的效率。

（2）项目管理社会化和专业化

现代社会对工程项目的要求越来越高，项目规模越来越大，项目管理越来越复杂，传统的业主方自我管理模式已不能适应这种发展和变化，迫切需要职业化的管理机构，为业主和投资者提供全过程的专业化工程管理服务。如今，工程项目管理咨询与服务业（包括工程监理等）已经发展成为一个新兴的产业，且其专业化水平和社会化程度不断提高，极大地提升了工程项目管理的整体效益。

（3）项目管理标准化和规范化

工程项目管理是一项技术性强、内容复杂的工作，为适应社会化生产的要求，工程项目管理必须按照标准化、规范化的要求进行，如规范化的定义和管理工作流程；统一的项目费用（成本）划分；标准化的信息系统；统一的工程量计算方法和结算方法；标准的合同条件及相关文件等。我国于2002年颁布了国家标准《建设工程项目管理规范》（GB/T 50326—2001），2005年又对其进行了修订。

（4）项目管理国际化

随着全球经济一体化，国际合作项目越来越多，工程项目的参与者、资金、设备、材料来源、管理服务等呈现国际化。项目国际化带来的项目管理困难，主要体现在不同文化、制度的差异，加大了项目管理协调的难度，迫切要求项目管理国际化，即按照国际惯例进行项目管理。工程项目管理国际惯例提供的国际通行的管理模式、程序、方法和准则，使项目管理中的协调有一个统一的基础。

3. 工程项目管理的发展趋势

项目管理自20世纪50年代形成学科以来，已经经历了四代的发展。第一代是项目管理（Project Management），即传统的单个项目的项目管理，是以单个项目的目标控制为核心的管理；第二代是项目群管理（Program Management），是对多个相互关联的项目组成的项目群的管理，其控制核心是组织整体的战略目标，时间上不限于项目实施阶段，更重视项目决策阶段的管理；第三代是组合管理（Protfoilo Management），是指多个不一定相互关联的项目组成的项目群的管理；第四代是变更管理（Change Management），即针对不断变化的环境要素所进行的项目管理。

经过半个多世纪的发展，项目管理的思想与理论、技术与方法呈现出新的发展趋势，其特征表现为项目生命周期管理和项目集成化管理两个方面。长期以来，由于我国工程建设管理体制的原因，工程建设全过程的管理和咨询服务被分割在不同的职能机构，各职能机构缺乏整体观念，前后信息链断裂，严重影响了项目管理的完整性，而工程项目生命周期管理即是从项目的前期策划，直至使用终结的全寿命、全过程进行控制，使项目在预定的建设期限和计划投资范围内顺利完成建设任务，达到工程质量标准，满足投资商、经营者和用户的需求。另一方面，随着社会的发展，工程项目的特征也发生了变化，工程建设环境动态多变，关联性加强，各方利益互动明显，必须运用复杂性理论对项目的特征进行分析，利用集成化、系统工程、控制论和信息技术等现代理论、方法和手段，在工程项目全寿命、全过程中将共享资源和利益群体进行整合，进行项目集成化管理和系统性目标控制，实现项目具体目标和投资效益最大化，这也是今后一个时期工程项目管理研究的重点和难点。

复习思考题

1. 请阐述对工程项目含义的理解。
2. 工程项目有什么特点？是如何分类的？
3. 简述工程项目的运行周期。
4. 如何理解工程项目的系统构成？
5. 请阐述工程项目管理的含义。
6. 工程项目管理有什么特点？
7. 工程项目管理包括哪些内容？
8. 简述现代工程项目管理的发展趋势。

第 2 章　工程项目管理组织

开展工程项目管理要依托一定的项目组织来进行，科学合理的组织制度和组织机构是搞好工程项目管理的组织保证。

2.1　工程项目管理的组织制度

2.1.1　工程项目管理组织的基本制度

工程建设领域实行项目法人责任制、工程监理制、工程招标投标制和合同管理制，是我国工程建设管理体制深化改革的重大举措。这四项制度密切联系，共同构成了我国工程建设管理的基本制度，同时也为我国工程项目管理提供了法律保障。

1. 项目法人责任制

原国家计委于 1996 年 3 月发布了《关于实行建设项目法人责任制的暂行规定》，要求"国有单位经营性基本建设大中型项目在建设阶段必须组建项目法人"，"由项目法人对项目的策划、资金筹措、建设实施、生产经营、债务偿还和资产的保值增值，实行全过程负责"。1999 年 2 月，国务院办公厅发出通知，要求"基础设施项目，除军事工程等特殊情况外，都要按政企分开的原则组成项目法人，实行建设项目法人责任制，由项目法定代表人对工程质量负总责"。项目法人责任制的核心内容是明确由项目法人承担投资风险，项目法人要对工程项目的建设及建成后的生产经营实行一条龙管理和全面负责。

（1）项目法人的设立。新上项目在项目建议书被批准后，应由项目的投资方派代表组成项目法人筹备组，具体负责项目法人的筹建工作。有关单位在申报项目可行性研究报告时，须同时提出项目法人的组建方案，否则，其可行性研究报告将不予审批。在项目可行性研究报告被批准后，应正式成立项目法人。按有关规定确保资本金按时到位，并及时办理公司设立登记。项目公司可以是有限责任公司（包括国有独资公司），也可以是股份有限公司。由原有企业负责建设的大中型基建项目，需新设立子公司的，要重新设立项目法人；只设分公司或分厂的，原企业法人即是项目法人，原企业法人应向分公司或分厂派遣专职管理人员，并实行专项考核。

（2）项目董事会的职权。建设项目董事会的职权有：负责筹措建设资金；审核、上报项目初步设计和概算文件；审核、上报年度投资计划并落实年度资金；提出项目开工报告；研究解决建设过程中出现的重大问题；负责提出项目竣工验收申请报告；审定偿还债务计划和生产经营方针，并负责按时偿还债务；聘任或解聘项目总经理，并根据总经理的提名，聘任或解聘其他高级管理人员。

（3）项目总经理的职权。项目总经理的职权有：组织编制项目初步设计文件，对项工艺流程、设备选型、建设标准、总图布置提出意见，提交董事会审查；组织工程设计施工监理、施工队伍和设备材料采购的招标工作，编制和确定招标方案、标底和评标标准，评选和确定投标、中标单位。实行国际招标的项目，按现行规定办理；编制并组织实施项目年度投资计划、用款计划、建设进度计划；编制项目财务预算、决算；编制并组织实施归还贷款和其他债务计划；组织工程建设实施，负责控制工程投资、工期和质量；在项目建设过程中，在批准的概算范围内对单项工程的设计进行局部调整（凡引起生产性质、能力、产品品种和标准变化的设计调整以及概算调整，需经董事会决定并报原审批单位批准）；根据董事会授权处理项目实施中的重大紧急事件，并及时向董事会报告；负责生产准备工作和培训有关人员；负责组织项目试生产和单项工程预验收；拟订生产经营计划、企业内部机构设置、劳动定员定额方案及工资福利方案；组织项目后评价，提出项目后评价报告；按时向有关部门报送项目建设、生产信息和统计资料；提请董事会聘任或解聘项目高级管理人员。

2. 工程监理制

工程监理是指具有相应资质的工程监理单位受建设单位的委托，依照法律法规、工程建设标准、勘察设计文件及合同，在施工阶段对建设工程质量、进度、造价进行控制，对合同、信息进行管理，对工程建设相关方的关系进行协调，并履行建设工程安全生产管理法定职责的服务活动。我国从 1988 年开始试行建设工程监理制度，经过试点和稳步发展两个阶段后，从 1996 年开始进入全面推行阶段。

（1）工程监理的范围。根据《建设工程监理范围和规模标准规定》（建设部 ［2001］第 86 号部长令），下列建设工程必须实行监理：1）国家重点建设工程。指依据《国家重点建设项目管理办法》所确定的对国民经济和社会发展有重大影响的骨干项目。2）大中型公用事业工程。指项目总投资额在 3000 万元以上的下列工程项目：供水、供电、供气、供热等市政工程项目；科技、教育、文化等项目；体育、旅游、商业等项目；卫生、社会福利等项目；其他公用事业项目。3）成片开发建设的住宅小区工程。成片开发建设的住宅小区工程，建筑面积在 5 万 m² 以上的住宅建设工程必须实行监理；5 万 m² 以下的住宅建设工程，可以实行监理，具体范围和规模标准，由省、自治区、直辖市人民政府建设主管部门规定。为了保证住宅质量，对高层住宅及地基、结构复杂的多层住宅应当实行监理。4）利用外国政府或者国际组织贷款、援助资金的工程。包括：使用世界银行、亚洲开发银行等国际组织贷款资金的项目；使用国外政府及其机构贷款资金的项目；使用国际组织或者国外政府援助资金的项目。5）国家规定必须实行监理的其他工程。指学校、影剧院、体育场馆项目和项目总投资额在 3000 万元以上，关系社会公共利益、公众安全的下列基础设施项目：煤炭、石油、化工、天然气、电力、新能源等项目；铁路、公路、管道、水运、民航以及其他交通运输业等项目；邮政、电信枢纽、通信、信息网络等项目；防洪、灌溉、排涝、发电、引（供）水、滩涂治理、水资源保护、水土保持等水利建设项目；道路、桥梁、地铁和轻轨交通、污水排放及处理、垃圾处理、地下管道、公共停车场等城市基础设施项目；生态环境保护项目；其他基础设施项目。

（2）工程监理中造价控制的工作内容。造价控制是工程监理的主要任务之一。监理工程师受建设单位的委托，进行工程造价控制的主要工作内容包括：1）根据工程特点、施工合同、工程设计文件及经过批准的施工组织设计对工程进行风险分析，制定工程造价目标控制方案，提出防范性对策。2）编制施工阶段资金使用计划，并按规定的程序和方法进行工程计量、签发工程款支付证书。3）审查施工单位提交的工程变更申请，力求减少变更费用。4）及时掌握国家调价动态，合理调整合同价款。5）及时收集、整理工程施工和监理有关资料，协调处理费用索赔事件。6）及时统计实际完成工程量，进行实际投资与计划投资的动态比较，并定期向建设单位报告工程投资动态情况。7）审核施工单位提交的竣工结算书，签发竣工结算款支付证书。此外，监理工程师还可受建设单位委托，在工程勘察、设计、发承包、保修等阶段为建设单位提供工程造价控制的相关服务。

3. 工程招标投标制

工程招标投标通常是指由工程、货物或服务采购方（招标方）通过发布招标公告或投标邀请向承包商、供应商提供招标采购信息，提出所需采购项目的性质及数量、质量、技术要求，交货期、竣工期或提供服务的时间，以及对承包商、供应商的资格要求等招标采购条件，由有意提供采购所需工程、货物或服务的承包商、供应商作为投标方，通过书面提出报价及其他响应招标要求的条件参与投标竞争，最终经招标方审查比较、择优选定中标者，并与其签订合同的过程。《招标投标法》（国家主席令第 21 号）自 2000 年 1 月 1 日起开始施行，自 2012 年 2 月 1 日起施行的《招标投标法实施条例》（国务院令第 613 号）细化、补充了《招标投标法》中关于招标、投标、开标、评标、中标等的规定，并增加了投诉与处理的相关规定。

4. 合同管理制

工程建设是一个极为复杂的社会生产过程，由于现代社会化大生产和专业化分工，许多单位会参与到工程建设之中，而各类合同则是维系各参与单位之间关系的纽带。自 1999 年 10 月 1 日起施行的《合同法》（国家主席令第 15 号）明确了合同订立、效力、履行、变更与转让、终止、违约责任等有关内容以及包括建设工程合同、委托合同在内的 15 类合同，为合同管理制的实施提供了重要法律依据。在工程项目合同体系中，建设单位和施工单位是两个最主要的节点。

（1）建设单位的主要合同关系。为实现工程项目总目标，建设单位可通过签订合同将工程项目有关活动委托给相应的专业承包单位或专业服务机构，相应的合同有：工程承包（总承包、施工承包）合同、工程勘察合同、工程设计合同、设备和材料采购合同、工程咨询（可行性研究、技术咨询、造价咨询）合同、工程监理合同、工程项目管理服务合同、工程保险合同、贷款合同等。

（2）施工单位的主要合同关系。施工单位作为工程承包合同的履行者，也可通过签订合同将工程承包合同中所确定的工程设计、施工、设备材料采购等部分任务委托给其他相关单位来完成，相应的合同有：工程分包合同、设备和材料采购合同、运输合同、加工合同、租赁合同、劳务分包合同、保险合同等。

2.1.2 工程项目管理组织结构原则

工程项目的组织结构是按照一定的活动宗旨（任务目标、活动原则、功效要求等），依据项目的组织制度，把项目有关人员根据工作任务的性质划分为若干层次并明确各层次的管理职能，以共同负责项目建设工作的正常运转，确保项目管理取得成功的组织体系。工程项目的实施除业主方外，还有诸多参与方，项目组织结构应充分反映业主方及项目各参与方的相关工作部门之间的关系，以实现各方的有效协调和配合，完成项目管理任务。

工程项目的组织结构是项目管理的骨架，在进行项目组织结构安排时，应遵循以下原则：

1. 任务目标原则

任何组织都有其特定的任务和目标，组织中的每一个人都与特定的任务目标相关联。根据这一原则，在进行组织机构设计时，为保证组织任务目标的实现，首先要了解必须做的工作是什么、有多少、需要设置怎样的机构、什么职能岗位才能做好这些工作，完成任务目标。然后，以工作任务为中心，因工作建设机构、因工作设置岗位和配备人员。

2. 统一指挥原则

统一指挥原则就是在管理工作中实行统一领导，避免多头领导和无人负责的现象，以保证全部活动的有效组织指挥和正常进行。统一指挥原则要求管理组织建立严格的责任制，任何一级组织只能有一个负责人，下级组织只能接受一个上级组织的命令和指挥，下级必须服从上级命令和指挥，不能各自为政、各行其是。

3. 分工协作原则

分工与协作是社会化大生产的客观要求。在组织设计中坚持分工协作原则就是要做到分工合理、协作顺畅，对每个部门、每个人员的工作范围、工作内容、相互关系、协作方式等都应根据工作需要和现实可能进行明确规定，以保证管理效率。

4. 精干高效原则

精干，就是指在保证工作按质按量完成的前提下，消耗尽可能少的人力资源，以达到高效的目的。在组织设计中坚持精干高效原则，就是要做到管理中人人有事干，事事有人管，保质保量，负荷饱满。

5. 责权利对应原则

有了分工就意味着明确了职务，并承担了责任，相应地就要有与职务和责任对应的权力，并享有相应的利益，这就是责、权、利对应原则。组织设计中责、权、利对应原则要求职务设置实在、责任担负明确、权力赋予恰当、利益享有合理。做到有职就有责，有责就有权。

2.2 工程项目管理的组织机构

工程项目管理的组织机构包括项目法人单位（或称建设单位，在合同中称为"甲方"）的组织机构和承包单位（如施工企业，在合同中称为"乙方"）的组织机构两方面，双方机构密切配合才能完成项目任务。

2.2.1 项目甲方组织机构的演变发展

我国工程建设项目甲方组织机构的形式与我国的投资管理体制密切相关。由于在新中国成立后近 30 年时间里，我国实行的是计划经济管理体制，国家是建设项目的唯一投资主体，即项目业主。因此，对基础设施和基础工业项目，大都是以项目的主管部门为主体，组建多种形式的工程指挥部，负责工程的实施。对一般项目则采取建设单位自组织的方式，或在能力不足时采用交钥匙的方式。随着国家投资管理体制改革的不断深化，工程建设监理制被引入项目的实施和管理中，并取得了良好成效。

1. 工程指挥部制

工程指挥部由政府主管部门、建设单位、设计单位、施工单位以及物资、银行等有关部门的代表组成，实行党委领导下的首长负责制。指挥部统一指挥工程的设计、施工、物资供应等工作，对项目实施统筹管理和协调控制。这种指挥部权力集中，但由于它不是经济实体，因而常采用行政手段开展项目管理工作，并且它只对项目的工期和工程质量负责，而不承担项目的经济责任。

2. 建设单位自组织方式

对于工程内容不复杂的中、小型项目，建设单位常采取自组织的方式进行项目管理。这种方式是由建设单位临时组建项目指挥班子，具体工作一般由基建处及其下设的各职能科室负责。他们在项目实施过程中，实际上主要负责组织、协调和运筹工作，工程的勘察设计、施工管理、设备材料采购等常采取招标发包方式，有的还聘请监理机构代表或协助其进行工程监督。这是大多数企业对中、小型项目实行项目管理的常见方法。

3. 工程建设监理制

工程建设监理制是一种由建设单位与监理机构签订合同，由其全权代表建设单位对项目实施管理，对承建单位的建设行为进行监督的专业化工程管理方式。在这种方式下，建设单位不直接管理项目，而是由其委托的建设市场上专门从事工程管理的经济实体——监理机构对项目进行管理，自己只需对项目制定目标和提出要求，并负责工程的竣工验收。

工程建设监理制是国际上通行的工程管理方式。监理机构是建设市场的主体之一，它具有工程项目管理的专业知识，拥有经验丰富的项目管理专业人才，是独立于业主和承包商之外的第三方法人，具有工程监理和项目管理的双重职能。

4. 代建制

近年来，工程建设领域出现一些新的项目管理模式，如"代建制"。代建制是指政府或政府授权单位通过招标等方式，选择社会专业化项目管理单位（代建单位），负责政府投资项目的投资管理和建设实施工作，项目建成后交付使用单位的制度。代建制是通过专业化的项目管理公司代表投资人（业主）实施建设管理。这种模式是新形势下项目管理组织机构的创新和发展，对于完善我国工程项目管理体制，提高工程项目投资效益，具有十分重要的现实意义。

目前，国际上业主方的项目管理方式主要有三种：一是业主方自行进行的项目管理，二是业主方委托项目管理咨询公司承担全部项目管理任务，即业主方委托项目管理，三是业主方委托项目管理咨询公司与自身共同进行的项目管理，即业主方与项目管理咨询单位合作进行的项目管理。这三种业主项目管理方式基本与我国工程建设项目甲方组织机构的主要形式相吻合。

2.2.2 项目乙方组织机构的常见形式

项目乙方是建设市场上承担项目实施工作，为业主服务的经济实体。为完成承包合同所规定的任务，项目乙方必须具备自身的组织机构，并根据项目具体情况适时建立项目的组织机构，划分并明确各层次、各部门及各岗位的职责和权力，并配备适当的人员，以实施项目管理，实现组织目标。

项目组织由企业组建，是企业组织的有机组成部分，项目的组织机构与企业的组织形式密切相关。目前，我国施工企业一般采用直线职能式的组织形式，这种企业组织形式的特点是公司负责人一方面通过有关职能部门对公司承揽的各工程项目实行纵向直线领导，另一方面又通过各职能部门对工程项目实行横向领导。因此，项目管理常用的组织结构模式有职能组织结构、线性组织结构和矩阵组织结构等。它们既可以在企业管理中运用，也可以在项目管理中运用。据此，项目乙方常见的组织机构形式有：

1. 项目部式

施工企业在承揽工程项目的同时，在企业内部招聘或任命项目的建造师，并由建造师组织职能人员形成各职能部门，成立项目管理机构，即项目部。项目部由建造师领导，负责项目的实施，其独立性较大，施工企业不得随意干预其工作。项目部与项目实施同寿命，项目结束后随即撤销。

项目部式项目组织机构示意图如图 2-1 所示，它是一种按照对象原则建立的项目管理组织机构，可以独立地实施项目管理工作。这种组织机构形式多适用于大型项目或工期要求较紧且需要多工种多部门密切配合的项目。对于规模较小、专业性较强且不涉及众多部门的项目，也可以按照职能原则把项目直接委托给企业的某一专业部门或施工队，由被委托部门或施工队负责项目的实施，而不打乱企业现行的建制。

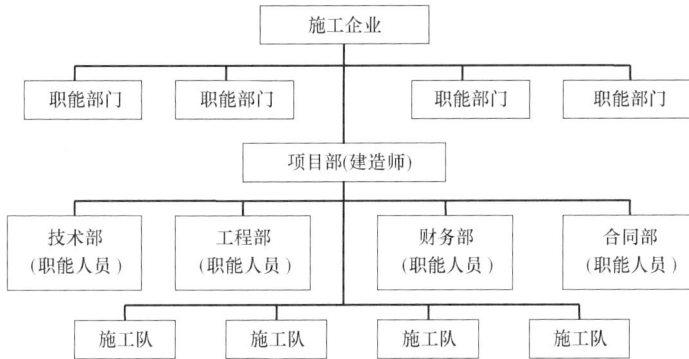

图 2-1　项目部式项目组织机构示意图

2. 矩阵式

项目组织一般是临时性的，而企业的职能部门相对来说是永久性的。矩阵式项目组织机构把职能原则和对象原则结合起来，既充分利用职能部门的纵向管理优势，又充分发挥项目组织的横向联系优势，使企业的长期例行性管理与项目的一次性管理保持一致，以实现同时进行多个项目管理的高效性。显然，这种项目管理组织形式适用于需要同时承担多个项目管理的企业，可以充分利用企业有限的专业技术人才和管理人员对多个项目进行同时管理。矩阵式项目组织机构示意图如图 2-2 所示。

3. 事业部式

当企业向大型化、智能化发展并实行作业层和经营管理层分离时，可成立事业部以迅速适应市场变化，提高企业应变能力。事业部对企业来说是一个职能部门，对外来说可以是一个具有相对自立经营权的独立单位，并具有相对独立的市场和经济利益。企业通过事

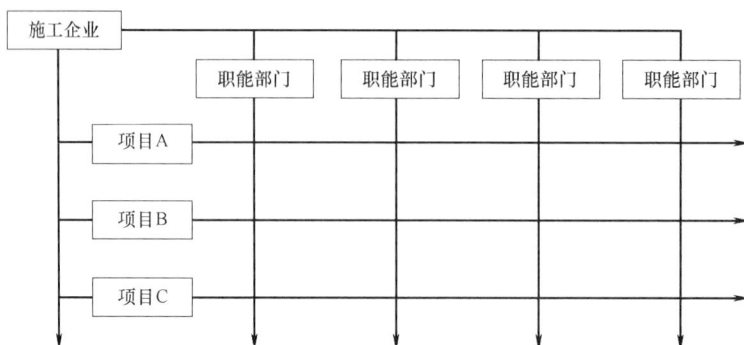

图 2-2 矩阵式项目组织机构示意图

业部既可以加强经营战略管理，又可以加强项目管理。事业部可以按地区设置，也可以按工程类型或经营内容设置，下设项目经理部。事业部式项目管理机构适用于大型经营性企业的工程承包，特别是远离公司本部的承包项目，其组织机构如图 2-3 所示。

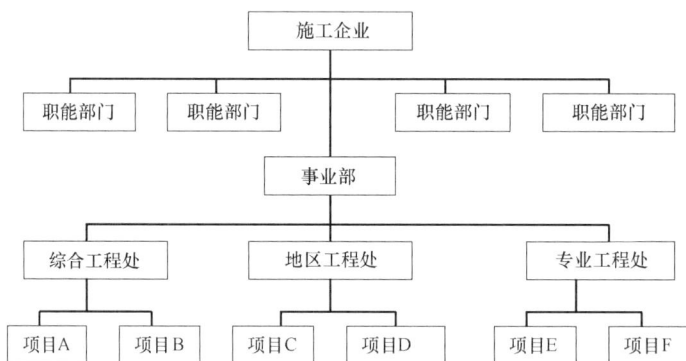

图 2-3 事业部式项目组织机构示意图

选择具体的项目组织机构时，应将企业的素质条件、任务情况等同工程项目的性质、规模、任务内容及要求结合起来进行考虑，不能生搬硬套某一种形式。在同一企业内部还可以根据项目的具体情况同时采用几种组织形式，如将事业部式项目组织与项目部式项目组织结合使用，将事业部式项目组织与矩阵式项目组织结合使用等。

2.3　工程项目实施的组织方式

每一个工程项目都是一个涉及多学科、多专业的系统工程，且不同工程项目具有不同的施工条件和施工特点，满足不同的使用要求。因此，在项目实施时，应根据不同项目的特点，选择合适的施工组织方式。

2.3.1　平行承发包方式

平行承发包是指项目业主将项目任务按其构成特征划分成若干可独立发包的单元、部位或专业，分别进行招标发包，各中标单位分别与发包方签订承包合同，并独立组织施工作业的方式。这种工程承发包方式的合同结构如图 2-4 所示，其各承包商之间是平行关系。

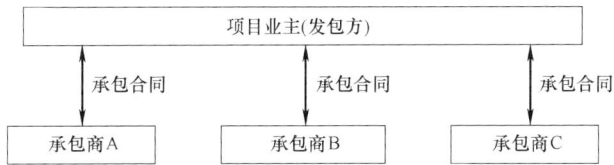

图 2-4　平行承发包合同结构示意图

平行承发包方式的特点：

1. 平行承发包方式在发包任务分解后，只要具备发包条件的就可以独立进行招标发包，使工程尽早开工。这一方面可以加强项目实施阶段设计与施工的衔接配合，缩短建设周期；另一方面由于合同内容比较单一，合同价值小、风险小，有利于业主在较大范围内择优选择承包商，控制工程质量。

2. 平行承发包方式的各项发包合同是相互独立的，承包方往往有多家企业，且一般不是同步进行。这使得整个招标过程延续时间较长，且项目的总发包价要等到最后一份合同签订时才能确定，不利于项目总投资的早期控制。同时，各承包单位都从自身情况出发安排施工作业，相互之间的协调配合问题比较突出，增加了业主项目管理的工作量和难度。

3. 平行承发包方式相对于总承包方式来说，每项发包任务的工作量较小，可适于较多不具备总承包能力的一般中小型企业承接，而对于那些施工能力强、管理水平高的大型企业，可能会因为不利于发挥自身的技术和管理优势而缺乏积极性。

2.3.2　总分包方式

总分包方式是指项目业主将工程项目的施工安装任务全部发包给一家资质条件符合要求的承包单位，由该总承包单位经发包人同意和在法律许可的范围内，根据需要将工程项目按部位或专业进行分解后，再分别发包给一家或多家资质、信誉等条件经业主认可的分包商，并统一协调和监督各分包单位的工作。业主只与总承包单位签订合同，而不与各分包单位签订合同。总分包方式的合同结构如图 2-5 所示。

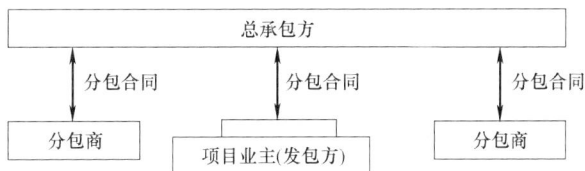

图 2-5　总分包方式合同结构示意图

1. 总分包方式的合同签订

总分包方式的合同签订过程，一般有下列两种做法：

（1）总承包企业在确定投标意向的同时，即按部位或专业寻找分包合作伙伴，并根据业主方发布的招标文件，委托所联络的分包方提出相关部分的标书及报价，经协商达成合作意向后，再将各分包方的相关报价进行综合汇总，并编制施工总承包投标书参与竞标。

若取得总承包合同，总承包方再与各分包方根据事先协商的条件，在总承包合同的指导下签订分包合同。分包方和业主虽然没有合同关系，但它在履行分包合同的过程中，必须体现和服从总包合同的各项要求，如工期、质量责任、安全生产等。这种做法常用于总承包单位以管理、协调为主，自身只承担部分施工任务，而绝大部分施工任务都靠分包单位完成的情况。

（2）总承包企业先自行参与工程投标，在取得总承包合同后，根据合同条件制定施工基本方针和项目管理目标，并编制施工组织计划和施工预算，在确定工程各部分目标成本和预算价值的基础上，将拟分包的工程及其质量、工期、安全等要求作为分包条件委托给联络的分包商，并经过价格、能力、信誉等条件的比较，择优选择分包伙伴并签订分包合同。如果工程施工任务主要靠总承包单位自身完成，只有部分或专项施工任务靠分包单位协作完成时，常采用此种做法。

2. 总分包方式的特点

总分包方式是实践中采用较多的工程施工组织方式，其主要特点是：

（1）对发包方来说，合同关系简单。业主对工程施工的全部要求，都反映在总承包合同中，由总承包方对工程质量、工期、安全等项目管理目标全面负责。在整个工程实施过程中，发包方的组织、管理和协调任务比较简单。但对承包单位的依赖性较大。

（2）对承包方特别是总承包方来说，肩负的责任和风险较大，但施工组织与管理的自主性也较强。只要能充分发挥自身的技术和管理优势，承包的效益潜力也较大。

（3）总分包方式有利于以总承包单位为核心，结合工程特点择优选择和组合施工队伍。通常，总包单位选择分包单位的依据是和自己有长期合作关系的伙伴、发包方建议的分包商、技术上有专长的专业施工队伍、信誉较好的企业以及工程所在地的分包商等。

（4）总分包方式有利于发包方控制工程造价。只要在招标及合同签订过程中，发包方将发包条件、工程造价及其支付方式描述清楚，并与承包方充分协商、谈判，双方认定承发包的条件、责任和权益，且在施工过程中不涉及合同以外的工程变更和调整时，承包总价一般是一次定死。在这种情况下，施工过程存在的风险，由承包方承担。

3. 施工总承包管理

施工总承包管理即为"管理型承包"，是一种项目业主与某个具有丰富施工管理经验的单位或联合体签订施工总承包管理协议，由总承包管理单位负责整个项目的施工组织与管理的模式。一般情况下，施工总承包管理单位不参与具体工程的施工，具体工程的施工需要再进行招标发包，由施工承包单位完成。当然，施工总承包管理单位也可以通过参与工程施工的投标竞争，取得部分工程的施工任务。施工总承包管理模式开展工作的程序与施工总承包模式有所不同，可以在很大程度上缩短建设周期。

施工总承包管理模式的合同关系有两种形式：一是由发包人与施工单位直接签订合同，二是由施工总承包管理单位与施工单位签订合同。

2.3.3 联合体承包方式

当一个工程项目由于施工量大、工程类型多或专业配套需要等原因，且发包方要求施工方具有统一的协调组织，而这时又无施工企业能独立承担工程总承包的情况下，有工程承揽意愿的几家企业可以按照一定的组织方式联合起来，以满足项目实施的需要。施工联合体就是由多家施工企业为承揽某项工程施工任务而成立的一种临时性施工联合组织，其合同结构如图 2-6 所示。

联合体内部的管理，由联合体各方组成的管理委员会负责。联合体各方经过协商确定各自投入联合体的资金份额、机械设备等固定资产数额及人员等，并签署联合体章程，建立联合体组织机构，产生联合体代表，以联合体的名义与发包方签订工程承包合同，在工程任务完成后即进行内部清算而解体。

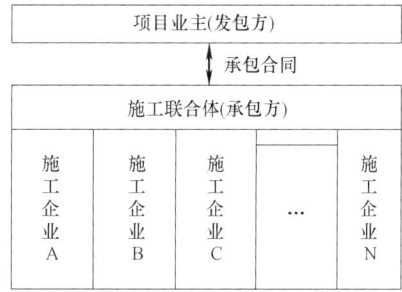

图 2-6　联合体承包合同结构示意图

施工联合体工程承包方式比较受业主欢迎，在国际上应用广泛。它的主要特点是：

1. 联合体可以集中各成员单位在资金、技术、管理等方面的优势，克服单个企业势单力薄、力不能及的困难，增强了抗风险能力，在综合实力上易于取得业主的信任。

2. 联合体承包方式在合同关系上等同于总承包方式。因此，对项目业主而言，合同关系以及施工过程的组织、协调和管理工作都比较简单，并且还可以分散风险，联合体中任何一方倒闭，其他成员必须承担其连带经济责任。

3. 联合体有其组建章程及各方参与联合体的合同，并根据章程产生组织机构和联合体代表。联合体对承建工程实行统一管理并按各方的投入比重取得经济效益及承担风险。

必须指出，施工联合体不是注册的企业实体，没有资本金，它只是多家企业为了承建某项工程，共同投入人财物而进行的临时性联合。这样的临时性承包机构要具有承包资质及财务信用，必须有相应的法律法规为其提供具体的操作依据，才能做到合法承包。目前，许多国家都有关于联合体的合同条例。

施工合作体在承包方式和合同结构上与施工联合体相似，但其实质内容有所区别。施工合作体的分配办法相当于内部分别独立承包，按照各自承担的工程内容核算，自负盈亏。若某一家公司倒闭了，其他成员单位不承担其经济责任，而是由业主负责。

2.3.4　新型承发包模式

1. EPC 承包模式

EPC 承包也可称为项目总承包，是指一家总承包商或承包商联合体对整个工程的设计、材料设备采购、施工实行全面、全过程的"交钥匙"承包。

由于工程项目具有实施时间长、合同关系复杂及一次性等特点。对一些工程内容复杂或专业化程度较高的项目，建设单位自身没有足够的能力承担项目管理工作，可以在提出项目任务目标和使用要求的基础上，把项目实施过程中的各项工作全部委托给一家总承包公司或承包商联合体去完成，待工程竣工后只需从承包商手中接过钥匙即可启用。采用这种承包方式，项目业主能够获得全过程、全方位的专业化服务，并能通过固定不变的包干总价将工程实施过程中的大部分风险让承包商来承担。EPC 承包模式的特点是业主的组织协调工作量小，但合同管理难度大；有利于控制工程造价和缩短建设工期；对承包商而言，责任大、风险大，获得高额利润的潜力也比较大，需要具有较高的管理水平和丰富的实践经验。

2. CM 模式

CM 承包模式的全称为 Fast-Track-Construction Management，是由业主委托一家 CM 单位承担项目管理工作，该 CM 单位以承包商的身份进行施工管理，并在一定程度上影响工程设计活动，组织快速路径的生产方式，使工程项目实现有条件的"边设计、边施工"。CM 承包模式的指导思想是缩短工程项目的建设周期，主要特点是采用快速路径法进行施工，即在工程设计尚未全部结束，但工程某些部分的施工图设计已经完成时，就着手进行该部分工程的施工招标，从而使这部分工程的施工提前到工程项目的设计阶段。CM 承包模式特别适用于那些实施周期长、工期要求紧的大型复杂建设工程，并在工程质量、进度和造价控制方面也有很大的价值。

3. Partnering 模式

Partnering 模式是一种近年来日益受到建设工程管理界重视的新型项目管理模式。其主要特征是 Partnering 协议并不仅仅是业主与承包商双方的协议，而需要工程建设参与各方的共同签署，包括业主、总包商或主要的分包商、设计单位、咨询单位、主要的材料设备供应单位等，且参与 Partnering 模式的有关各方必须是完全自愿，而非出于任何原因的强迫。同时，Partnering 协议不是法律意义上的合同，而是与工程合同完全不同的文件。该协议不改变参与各方在有关合同中规定的权利和义务，主要用于确定它们在工程建设过程中的共同目标、任务分工和行为规范，是工作小组的纲领性文件。Partnering 模式成功运作不可缺少的要素是相互信任、长期协议、共同目标、合作精神、资源共享、风险共担。

值得指出的是，Partnering 模式不是一种独立存在的项目管理模式，它通常需要与工程项目其他组织模式中的某一种结合使用，如总分包模式、平行承包模式、CM 承包模式等。

复习思考题

1. 什么是项目法人责任制？
2. 简述工程项目管理的组织结构原则。
3. 目前我国工程建设项目甲方的组织机构主要有哪些形式？
4. 项目乙方组织机构的常见形式有哪些？各有什么特点？
5. 工程项目实施的组织方式有哪些？
6. 平行承发包方式有什么特点？
7. 施工总承包与施工总承包管理有何不同？
8. 什么是总分包方式？
9. 联合体承包的特点是什么？
10. 新型承发包模式有哪些？各有什么特点？

第 3 章　工程项目决策与勘察设计管理

3.1　概述

任何项目的建设都要经过设想、规划、评估、决策、设计、施工到竣工验收、交付使用这一系列过程。在这一过程中，各项工作必须遵循先后次序。因此，工程项目的建设程序可归纳为以下四个阶段：

1. 项目的前期策划和确立阶段（决策阶段）。这个阶段工作重点是对项目的目标进行研究、论证、决策。其工作内容主要包括投资机会研究、项目建议书的编制、可行性研究、编制设计任务书及对项目进行评估与决策。

2. 项目的设计、计划阶段（勘测、设计阶段）。这个阶段的工作包括工程勘察、设计和各种施工前的准备工作。

3. 项目的实施阶段。这个阶段从现场开工直到工程建成交付使用为止。

4. 项目的使用（运行）阶段。

本章着重介绍工程项目建设程序中前两个阶段的主要内容。

3.2　工程项目决策管理

3.2.1　投资机会研究与项目初选

1. 投资机会研究

投资机会研究又称为投资机会鉴别，其任务是在一定的地区和部门内，根据自然资源、市场需求、国家产业政策及国际贸易情况，通过调查、预测和分析研究，寻求有价值的投资机会，对项目的投资方向提出设想。

投资机会研究可分为一般机会研究和具体项目机会研究。一般机会研究包括地区性投资机会研究、部门性投资机会研究和资源利用性投资机会研究，其目的是提供投资的方向性建议，是宏观层次的机会研究。而工程项目的投资机会研究问题属于具体项目机会研究，是微观层次的机会研究。

投资机会研究的主要内容包括：投资项目选择；投资项目的资金条件、自然资源条件和社会地理条件；项目在国民经济中的地位和对产业结构、生产力布局的影响；拟建项目产品在国内外市场上的需求量及替代进口的可能性；项目的财务收益和国民经济效益的大致预测等。

投资机会研究的主要工作包括以下几个方面：进行市场调查，发现新的需求，确定投资方向，构思投资项目，选择投资方式，拟定项目实施的初步方案，估算所需投资和预期可能达到的目标。

投资机会研究所采用的数据主要靠粗略的计算，其综合性强但估算精度较低，误差可达到 30% 以上。

2. 项目初选

项目初选介于投资机会研究和可行性研究之间。在这个阶段，应对项目中的关键问题做进一步研究，即进一步明确项目概貌，包括产品方案、生产规模、原料来源、技术的采用、厂址方案、进度安排等等；同时，要进一步估算项目的可能经济效益，并做出评价。由于有了初步的流程图、主要设备的生产能力，并已初步确定了项目地理位置，估算的精确度可能有所提高，但误差仍然很大，有时可达到 30%。

3.2.2 项目建议书的编制与审批

1. 项目建议书的作用

按我国目前的管理程序，经项目初选后认为可行的工程项目，需编写项目建议书，送交主管部门审批。

项目建议书是项目投资者向政府主管部门提出要求建设某一具体项目的建议文件，是对工程项目的轮廓设想。项目建议书的主要作用是推荐一个拟建项目，论述其建设的必要性、建设条件的可行性和获利的可能性，供政府主管部门选择并确定是否进行下一步工作。

2. 项目建议书的编制

项目建议书的内容视项目的不同而有繁有简，但一般应包括以下几方面内容：

1）建设项目提出的必要性和依据；

2）产品方案、拟建规模和建设地点的初步设想；

3）资源情况、建设条件、协作关系和设备技术引进国别、厂商的初步分析；

4）投资估算、资金筹措及还贷方案设想；

5）项目进度安排；

6）经济效益和社会效益的初步估计，包括初步的财务评价和国民经济评价；

7）环境影响初步评价，包括治理"三废"措施、生态环境影响分析；交通影响评价、日照影响评价、地震影响分析等多项专业评价；

8）结论；

9）附件。

3. 项目建议书的审批

1）总投资在三千万元（人民币，下同）及以上的大中型建设项目、技术改造项目的项目建议书由国家发改委审批；其中总投资 2 亿元以上建设项目、技术改造项目的项目建议书，必须由国家发改委审核后报国务院审批。

2）中央小型基建项目和限额以下（即三千万元以下）的基建、技术改造项目，其项目建议书由国务院各部门、各直属机构审批。

3）地方小型基建和限额以下（即三千万元以下）的基建、技术改造项目，其项目建议书由省级（含计划单列市）人民政府授权各级发改委、经贸委审批。

4）总投资在限额以下、二千万元以上的基本建设项目和技术改造项目，其项目建议书由部门或地方审批后，报国家发改委（技术改造项目同时报国家商务部）备案。

3.2.3 工程项目可行性研究工作

1. 可行性研究的概念

项目建议书被批准，即可进行可行性研究。可行性研究是项目建设过程的重要阶段。它是指在投资决策前，对与拟建项目有关的社会、经济、技术等各方面进行深入细致的调查研究，对各种可能拟定的技术方案和建设方案进行认真地技术经济分析和比较论证，对项目建成后的经济效益进行科学的预测和评价。在此基础上，对拟建项目的技术先进性和适用性、经济合理性和有效性，以及建设的必要性和可行性进行全面分析、系统论证、多方案比较和综合评价，由此得出该项目是否应该投资和如何投资等结论性意见，为项目投资决策提供可靠的科学依据。凡经可行性研究未通过的项目，不得编制向上报送的可行性研究报告和进行下一步工作。

2. 可行性研究的作用

（1）有利于实现投资决策科学和提高投资效益。投资决策前之所以要认真搞好可行性研究，一是为了避免投资决策的失误，二是为了选择最佳投资方案，提高投资经济效益。任何拟建项目，客观上总是存在多种可供选择的方案，而这些方案单凭主观判断或简单选择是难以正确抉择的。因此，在投资决策前、通过认真进行可行性研究，综合权衡各方面的利弊得失，并主要按照经济衡量标准来选择投资方案，就能有效地避免投资决策失误。

（2）它是投资项目设计、筹资、施工等各项工作的依据。编制可行性研究报告是我国项目建设前期工作的重要内容，是基本建设程序的重要步骤。只有做好投资项目的可行性研究，才能判断项目投资是否合理和可行，才能作出是否进行投资的科学决策。同时，投资项目的可行性研究报告，勾画了该项目的建设规模、销售策略、厂址方案、技术方案、工程方案、资金筹措方案和实施进度等项目建设的内容，因此，它为该项目依次按基本建设程序进行下一步工作提供了依据。如，依据经主管部门批准的可行性研究报告，才能安排项目的设计工作，才能向银行申请投资贷款等。可见，编制可行性研究报告，在项目建设前期工作中处于十分重要的地位，也有着十分重要的作用。

（3）它是政府对投资规模、投资方向实施宏观控制，保证经济持续、快速、健康发展的必要措施。在市场经济条件下，政府对投资的宏观控制同样是十分必要的。对投资的宏观控制可以采取调节税收、控制贷款等手段，而加强投资项目的可行性研究也不失为一项重要措施。因为投资项目的可行性研究是以市场需求预测、现有生产能力分析、资源与原材料供应和建厂条件分析、盈利能力分析、资金来源与清偿能力分析等为基础，以基准收益率为判别标准，经过比较论证，来判断其投资是否合理。因此，在实行项目法人负责制的条件下，它有利于实现投资者的自我控制。同时，对投资项目的国民经济评价，是从国家整体角度出发，考察项目对国民经济的贡献和需要国民经济付出的代价，以资源合理配置为原则，以社会折现率为判别标准，从而确定投资行为是否合理，因此，从一定意义上讲，国民经济评价恰是宏观约束的体现。再如，按现行规定，项目需要按投资限额的不同，上报中央或地方政府主管部门和计划部门审批，可行性研究报告不仅为审批部门实施宏观控制提供了数据和资料，而且审批部门还可通过调整有关评价参数来达到宏观控制的目的。

3. 可行性研究报告编制的内容

可行性研究的最后成果是编制一份可行性研究报告。这份报告既是报审决策、向银行贷款的依据，也是向政府主管部门申请经营执照和同有关部门或单位合作谈判、签订协议的依据。根据国家规定，一般工业建设项目的可行性研究报告应包括以下内容。

（1）总论

1）项目提出的背景，投资的必要性和经济意义。

2）研究工作的依据和范围。

（2）需求预测和拟建规模

1）国内外需求情况的预测。

2）国内现有工厂生产能力的估计。

3）销售预测，价格分析，产品竞争能力、进入国际市场的前景。

4）拟建项目的规模、产品方案和发展方向的技术经济比较和分析。

（3）资源、原材料、燃料及公用设施情况

1）经过储量委员会正式批准的资源储量、品位、成分以及开采、利用条件的评述。

2）原料、辅助材料、燃料的种类、数量、来源和供应可能。

3）所需公用设施的数量、供应方式和供应条件。

（4）建厂条件和厂址方案

1）建厂地理位置、气象、水文、地质、地形条件和社会经济现状。

2）交通、运输及水、电、气的现状和发展趋势。

3）厂址比较与选择意见。

（5）设计方案

1）项目的构成范围（指包括的主要单项工作）、技术来源和生产方法、主要工艺和设备选型方案的比较，引进技术、设备的来源国别，设备的国内外交货时间和方式或与外商合作制造设备的设想。改扩建项目还应说明原有固定资产的利用情况。

2）全厂布置方案的初步选择和土建工程量估算。

3）公用辅助设施和厂内外交通运输方式的比较和初步选择。

（6）环境保护

1）拟建项目"三废"的种类、成分、数量及其对环境的影响。

2）建厂地区环境现状及其对"三废"处理的要求。

3）处理"三废"的方案比较与选择。

（7）企业组织、劳动定员和人员培训（估算数）

1）生产车间及辅助车间的划分。

2）人员配备及培训规划。

3）全厂总定员及各类人员的比例。

（8）项目实施进度的建议

1）项目建设的基本要求和总安排。

2）勘察设计、设备制造、工程施工、安装、调试、投产及达产所需时间和进度要求。

3）最佳实施计划方案的选择。

（9）投资估算与资金筹措

1）主体工程和协作配套工程所需的投资。

2）营运资金的估算。

3）资金来源、筹措方式及贷款的偿付方式。

（10）工程项目财务评价

微观的财务评价是工程项目经济评价的重要组成部分。财务评价是根据国家现行财税制度和现行价格，分析测算项目的效益和费用，考察项目的获利能力、清偿能力及外汇效果等财务状况，从企业财务角度分析、判断工程项目是否可行，为投资决策提供可靠的依据。

（11）工程项目国民经济评价

宏观国民经济评价是项目经济评价的核心部分，它是从国家整体角度考察项目的效益和费用，用影子价格、影子工资、影子汇率和社会折现率，计算分析项目给国民经济带来的净收益，评价项目经济上的合理性，它是考虑项目或方案取舍的主要依据。

（12）结论与建议

在可行性研究中，在前面各项研究论证的基础上，从技术、经济、社会、财务等各个方面综合论述项目的可行性，推荐一个或几个方案供决策参考，指出项目存在的问题以及结论性意见和改进建议。

综上所述，建设项目可行性研究报告的内容可概括为三部分。首先是市场调查和预测，其主要任务是要解决项目的"必要性"；第二是技术方案和建设条件，说明项目在技术上的"可行性"；第三是经济效益的分析与评价，这是项目可行性研究的核心部分，说明项目在经济上的"合理性"。可行性研究就是主要从这三个方面对项目进行优化研究，并为投资决策提供依据。

3.2.4　设计任务书的编制与审批

1. 设计任务书的作用

设计任务书也称计划任务书、设计计划任务书。它是确定建设项目，编制设计文件的主要依据，所以，设计任务书又称为项目立项书。根据我国的现行制度，所有新建、改扩建项目，都要根据国民经济发展的长远规划、国家建设布局的要求编制设计任务书。建设项目只有批准了设计任务书，项目才算正式立项，才能正式开始筹建，工程建设才算合法。设计任务书是在可行性研究的基础上，选取最佳方案进行编制的，供上级主管部门对项目进行决策的依据。设计任务书的内容，明确地规定了建设项目的建设目的、依据、任务、规模、条件、要求、资金、时间、成本和经济效益（或社会效益）等。因此设计任务书又是项目建设的纲领性文件。

设计任务书作为工程的建设大纲，对工程建设的成败具有重要的作用，体现在以下几个方面：

（1）设计任务书的编制，可以防止项目建设的盲目性和重复建设。设计任务书是根据国民经济的发展要求和本地区、本部门的企事业发展规划，由项目的主管部门组织了各方面的技术专家、经济专家，通过对建设项目的大量调查研究，进行了技术的和经济的反复论证，在此基础上提出的最佳建设方案。它以充足的论据，从多方面论证了该项目建设不仅是必要的，而且方案合理。

（2）设计任务书的正确编制，可确保工程取得较好的效益。设计任务书是在可行性研究的基础上编制的，它对建设内容和要求都作了具体的规定，进行工程设计以它为依据，因此，设计效果的好坏，以至建成后的效益高低，归根结底在于设计任务书的正确编制。

（3）正确编制设计任务书将可确保建设项目达到预期的目的。设计任务书是工程项目的建设大纲。任何一个工程项目，它的建设部有一个明确的所要达到的目的和要求，这些目的和要求必须在设计任务书中充分地体现出来，然后根据设计任务书所规定的内容和要求进行工程设计和建筑施工。如果设计任务书没有进行认真的研究和论证，表达的目标、要求不确切、不具体或疏忽遗漏，不仅影响工程设计和建筑施工的顺利进行，而且影响到工程的造价、建筑成本以及投产后的经济效益。

（4）设计任务书是工程立项的标志。设计任务书在整个建设过程中，起着定方案、定项目的作用。设计任务书经过批准，表明这个项目的立项已得到确认，可以建立筹建机构，落实建设地点，进行工程地质初步勘察，委托初步设计及其他准备工作。过去曾发生有些单位工程项目仅提出建设的意向性意见，尚未编制设计任务书，就组织了筹建机构，联系征地，联系进口设备。结果项目不批准，筹建人员还得重新安置，联系的地皮和订购设备还得退掉，给国家在经济上造成损失。因此，必须设计任务书业经批准后才能开始筹建。

2. 设计任务书的编制

编制设计任务书，主要包括以下几个方面内容：

（1）根据经济调查和预测、市场调查和预测，确定项目建设规模和生产方案。

（2）资源、原材料、燃料以及公用设施的落实情况。

（3）建设地点条件和地点方案。

（4）建设标准和相应的技术经济指标，以及协作配套条件。

（5）主要单项工程、辅助工程的构成，布置方案及土建工程量的估算。

（6）环境保护、城市规划、防震、防洪、防空、文物保护等要求和采取的相应措施方案。

（7）建设工期和实施进度。

（8）投资估算及资金的筹措。

（9）经济效果和社会效益。

3. 设计任务书的审批

国家对设计任务书的审批权限曾作过多次规定，审批的权限大体上分为两级，即国家级、地方或部门级。大中型项目一般由国家计委行使国家级的权限进行审批；小型项目由地方省计委或国务院各部委审批。根据国家的现行制度，设计任务书的审批程序大体规定如下：

（1）大中型建设项目设计任务书的审批。按国家规定，所有大中型建设项目的设计任务书，按隶属关系首先由国务院主管部门或省、自治区、直辖市提出审查意见，报国家发改委审批，其中有些重大项目，由国家发改委报国务院审批。地方项目的设计任务书，凡产供销涉及全国平衡的项目，上报前要征求国务院主管部门的意见。国务院各部门直属项目、下放项目、直供项目的设计任务书，上报国家发改委之前，要征求所在省、自治区、直辖市的意见。有些产供销在省（区）内自行平衡的地方生产性建设项目和一般非生产性建设项目，国家发改委也可委托省、自治区、直辖市或主管部门审批。

（2）小型建设项目设计任务书的审批。小型建设项目设计任务书一般由国务院主管部门或省、自治区、直辖市审批。其中，部属地方安排的项目，以部为主，报有关省、自治区、直辖市审批；地方小型建设项目，原料涉及全国平衡的，应征得国务院主管部门同意。

小型建设项目设计任务书的审批权限只限在各部和各省、自治区、直辖市，原则上不再下放。具体审批办法由国务院各部门，各省、自治区、直辖市规定。

3.2.5 项目评估与决策

项目的可行性研究报告提出以后，即可进入项目评估与投资决策阶段。

项目评估与决策的一般过程如下：在可行性研究的基础上，项目的评估机构遵循客观公正、实事求是的原则，首先对可行性研究报告进行一般性审查、核实，主要审查可行性研究报告的编写程序和内容是否符合要求，数据资料是否齐全，编写报告的经济、技术人员是否具备资格，可行性研究报告是否反映了项目的本来面目。之后，要对编制可行性研究报告的单位资格、编写人员的任职资格及签字盖章的真实性、技术水平和原材料来源是否可靠、环境保护措施以及项目的财务评价、国民经济评价的结论的正确性等进行详细审查。在广泛听取意见和可行性研究报告的提出单位补充说明资料、数据的基础上，做出审查评估结论，决定项目是否通过。通过的项目报请国家计委或其他相应单位审批。审批通过后，项目的决策工作即告结束。

3.3 工程勘察设计管理

3.3.1 工程勘察管理

1. 工程勘察管理概念

工程勘察是运用多种科学技术方法，为查明工程项目建设地点的地形、地貌、土质、岩性、地质构造、水文地质等自然条件而进行的测量、测试、观察、勘探、试验、鉴定和综合评价等工作，其目的是为设计和施工提供可靠的依据。

2. 工程项目勘察内容

由于建设项目的性质、规模、复杂程度以及建设地点的不同，设计所需的技术条件千差万别，设计前所需做的勘察项目也就各不相同。大量的调查、观测、勘察、钻探、环境研究、模型试验和科学研究工作归纳起来，有下列八大类别：

（1）自然条件观测：主要是气候、气象条件的观测，陆上和海洋的水文观测（及与水文有关的观测），特殊地区如沙漠和冰川的观测等项目，建设地点如有相应的测站并已有相当的累积资料，则可直接搜集采用。如无测站或资料不足或从未观测过，则要建站观测。

（2）资源探测：这是一项涉及范围非常广的调查、观测、勘察和钻探任务。资源探测一般由国家常设机构进行。

（3）地震安全性评价：大型工程和地震地质复杂地区，为了准确处理地震设防，确保工程的地震安全，一般都要在国家地震区划的基础上作建设地点的地震安全性评价，习惯称地震地质勘察。

（4）环境评价和环境基底观测：往往和陆上环境调查和海洋水文观测等同时进行，以减少观测费用。但不少项目需要单独进行观测。

（5）岩土工程勘察：亦称为工程地质勘察，常同时做工程水文地质勘察和作地震安全性评价时中小型工程的地震地质勘测。按工程性质不同，它有建（构）筑物岩土工程勘察、公路工程地质勘察、铁路工程地质勘察等。

岩土工程勘察是为查明建设地区的工程地质条件，提出建设场地稳定性和地基承载能力的正确评价而进行的工作，主要有：工程地质测绘、勘探（钻探、触探等）、测试（载荷试验、剪力试验等）、长期观测（地下水动态观测、建筑物沉降观测、滑坡位移观测等）及勘察资料整理（内业）。其勘察阶段应与设计阶段相适应，一般分为厂址勘察、初步勘察和详细勘察。对工程地质条件复杂或者具有特殊施工要求的大型建设工程，还应进行施工勘察。

（6）工程水文地质勘察：水文地质勘察是查明建设地区地下水的类型、成分、分布、埋藏量，确定富水地段，评价地下水资源及其开采条件的工作。其目的是解决地下水对工程造成的危害，为合理开发利用地下水资源，解决项目生产和生活用水，得出供水设计和施工的水文地质资料。一般需进行的水文地质勘察工作有：水文地质测绘、地球物理勘探、钻探、抽水试验、地下水动态观测、水文地质参数计算、地下水资源评价和地下水资源保护区的确定等。

（7）工程测量：工程测量成果和图件是工程规划、总图布置、线路设计以及施工的基础资料。工程测量工作必须与设计工作密切配合以满足各设计阶段的要求，并兼顾施工的一般需要，尽量做到一图多用。在工程测量工作开始前，应取得当地的高程控制及三角网点资料，便于使工程测量成果与地方的测量成果联系起来。

（8）模型试验和科研项目：许多大、中型项目和特殊项目，其建设条件须由模型试验和科学研究方能解决。即光靠以上各项的观测、勘察仍不足以揭示复杂的建设条件，而是将这些实测的自然界资料作为模型的边界条件，由模型试验和科学研究来指导设计和生产。并不是每项工程都要做模型试验和科学研究，但有些工程不做试验和研究就无法开展设计工作。

3.3.2 工程设计管理

工程设计是根据批准的设计任务书，按照国家的有关政策、法规、技术规范，在规定的场地范围内，对拟建工程进行详细规划、布局，把可行性研究中推荐的最佳方案具体化，形成图纸、文字，为工程施工提供依据。

1. 工程设计的作用

（1）设计是项目设计任务书的具体化

设计任务书是项目建设的大纲，为使设计任务书中规定的内容成为现实，必须进行工程设计，设计是完成项目建设的重要步骤。

（2）设计是项目建设准备工作的依据

由于项目设计对项目建设所需投资额、建筑材料、设备数量及规格型号、土地征用等都已确定，因此项目承办单位可根据已批准的初步设计文件去安排资金、有关建筑材料和设备、征用土地、拆迁安置及施工场地等建设前的准备工作。

（3）设计是编制年度投资计划的依据

初步设计一经批准，承办单位就可根据初步设计编制年度投资计划。

（4）设计是项目施工的依据

项目的设计文件包括了项目的总平面布置、建筑物、构筑物及设备安装等方面的图纸，施工单位可将项目的设计文件作为施工建设的依据。

（5）设计是决定项目建成投产后能否发挥经济效益的重要保证

设计中总体布置是否合理，工艺技术及设备选型是否先进适用、安全可靠，组织机构设置是否科学等，都将对项目的劳动生产率、产品成本的高低和产品质量的好坏起决定作用，设计是项目建成投产后能否取得预期经济效果的重要保证。

2. 工程设计的阶段

工程设计一般分为以下四个阶段：

（1）设计准备阶段

设计准备阶段的工作一般包括：可行性研究、编制设计大纲、搜集有关设计参考资料及现场踏勘等工作。

可行性研究和编制设计大纲，一般由建设单位或委托的咨询部门承担，也有委托给设计单位，由设计总负责人组织有关专业人员负责的。

1）可行性研究。可行性研究的目的，是避免基本建设中的盲目性，避免投资的浪费或造成不必要的损失。避免或者减少对周围环境带来不良影响。

2）编制设计大纲。在可行性分析的基础上，以可行性研究报告为依据编制设计大纲（设计任务书）。

设计大纲一般由建设单位或者委托有关咨询部门编制。建设单位在确定选址以后，提供工程的规模、投资数额和使用要求及设计、建设期限等要求，由设计单位根据有关标准并参考其他同类项目、指标编制设计大纲。设计大纲常由设计总负责人负责进行编制。编制过程中，设计总负责人要与建设单位密切联系，共同磋商，使设计大纲尽量合理。

3）搜集设计资料和现场踏勘。设计准备阶段的最终一项工作是搜集有关设计参考资料及现场踏勘。一般由设计总负责人组织设计人员查阅有关设计资料，对于重大项目也可以向技术情报中心建议，由该部门准备有关设计资料。

现场踏勘对着手进行初步设计（方案）十分重要。因为单凭建设单位（或其他部门）提供的基础资料，往往不易全面了解到与方案设计等初步设计有关的第一手资料，也不易体验到建设地点的空间环境。在方案设计阶段，现场踏勘主要着重于了解该处的地形地貌，周围的环境，当地的建筑风格和特征，城市规划现状，交通及人流、水源等状况。

（2）初步设计

初步设计阶段是整个设计工作中的最关键一环，是设计过程中的战略性阶段，又是富有竞争性的工作阶段。

1）初步设计的内容。编制初步设计的目的是阐明在指定地点和规定时期内拟建工程项目在技术上的可能性与经济上的合理性，并为最终确定建设项目做出基本技术决定和建设总概算指标。初步设计文件由设计说明书（包括设计总说明和各专业的设计说明书）、设计图纸、主要设备、材料表和工程概算等四部分组成。

初步设计的主要内容包括：①设计依据；②设计指导思想；③设计规模；④产品方案：原料、燃料、动力的用量和来源；⑤工艺流程；⑥主要设备选型及配置；⑦运输用交通路线图；⑧主要建筑物、构筑物；⑨公用、辅助设施；⑩主要材料用量；⑪外部协作条件；⑫占地面积和场地利用情况；⑬综合利用、"三废"治理，环境保护设施和评价；⑭生活、服务区建设；⑮抗震和人防设施；⑯生产组织和劳动定员；⑰主要经济指标及分析；⑱建设顺序和年限；⑲总概算；等等。

2）初步设计的深度。初步设计的深度应满足下列要求：①经过比选，确定设计方案；②确定土地征用范围；③据以进行主要设备及材料订货；④确定工程造价，据以控制工程投资；⑤据以编制施工图设计；⑥据以进行施工准备。

（3）技术设计

技术设计阶段是初步设计阶段的深入和补充；它是对初步设计阶段未解决或进一步研究要解决的问题而进行的设计阶段。其主要任务是解决下列方面的问题：①对技术上无经验或把握性不大的设计方案的试验、研究及确定，②某些技术复杂、需要慎重对待的问题的研究及确定。

技术设计文件的编制内容和要求，应视工程项目具体情况、特点和需要而定，上级部门对此不作硬性规定，但其深度应满足施工图设计要求，其内容应满足上述问题的全面解决。

（4）施工图设计

施工图设计应根据已批准的初步设计文件（包括技术设计文件）进行编制。施工图是直接为施工服务的，是具体施工的依据，因此要求准确无误、详尽齐全。其内容以图纸为主。设计深度应满足以下要求：①可据以编制施工图预算；②可据以安排全部材料、设备和非标准设备的购买和制作；③可据以进行施工和安装。

应当说明，设计单位在提供施工图外还应编报施工图预算。

3.3.3 工程勘察、设计单位资格要求

1. 资格证书和资格标准

工程勘察、工程设计资格证书分为《工程勘察证书》和《工程设计证书》两种；《工程勘察证书》和《工程设计证书》由建设部统一印制。

工程勘察、工程设计资格各分为甲、乙、丙、丁四级。分级标准的制定原则是：

甲级：技术力量雄厚，专业配备齐全，有同时承担两项复杂地质条件工程项目勘察任务或者两项大型项目设计任务的技术骨干；具有本行业的技术专长和计算机软件开发的能力，独立承担过本行业两项以上大型复杂地质条件工程项目的勘察或者两项大型项目的设计任务，并已建成投产，取得了好的效果；在近五年内有两项以上的工程获得过全国或者省、部级优秀工程勘察、优秀工程设计奖；参加过国家和部门、地方工程建设标准规范的编制工作；建立了一套有效的全面质量管理体系；有比较先进、齐全的技术装备和固定的

工作场所；社会信誉很好。

乙级：技术力量雄厚，专业配备齐全，有同时承担两项比较复杂地质条件工程项目勘察任务或者两项中型项目设计任务的技术骨干；有相应的技术专长，能够利用国内外本行业的软件，做出比较先进的勘察、设计成果；独立承担过本行业两项以上中型较复杂地质条件工程项目的勘察或者两项中型项目的设计任务，并已建成投产，取得了好的效果；在近五年内有一项以上的工程获得过省、部级优秀工程勘察、优秀工程设计奖；建立了一套有效的全面质量管理体系；有相应配套的技术装备和固定的工作场所；社会信誉较好。

丙级：有一定的技术力量，专业齐全，有同时承担两项小型工程项目勘察或者设计任务的技术骨干；独立承担过本行业两项以上小型工程项目的勘察或者设计任务，并已建成投产，效果良好；有比较健全的管理制度；有必需的技术装备和固定的工作场所。

丁级：有一定的技术力量，专业基本齐全，人员配备基本合理，主要专业应当配备有工程师以上职称，并从事过工程勘察、工程设计实践的技术人员；独立承担过小型或者零星工程项目的勘察或者设计任务，并已建成投产，效果良好；有比较健全的管理制度；有必需的技术装备和固定的工作场所。

2. 适用范围

持有甲级证书的单位，可以在全国范围内承担证书规定行业大、中、小型工程建设项目的工程勘察或者工程设计任务。

持有乙级证书的单位，可以在本省、自治区、直辖市范围内承担证书规定行业中、小型工程建设项目的工程勘察或者工程设计任务。需要跨省、自治区、直辖市承担任务的，需经项目所在地的省、自治区、直辖市勘察设计主管部门批准。

持有丙级证书的单位，可以在本省、自治区、直辖市承担证书规定行业小型工程建设项目的工程勘察或者工程设计任务。

持有丁级证书的单位，只能在单位所在地的市或者县范围内承担证书规定行业小型工程建设项目及零星工程建设项目的工程勘察或者工程设计任务。

工程勘察、设计单位提交的勘察、设计文件，必须在勘察设计文件封面上注明资格证书的行业、资格等级和证书编号。审查勘察、设计文件的部门，首先要核实工程勘察设计单位的资格。工程勘察、工程设计证书是从事勘察设计的技术资格凭证，只限持证单位使用，不得转让，不得为其他单位或个人提供图章、图签，不得私拉外单位人员为其搞勘察设计，未经批准也不得越级或超越证书规定范围承担任务。违者，由勘察设计主管部门或工商行政管理机关按情节轻重，给予通报批评、停业整顿；情节特别严重的，由发证部门处以降级，直至吊销资格证书。

复习思考题

1. 试简述工程项目的建设程序？
2. 试述投资机会研究与项目初选？
3. 试述可行性研究的概念与作用？
4. 试述可行性研究报告编制的内容？

5. 试述设计任务书的作用？

6. 试述设计任务书的编制与审批内容？

7. 试述工程设计的作用？

8. 试述工程勘察、设计单位资格要求的具体内容？

第4章　工程项目招投标

4.1　招投标概述

4.1.1　招投标的含义

招标投标是在市场经济条件下进行大宗货物的买卖、工程项目的发包与承包以及服务项目的采购与提供时采用的一种交易方式。在这种交易方式下，通常是由项目（包括货物购买、工程发包和服务采购）的采购方作为招标人，由有意提供采购所需货物、工程或服务项目的供应商、承包人作为投标人，向招标人书面提出自己的报价及其他响应招标要求的条件，参加投标竞争。经招标人对各投标人报价及其他条件进行审查比较后，从中择优选定中标者，并与其签订采购合同。

招投标的目的是为了签订合同。虽然招标文件对招标项目有详细介绍，但它缺少合同成立的重要条件——价格，在招标时，项目成交的价格是有待于投标者提出的。因而，招标不具备要约的条件，不是要约，它实际上是邀请其他人（投标人）来对其提出要约（报价），是一种要约邀请。而投标则是要约，中标通知书是承诺。

从法理上讲，招标是一种民事行为，工程项目的采购方有权决定是否采用招标选定工程项目的承包方、供应方或服务方。但是，当事人的这种权利要受到法律的限制。《中华人民共和国招标投标法》（简称《招标投标法》）规定有些工程项目必须进行招标。

《招标投标法》规定，在我国境内建设下列工程项目，包括项目的勘察、设计、施工、监理以及与工程建设有关的重要设备、材料等的采购，必须进行招标。

(1) 大型基础设施、公用事业等关系社会公共利益、公众安全的项目。

(2) 全部或者部分使用国有资金投资或者国家融资的项目。

(3) 使用国际组织或者外国政府贷款、援助资金的项目。

上述项目的具体范围和规模标准，由国务院发展改革部门会同国务院有关部门制定，报国务院批准。法律或者国务院对必须进行招标的其他项目的范围有规定的，依照其规定。

对上述必须进行招标的工程项目，任何个人或者单位不得将其化整为零或者以其他任何方式规避招标。

4.1.2　招标投标的基本原则

1. 公开原则

公开原则，首先要求招标信息公开。例如：《招标投标法》规定，必须依法进行招标的项目的招标公告，通过国家指定的报刊、信息网络或者其他媒介发布。无论是招标公告、资格预审公告还是投标邀请书，都应当载明招标人的名称和地址、招标项目的性质、数量、实施地点和时间以及获取招标文件的办法等事项。其次，公开原则还要求招标投标过程公开。例如：《招标投标法》规定开标时招标人应当邀请所有投标人参加，招标人在招标文件要求提交投标文件截止时间前收到的所有投标文件，开标时都应当当众予以拆封、宣读。中标人确定后，招标人应当在向中标人发出中标通知书的同时，将中标结果通知所有未中标的投标人。

2. 公平原则

公平原则，要求给予所有投标人平等的机会，使其享有同等的权利，履行同等的义务。招标人不得以任何理由排斥或者歧视任何投标人。《招标投标法》明确规定："依法必须进行招标的项目，其招标投标活动不受地区或者部门的限制，任何单位和个人不得违法限制或排斥本地区、本系统以外的法人或者其他组织参加投标，不得以任何方式非法干涉招标投标活动。"

3. 公正原则

公正原则，要求招标人在招标投标活动中按照统一的标准衡量每一个投标人的优劣。进行资格审查时，招标人应当按照资格预审文件或招标文件中载明的资格审查的条件、标准和方法对潜在投标人或者投标人进行资格审查，不得改变载明的条件或者以没有载明的资格条件进行资格审查。《招标投标法》还规定评标委员会应当按照招标文件确定的评标标准和方法，对投标文件进行评审和比较。评标委员会成员应当客观、公正地履行职务，遵守职业道德。

4. 诚实信用原则

诚实信用原则，是我国民事活动所应当遵循的一项重要基本原则。我国《民法通则》规定："民事活动应当遵循自愿、平等、等价有偿、诚实信用的原则。"《合同法》也明确规定："当事人行使权利、履行义务应当遵循诚实信用原则。"招标投标活动作为订立合同的一种特殊方式，同样应当遵循诚实信用原则。例如，在招标过程中，招标人不得发布虚假的招标信息，不得擅自终止招标。在投标过程中，投标人不得以他人名义投标，不得与招标人或其他投标人串通投标。中标通知书发出后，招标人不得擅自改变中标结果，中标人不得擅自放弃中标项目。

4.1.3 招标方式

1. 公开招标和邀请招标

《招标投标法》规定，招标方式分为公开招标和邀请招标两种。

（1）公开招标。公开招标亦称无限竞争性招标，招标人在公共媒体上发布招标公告，提出招标项目和要求，符合条件的一切法人或者组织都可以参加投标竞争，都有同等竞争的机会。按规定应该招标的建设工程项目，一般应采用公开招标方式。

《工程建设项目施工招标投标办法》规定，依法应当公开招标的建设工程项目有：1）国务院发展计划部门确定的国家重点建设项目；2）省、自治区、直辖市人民政府确定的地方重点建设项目；3）全部使用国有资金投资或者国有资金投资占控股或者主导地位的工程建设项目。

公开招标方式的优点是，招标人可以在较广的范围内选择承包商，投标竞争激烈，择优率更高，有利于招标人将工程项目交予可靠的承包商实施，并获得有竞争性的商业报价，同时，也可在较大程度上避免招标过程中的贿标行为。因此，国际上政府采购通常采用这种方式。

公开招标方式的缺点是，准备招标、对投标申请者进行资格预审和评标的工作量大，招标时间长、费用高。同时，参加竞争的投标者越多，中标的机会就越小；投标风险越大，损失的费用也就越多，而这种费用的损失必然会反映在标价中，最终会由招标人承担。

（2）邀请招标。邀请招标亦称有限竞争性招标，招标人事先经过考察和筛选，将投标邀请书发给某些特定的法人或者组织，邀请其参加投标。为了保护公共利益，避免邀请招标方式被滥用，各个国家和世界银行等金融组织都有相关规定：按规定应该招标的建设工程项目，一般应采用公开招标，如果要采用邀请招标，需经过批准。招标人采用邀请招标方式，应当向三个以上具备承担招标项目的能力、资信良好的特定的法人或者其他组织发出投标邀请书，否则就失去了竞争意义。

对于有些特殊项目，采用邀请招标方式确实更加有利。《工程建设项目施工招标投标办法》规定，对于应当公开招标的建设工程招标项目，有下列情形之一的，经批准可以进行邀请招标：1）项目技术复杂或有特殊要求，只有少量几家潜在投标人可供选择的；2）受自然地域环境限制的；3）涉及国家安全、国家秘密或者抢险救灾，适宜招标但不宜公开招标的；4）拟公开招标的费用与项目的价值相比，不值得的；5）法律、法规规定不宜公开招标的。

与公开招标方式相比，邀请招标方式的优点是不发布招标公告，不进行资格预审，简化了招标程序，因而节约了招标费用、缩短了招标时间。而且由于招标人比较了解投标人以往的业绩和履约能力，从而减少了合同履行过程中承包商违约的风险。对于采购标的较小的工程项目，采用邀请招标方式比较有利。

邀请招标方式的缺点是，由于投标竞争的激烈程度较差，有可能会提高中标合同价；也有可能排除某些在技术上或报价上有竞争力的承包商参与投标。

2. 自行招标和委托招标

招标人可自行办理招标事宜，也可以委托招标代理机构代为办理招标事宜。招标人自行办理招标事宜，应当具有编制招标文件和组织评标的能力，即招标人具有与招标项目规模和复杂程度相适应的技术、经济等方面的专业人员。招标人不具备自行招标能力的，必须委托具备相应资质的招标代理机构代为办理招标事宜。

工程招标代理机构资格分为甲、乙两级。其中乙级工程招标代理机构只能承担工程投资额（不含征地费、大市政配套费与拆迁补偿费）3000万元以下的工程招标代理业务。工程招标代理机构可以跨省、自治区、直辖市承担工程招标代理业务。

4.1.4 招标范围和规模

1. 工程项目必须招标的范围

《招标投标法》规定，在中华人民共和国境内进行下列工程建设项目包括项目的勘察、设计、施工、监理以及与工程建设有关的重要设备、材料等的采购，必须进行招标：（1）

大型基础设施、公用事业等关系社会公共利益、公众安全的项目；（2）全部或者部分使用国有资金投资或者国家融资的项目；（3）使用国际组织或者外国政府贷款、援助资金的项目。

经国务院批准的《工程建设项目招标范围和规模标准规定》进一步规定，关系社会公共利益、公众安全的基础设施项目的范围包括：（1）煤炭、石油、天然气、电力、新能源等能源项目；（2）铁路、公路、管道、水运、航空以及其他交通运输业等交通运输项目；（3）邮政、电信枢纽、通信、信息网络等邮电通信项目；（4）防洪、灌溉、排涝、引（供）水、滩涂治理、水土保持、水利枢纽等水利项目；（5）道路、桥梁、地铁和轻轨交通、污水排放及处理、垃圾处理、地下管道、公共停车场等城市设施项目；（6）生态环境保护项目；（7）其他基础设施项目。

关系社会公共利益、公众安全的公用事业项目的范围包括：（1）供水、供电、供气、供热等市政工程项目；（2）科技、教育、文化等项目；（3）体育、旅游等项目；（4）卫生、社会福利等项目；（5）商品住宅，包括经济适用住房；（6）其他公用事业项目。

使用国有资金投资项目的范围包括：（1）使用各级财政预算资金的项目；（2）使用纳入财政管理的各种政府性专项建设基金的项目；（3）使用国有企业事业单位自有资金，并且国有资产投资者实际拥有控制权的项目。

国家融资项目的范围包括：（1）使用国家发行债券所筹资金的项目；（2）使用国家对外借款或者担保所筹资金的项目；（3）使用国家政策性贷款的项目；（4）国家授权投资主体融资的项目。

使用国际组织或者外国政府贷款、援助资金的项目包括：（1）使用世界银行、亚洲开发银行等国际组织贷款资金的项目；（2）使用外国政府及其机构贷款资金的项目；（3）使用国际组织或者外国政府援助资金的项目。

2. 工程项目必须招标的规模标准

按照《工程建设项目招标范围和规模标准规定》，必须招标范围内的各类工程建设项目，达到下列标准之一的，必须进行招标：（1）施工单项合同估算价在人民币 200 万元以上的；（2）重要设备、材料等货物的采购，单项合同估算价在人民币 100 万元以上的；（3）勘察、设计、监理等服务的采购，单项合同估算价在人民币 50 万元以上的；（4）单项合同估算价低于第（1）、（2）和（3）项规定的标准，但项目总投资额在人民币 3000 万元以上的。

《招标投标法》规定，依法必须进行招标的项目，其招标投标活动不受地区或者部门的限制。任何单位和个人不得违法限制或者排斥本地区、本系统以外的法人或者其他组织参加投标，不得以任何方式非法干涉招标投标活动。

3. 可以不进行招标的工程项目

对于依法必须招标的具体范围和规模标准以外的建设工程项目，可以不进行招标，采用直接发包的方式。

此外，根据《工程建设项目招标范围和规模标准规定》，建设项目的勘察、设计，采用特定专利或者专有技术的，或者其建筑艺术造型有特殊要求的，经项目主管部门批准，可以不进行招标。

原国家计委、建设部等 7 部门颁布的《工程建设项目施工招标投标办法》中规定，有下列情形之一的，经该办法规定的审批部门批准，可以不进行施工招标：（1）涉及国家安全、国家秘密或者抢险救灾而不适宜招标的；（2）属于利用扶贫资金实行以工代赈需要使用农民工的；（3）施工主要技术采用特定的专利或者专有技术的；（4）施工企业自建自用的工程，且该施工企业资质等级符合工程要求的；（5）在建工程追加的附属小型工程或者主体加层工程，原中标人仍具备承包能力的；（6）法律、行政法规规定的其他情形。

不需要审批但依法必须招标的工程建设项目，有前款规定情形之一的，可以不进行施工招标。

4.2 工程项目招标

对建设工程的发包人来说，很重要的是如何找到理想的、有能力承担建设工程任务的合格单位，用经济合理的价格，获得满意的服务和产品。根据建设工程的通常做法，建设工程的发包人一般都通过招标或其他竞争方式选择建设工程任务的实施单位，包括设计、咨询、施工承包和供货等单位。当然，发包人也可以通过询价采购和直接委托等方式选择建设工程任务的实施单位。

建设工程招标投标是在市场经济条件下，通过公平竞争机制，进行建设工程项目发包与承包时所采用的一种交易方式。采用这种交易方式，须具备两个基本条件：一是要有能够开展公平竞争的市场经济运行机制；二是必须存在招标项目的买方市场，能够形成多家竞争的局面。

通过招标投标，招标单位可以对符合条件的各投标竞争者进行综合比较，从中选择报价合理、技术力量强、质量和信誉可靠的承包商作为中标者签订承包合同，有利于保证工程质量和工期、降低工程造价、提高投资效益，也有利于防范建设工程发承包活动中的不正当竞争行为和腐败现象。

建设工程招标的基本程序主要包括：落实招标条件、委托招标代理机构、编制招标文件、发布招标公告或投标邀请书、资格审查、开标、评标、中标和签订合同等。

4.2.1 招标策划

招标策划是指建设单位及其委托的招标代理机构在准备招标文件前，根据工程项目特点及潜在投标人情况等确定招标方案。招标策划的好坏，关系到招标的成败，直接影响投标人的投标报价乃至施工合同价。因此，招标策划对于施工招投标过程中的工程造价管理起着关键作用。招标策划主要包括施工标段划分、合同计价方式及合同类型选择等内容。

1. 标段划分

我国建筑市场尚未完全规范，在实践中常发生将建设工程肢解发包的情况。一些发包单位将本应由一个承包单位整体承包的工程，肢解成若干部分，分别发包给几个承包单位。由于施工现场缺乏应有的组织协调，往往出现承建单位之间的推诿扯皮和相互掣肘，造成现场秩序混乱、责任不清，工期拖延，成本增加，甚至出现严重的建设工程质量和安全问题。肢解发包往往还与发包单位有关人员徇私舞弊、收受贿赂、索拿回扣等违法行为有关。为此，《招标投标法》规定，招标项目需要划分标段、确定工期的，招标人应当合理划分标段、确定工期，并在招标文件中载明。《建筑法》规定，提倡对建筑工程实行总承包，禁止将建筑工程肢解发包。建筑工程的发包单位可以将建筑工程的勘察、设计、施工、设备采购一并发包给一个工程总承包单位，也可以将建筑工程的勘察、设计、施工、设备采购的一项或者多项发包给一个工程总承包单位；但是，不得将应当由一个承包单位完成的建筑工程肢解成若干部分发包给几个承包单位。

工程项目施工是一个复杂的系统工程，影响标段划分的因素有很多。应根据工程项目的内容、规模和专业复杂程度确定招标范围，合理划分标段。对于工程规模大、专业复杂的工程项目，建设单位的管理能力有限时，应考虑采用施工总承包的招标方式选择施工队伍。这样，有利于减少各专业之间因配合不当造成的窝工、返工、索赔风险。但采用这种承包方式，有可能使工程报价相对较高。对于工艺成熟的一般性项目，涉及专业不多时，可考虑采用平行承包的招标方式，分别选择各专业承包单位并签订施工合同。采用这种承包方式，建设单位一般可得到较为满意的报价，有利于控制工程造价。划分施工标段时，应考虑的因素包括：工程特点、对工程造价的影响、承包单位专长的发挥、工地管理等。

（1）工程特点。如果工程场地集中、工程量不大、技术不太复杂，由一家承包单位总包易于管理，则一般不分标。但如果工地场面大、工程量大，有特殊技术要求，则应考虑划分为若干标段。

（2）对工程造价的影响。通常情况下，一项工程由一家施工单位总承包易于管理，同时便于劳动力、材料、设备的调配，因而可得到交底造价。但对于大型、复杂的工程项目，对承包单位的施工能力、施工经验、施工设备等有较高要求。在这种情况下，如果不划分标段，就可能使有资格参加投标的承包单位大大减少。竞争对手的减少，必然会导致工程报价的上涨，反而得不到较为合理的报价。

（3）承包单位专长的发挥。工程项目是由单项工程、单位工程或专业工程组成，在考虑划分施工标段时，既要考虑不会产生各承包单位施工的交叉干扰，又要注意各承包单位之间在空间和时间上的衔接。

（4）工地管理。从工地管理角度看，分标时应考虑两方面问题：一是工程进度的衔接，二是工地现场的布置和干扰，工程进度的衔接很重要，特别是工程网络计划中关键线路上的项目一定要选择施工水平高、能力强、信誉好的承包单位，以防止影响其他承包单位的进度。从现场布置的角度看，承包单位越少越好。分标时要对几个承包单位在现场的施工场地进行细致周密的安排。

（5）其他因素。除上述因素外，还有许多其他因素影响施工标段的划分，如建设资金、设计图纸供应等。资金不足、图纸分期供应时，可先进行部分招标。

2. 合同计价方式

施工合同中，计价方式可分为三种，即总价方式、单价方式和成本加酬金方式。相应的施工合同也称为总价合同、单价合同和成本加酬金合同。其中，成本加酬金的计价方式又可根据酬金的计取方式不同，分为百分比酬金、固定酬金、浮动酬金和目标成本加奖罚四种计价方式。

3. 合同类型的选择

施工合同有多种类型。合同类型不同，合同双方的义务和责任不同，各自承担的风险也不尽相同。建设单位应综合考虑以下因素来选择适合的合同类型：

（1）工程项目的复杂程度。建设规模大且技术复杂的工程项目，承包风险较大，各项费用不易准确估算，因而不宜采用固定总价合同。最好是对有把握的部分采用固定总价合同，估算不准的部分采用单价合同或成本加酬金合同。有时，在同一施工合同中采用不同的计价方式，是建设单位与施工承包单位合理分担施工风险的有效办法。

（2）工程项目的设计深度。工程项目的设计深度是选择合同类型的重要因素。如果已完成工程项目的施工图设计，施工图纸和工程量清单详细而明确，则可选择总价合同；如果实际工程量与预计工程量可能有较大出入时，应优先选择单价合同；如果只完成工程项目的初步设计，工程量清单不够明确时，则可选择单价合同或成本加酬金合同。

（3）施工技术的先进程度。如果在工程施工中有较大部分采用新技术、新工艺，建设单位和施工承包单位对此缺乏经验，又无国家标准时，为了避免投标单位盲目地提高承包价款，或由于对施工难度估计不足而导致承包亏损，不宜采用固定总价合同，而应选用成本加酬金合同。

（4）施工工期的紧迫程度。对于一些紧急工程（如灾后恢复工程等），要求尽快开工且工期较紧时，可能仅有实施方案，还没有施工图纸，施工承包单位不可能报出合理的价格，选择成本加酬金合同较为合适。

4.2.2 招标准备阶段的工作内容

1. 落实招标条件

《招标投标法》规定，招标项目按照国家有关规定需要履行项目审批手续的，应当先履行审批手续，取得批准。招标人应当有进行招标项目的相应资金或者资金来源已经落实，并应当在招标文件中如实载明。

《工程建设项目施工招标投标办法》进一步规定，依法必须招标的工程建设项目，应当具备下列条件才能进行施工招标：（1）招标人已经依法成立；（2）初步设计及概算应当履行审批手续的，已经批准；（3）招标范围、招标方式和招标组织形式等应当履行核准手续的，已经核准；（4）有相应资金或资金来源已经落实；（5）有招标所需的设计图纸及技术资料。

2. 委托招标代理机构

《招标投标法》规定，招标人具有编制招标文件和组织评标能力的，可以自行办理招标事宜。任何单位和个人不得强制其委托招标代理机构办理招标事宜。依法必须进行招标的项目，招标人自行办理招标事宜的，应当向有关行政监督部门备案。

招标代理机构是依法设立、从事招标代理业务并提供相关服务的社会中介组织。按照《招标投标法》的规定，招标代理机构应当具备下列条件：（1）有从事招标代理业务的营业场所和相应资金；（2）有能够编制招标文件和组织评标的相应专业力量；（3）有符合该法定条件、可以作为评标委员会成员人选的技术、经济等方面的专家库。《招标投标法》还规定，从事工程建设项目招标代理业务的招标代理机构，其资格由国务院或者省、自治区、直辖市人民政府的建设行政主管部门认定。具体办法由国务院建设行政主管部门会同国务院有关部门制定。据此，建设部于2000年6月颁布了《工程建设项目招标代理机构资格认定办法》。

招标代理机构应当在招标人委托的范围内承担招标事宜。招标代理机构可以在其资格等级范围内承担下列招标事宜：（1）拟订招标方案，编制和出售招标文件、资格预审文件；（2）审查投标人资格；（3）编制标底；（4）组织投标人踏勘现场；（5）组织开标、评标，协助招标人定标；（6）草拟合同；（7）招标人委托的其他事项。

招标代理机构与行政机关和其他国家机关不得存在隶属关系或者其他利益关系，也不得无权代理、越权代理，不得明知委托事项违法而进行代理。招标代理机构不得接受同一招标项目的投标代理和投标咨询业务；未经招标人同意，不得转让招标代理业务。

3. 编制招标文件

《招标投标法》规定，招标人应当根据招标项目的特点和需要编制招标文件。招标文件应当包括招标项目的技术要求、对投标人资格审查的标准、投标报价要求和评标标准等所有实质性要求和条件以及拟签订合同的主要条款。国家对招标项目的技术、标准有规定的，招标人应当按照其规定在招标文件中提出相应要求。

《工程建设项目施工招标投标办法》进一步规定，招标文件一般包括下列内容：（1）投标邀请书；（2）投标人须知；（3）合同主要条款；（4）投标文件格式；（5）采用工程量清单招标的，应当提供工程量清单；（6）技术条款；（7）设计图纸；（8）评标标准和方法；（9）投标辅助材料。招标人应当在招标文件中规定实质性要求和条件，并用醒目的方式标明。

《招标投标法》还规定，招标文件不得要求或者标明特定的生产供应者以及含有倾向或者排斥潜在投标人的其他内容。招标人对已发出的招标文件进行必要的澄清或者修改的，应当在招标文件要求提交投标文件截止时间至少 15 日前，以书面形式通知所有招标文件收受人。该澄清或者修改的内容为招标文件的组成部分。

招标人应当确定投标人编制投标文件所需要的合理时间；但是，依法必须进行招标的项目，自招标文件开始发出之日起至投标人提交投标文件截止之日止，最短不得少于 20 日。

4. 编制标底

根据我国现行《招标投标法》及有关规定，编制标底并不是强制性的，招标人可以不设标底，进行无标底招标。但是，在我国工程建设领域，标底在招标投标活动中始终得到较为普遍的应用。对于设有标底的招标项目，标底通常是评标的一个关键指标。投标人的投标报价能否接近标底，常常是该投标人能否中标的重要条件。正是由于标底在评标当中的特殊重要作用，一些投标人为了中标不惜采用违法手段探听标底，并由此产生了一系列违法问题。为了保证招标投标活动公平、公正，《招标投标法》特别规定："招标人设有标底的，标底必须保密。"

为了规范标底的编制，确保标底的科学性、合理性，《工程建设项目施工招标投标办法》进一步规定：招标项目编制标底的，应根据批准的初步设计、概算投资，依据有关计价办法，参照有关工期定额，结合市场供求状况，综合考虑投资、工期和质量等方面的因素合理确定。标底由招标人自行编制或委托中介机构编制，一个工程只能编制一个标底。任何单位和个人不得强制招标人编制或者报审标底，也不得干预其确定标底。招标人设有标底的，标底在评标中应当作为参考，但不得作为评标的唯一依据。

4.2.3 资格审查与投标阶段

1. 招标信息的发布

《招标投标法》规定，招标人采用公开招标方式的，应当发布招标公告。招标公告应当载明招标人的名称和地址、招标项目的性质、数量、实施地点和时间以及获取招标文件的办法等事项。《建筑法》规定，建筑工程实行公开招标的，发包单位应当依照法定程序和方式，发布招标公告，提供载有招标工程的主要技术要求、主要的合同条款、评标的标准和方法以及开标、评标、定标的程序等内容的招标文件。

招标人采用邀请招标方式的，应当向三个以上具备承担招标项目的能力、资信良好的特定的法人或者其他组织发出投标邀请书。投标邀请书也应当载明招标人的名称和地址、招标项目的性质、数量、实施地点和时间以及获取招标文件的办法等事项。

招标人可以根据招标项目本身的要求，在招标公告或者投标邀请书中，要求潜在投标人提供有关资质证明文件和业绩情况，并对潜在投标人进行资格审查。招标人不得以不合理的条件限制或者排斥潜在投标人，不得对潜在投标人实行歧视待遇。采取资格预审的，招标人可以发布资格预审公告，资格预审公告适用有关招标公告的规定。招标人应当在资格预审文件中载明资格预审的条件、标准和方法。招标人不得改变载明的资格条件或者以没有载明的资格条件对潜在投标人进行资格预审。

资格预审公告和招标公告应在国务院发展改革部门依法指定的媒介发布。在不同媒介发布的同一招标项目的资格预审公告或者招标公告的内容应当一致。指定媒介发布依法必须进行招标的项目的境内资格预审公告、招标公告，不得收取费用。

招标公告应当载明招标人的名称和地址，招标项目的性质、数量、实施地点和时间，投标截止日期以及获取招标文件的办法等事项。招标人或其委托的招标代理机构应当保证招标公告内容的真实、准确和完整。

编制依法必须进行招标的项目的资格预审文件和招标文件，应当使用国务院发展改革部门会同有关行政监督部门制定的标准文本。

拟发布的招标公告文本应当由招标人或其委托的招标代理机构的主要负责人签名并加盖公章。招标人或其委托的招标代理机构发布招标公告，应当向指定媒介提供营业执照（或法人证书）、项目批准文件的复印件等证明文件。

招标人或其委托的招标代理机构应至少在一家指定的媒介发布招标公告。指定报刊在发布招标公告的同时，应将招标公告如实抄送指定网络。招标人或其委托的招标代理机构在两个以上媒介发布的同一招标项目的招标公告的内容应当相同。

招标人应当按招标公告或者投标邀请书规定的时间、地点出售招标文件或资格预审文件。自招标文件或者资格预审文件出售之日起至停止出售之日止，最短不得少于5个工作日。

投标人必须自费购买相关招标或资格预审文件。招标人发售资格预审文件、招标文件收取的费用应当限于补偿印刷、邮寄的成本支出，不得以营利为目的。对于所附的设计文件，招标人可以向投标人酌收押金；对于开标后投标人退还设计文件的，招标人应当向投标人退还押金。招标文件或者资格预审文件售出后，不予退还。招标人在发布招标公告、发出投标邀请书后或者售出招标文件或资格预审文件后不得擅自终止招标。

招标人不得向他人透露已获取招标文件的潜在投标人的名称、数量以及可能影响公平竞争的有关招标投标的其他情况。招标人设有标底的，标底必须保密。招标人根据招标项目的具体情况，可以组织潜在投标人踏勘项目现场。

2. 资格预审

招标人可以根据招标项目本身的特点和要求，要求投标申请人提供有关资质、业绩和能力等证明，并对投标申请人进行资格审查。资格审查分为资格预审和资格后审。

资格预审是指招标人在招标开始之前或者开始初期，由招标人对申请参加投标的潜在投标人进行资质条件、业绩、信誉、技术和资金等多方面的情况进行资格审查；经认定合格的潜在投标人，才可以参加投标。

通过资格预审可以使招标人了解潜在投标人的资信情况，包括财务状况、技术能力以及以往从事类似工程的施工经验，从而选择优秀的潜在投标人参加投标，降低将合同授予不合格的投标人的风险。通过资格预审，可以淘汰不合格的潜在投标人，从而有效地控制投标人的数量，减少多余的投标，进而减少评审阶段的工作时间，减少评审费用，也为不合格的潜在投标人节约投标的无效成本。通过资格预审，招标人可以了解潜在投标人对项目投标的兴趣，如果潜在投标人的兴趣大大低于招标人的预料，招标人可以修改招标条款，以吸引更多的投标人参加竞争。

资格预审是一个重要的过程，要有比较严谨的执行程序，一般可以参考以下程序。

（1）由业主自行或委托咨询公司编制资格预审文件，主要内容有：工程项目简介，对潜在投标人的要求，各种附表等。可以成立以业主为核心，由咨询公司专业人员和有关专家组成的资格预审文件起草工作小组。编写资格预审文件内容要齐全，使用所规定的语言；根据需要，明确规定应提交的资格预审文件的份数，注明"正本"和"副本"。

（2）在国内外有关媒介上发布资格预审广告，邀请有意参加工程投标的单位申请资格审查。在投标意向者明确参与资格预审的意向后，将给予具体的资格预审通知，该通知一般包括以下内容：业主和工程的名称；工程所在位置、概况和合同包含的工作范围；资金来源；资格预审文件的发售日期、时间、地点和价格；预期的计划（授予合同的日期、竣工日期及其他关键日期）；招标文件发出和提交投标文件的计划日期；申请资格预审须知；提交资格预审文件的地点及截止日期、时间；最低资格要求及准备投标的投标意向者可能关心的具体情况。

（3）在指定的时间、地点开始出售资格预审文件，并同时公布对资格预审文件的答疑的具体时间。

（4）由于各种原因，在资格预审文件发售后，购买文件的投标意向者可能对资格预审文件提出各种疑问，投标意向者应将这些疑问以书面形式提交业主，业主应以书面形式回答。为保证竞争的公平性，应使所有投标意向者获得的信息量相同，对于任何一个投标意向者问题的答复，均要求同时通知所有购买资格预审文件的投标意向者。

（5）投标意向者在规定的截止日期之前完成填报的内容，报送资格预审文件，所报送的文件在规定的截止日期后不能再进行修改。当然，业主可就报送的资格预审文件中的疑点要求投标意向者进行澄清，投标意向者应按实际情况回答，但不允许投标意向者修改资格预审文件中的实质内容。

（6）由业主组织资格预审评审委员会，对资格预审文件进行评审，并将评审结果及时以书面形式通知所有参加资格预审的投标意向者。对于通过预审的投标人，还要向其通知出售招标文件的时间和地点。通过资格预审的申请人少于 3 个的，应当重新进行资格预审。

《招标投标法实施条例》规定，招标人不得以不合理的条件限制、排斥潜在投标人或者投标人。招标人有下列行为之一的，属于以不合理条件限制、排斥潜在投标人或者投标人：（1）就同一招标项目向潜在投标人或者投标人提供有差别的项目信息；（2）设定的资格、技术、商务条件与招标项目的具体特点和实际需要不相适应或者与合同履行无关；（3）依法必须进行招标的项目以特定行政区域或者特定行业的业绩、奖项作为加分条件或者中标条件；（4）对潜在投标人或者投标人采取不同的资格审查或者评标标准；（5）限定或者指定特定的专利、商标、品牌、原产地或者供应商；（6）依法必须进行招标的项目非法限定潜在投标人或者投标人的所有制形式或者组织形式；（7）以其他不合理条件限制、排斥潜在投标人或者投标人。

3. 组织现场勘察

招标人负责组织各投标人，在招标文件中规定的时间到施工现场进行考察。组织现场考察的目的，一方面是让投标人了解招标现场的自然条件、施工条件、周围环境和调查当地的市场价格等，以便其编制报价；另一方面是要求投标人通过自己的实地考察，以决定投标策略和确定投标原则，避免实施过程中承包人以不了解现场情况为理由，推卸应承担的合同责任。为此，招标人在组织现场考察过程中，除了对现场情况进行简要介绍以外，不对投标人提出的有关问题做进一步的说明，以免干扰投标人的决策。这些问题一般都留待标前会议上去解答。

4. 标前会议

标前会议也称为投标预备会或招标文件交底会，是招标人按投标须知规定的时间和地点召开的会议。标前会议上，招标人除了介绍工程概况以外，还可以对招标文件中的某些内容加以修改或补充说明，以及对投标人书面提出的问题和会议上即席提出的问题给以解答，会议结束后，招标人应将会议纪要用书面通知的形式发给每一个投标人。

无论是会议纪要还是对个别投标人的问题的解答，都应以书面形式发给每一个获得投标文件的投标人，以保证招标的公平和公正。但对问题的答复不需要说明问题来源。会议纪要和答复函件形成招标文件的补充文件，都是招标文件的有效组成部分，与招标文件具有同等法律效力，当补充文件与招标文件内容不一致时，应以补充文件为准。

为了使投标单位在编写投标文件时有充分的时间考虑招标人对招标文件的补充或修改内容，招标人可以根据实际情况在标前会议上确定延长投标截止时间。

5. 投标文件的编制、递交和接收

《招标投标法》规定，投标人是响应招标、参加投标竞争的法人或者其他组织。投标人应当具备承担招标项目的能力；国家有关规定对投标人资格条件或者招标文件对投标人资格条件有规定的，投标人应当具备规定的资格条件。

《国家基本建设大中型项目实行招标投标的暂行规定》中规定，参加建设项目主体工程的设计、建筑安装和监理以及主要设备、材料供应等投标单位，必须具备下列条件：（1）具有招标条件要求的资质证书，并为独立的法人实体；（2）承担过类似建设项目的相关工作，并有良好的工作业绩和履约记录；（3）财产状况良好，没有财产被接管、破产或者其他关、停、并、转状态；（4）在最近3年没有参与骗取合同以及其他经济方面的严重违法行为；（5）近几年有较好的安全记录，投标当年内没有发生重大质量、特大安全事故。

《工程建设项目施工招标投标办法》还规定，招标人的任何不具独立法人资格的附属机构（单位），或者为施工招标项目的前期准备或者监理工作提供设计、咨询服务的任何法人及其任何附属机构（单位），都无资格参加该招标项目的投标。

（1）投标文件

1）投标文件的内容要求。《招标投标法》规定，投标人应当按照招标文件的要求编制投标文件。投标文件应当对招标文件提出的实质性要求和条件作出响应。招标项目属于建设施工项目的，投标文件的内容应当包括拟派出的项目负责人与主要技术人员的简历、业绩和拟用于完成招标项目的机械设备等。

《工程建设项目施工招标投标办法》规定，投标文件一般包括下列内容：A. 投标函；B. 投标报价；C. 施工组织设计；D. 商务和技术偏差表。投标人根据招标文件载明的项目实际情况，拟在中标后将中标项目的部分非主体、非关键性工作进行分包的，应当在投标文件中载明。

国家发展和改革委员会、财政部、建设部等9部门联合颁布的"《标准施工招标资格预审文件》和《标准施工招标文件》试行规定"中进一步明确，投标文件应包括下列内容：A. 投标函及投标函附录；B. 法定代表人身份证明或附有法定代表人身份证明的授权委托书；C. 联合体协议书；D. 投标保证金；E. 已标价工程量清单；F. 施工组织设计；G. 项目管理机构；H. 拟分包项目情况表；I. 资格审查资料；J. 投标人须知前附表规定的其他材料。但是，投标人须知前附表规定不接受联合体投标的，或投标人没有组成联合体的，投标文件不包括联合体协议书。

响应招标文件的实质性要求是投标的基本前提。凡是不能满足招标文件中的任何一项实质性要求和条件的投标文件，都将被拒绝。实质性要求和条件主要是指招标文件中有关招标项目的价格、期限、技术规范、合同的主要条款等内容。

2）投标文件的修改与撤回。《招标投标法》规定，投标人在招标文件要求提交投标文件的截止时间前，可以补充、修改或者撤回已提交的投标文件，并书面通知招标人。补充、修改的内容为投标文件的组成部分。

《工程建设项目施工招标投标办法》进一步规定，在提交投标文件截止时间后到招标文件规定的投标有效期终止之前，投标人不得补充、修改、替代或者撤回其投标文件。投标人补充、修改、替代投标文件的，招标人不予接受；投标人撤回投标文件的，其投标保证金将被没收。

3）投标文件的送达与签收。《招标投标法》规定，投标人应当在招标文件要求提交投标文件的截止时间前，将投标文件送达投标地点。招标人收到投标文件后，应当签收保存，不得开启。投标人少于3个的，招标人应当依法重新招标。在招标文件要求提交投标文件的截止时间后送达的投标文件，招标人应当拒收。

《工程建设项目施工招标投标办法》还规定，招标人收到投标文件后，应当向投标人出具标明签收人和签收时间的凭证，在开标前任何单位和个人不得开启投标文件。提交投标文件的投标人少于3个的，招标人应当依法重新招标。重新招标后投标人仍少于3个的，属于必须审批的工程建设项目，报经原审批部门批准后可以不再进行招标；其他工程建设项目，招标人可自行决定不再进行招标。

《房屋建筑和市政基础设施工程施工招标投标管理办法》中规定，投标文件出现下列情形之一的，应当作为无效投标文件，不得进入评标：①投标文件未按照招标文件的要求予以密封的；②投标文件中的投标函未加盖投标人的企业及企业法定代表人印章的，或者企业法定代表人委托代理人没有合法、有效的委托书（原件）及委托代理人印章的；③投标文件的关键内容字迹模糊、无法辨认的；④投标人未按照招标文件的要求提供投标保函或者投标保证金的；⑤组成联合体投标的，投标文件未附联合体各方共同投标协议的。

4）投标有效期。《工程建设项目施工招标投标办法》规定，招标文件应当规定一个适当的投标有效期，以保证招标人有足够的时间完成评标和与中标人签订合同。

在原投标有效期结束前，出现特殊情况的，招标人可以书面形式要求所有投标人延长投标有效期。投标人同意延长的，不得要求或被允许修改其投标文件的实质性内容，但应当相应延长其投标保证金的有效期；投标人拒绝延长的，其投标失效，但投标人有权收回其投标保证金。因延长投标有效期造成投标人损失的，招标人应当给予补偿，但因不可抗力需要延长投标有效期的除外。

（2）投标保证金

投标保证金是指投标人按照招标文件的要求向招标人出具的，以一定金额表示的投标责任担保。其实质是为了避免因投标人在投标有效期内随意撤回、撤销投标或中标后不能提交履约保证金和签署合同等行为而给招标人造成损失。

《工程建设项目施工招标投标办法》规定，招标人可以在招标文件中要求投标人提交投标保证金。投标人不按招标文件要求提交投标保证金的，该投标文件将被拒绝，作废标处理。

1）投标保证金的形式与金额。投标保证金除现金外，可以是银行出具的银行保函、保兑支票、银行汇票或现金支票。

《工程建设项目施工招标投标办法》规定，投标保证金一般不得超过投标总价的2%，但最高不得超过80万元人民币。投标保证金有效期应当超出投标有效期30天。投标人应当按照招标文件要求的方式和金额，将投标保证金随投标文件提交给招标人。

2）投标保证金的退还。《工程建设项目施工招标投标办法》规定，招标人与中标人签订合同后5个工作日内，应当向未中标的投标人退还投标保证金。但是，有下列情形之一的，投标保证金将被没收：A、在提交投标文件截止时间后到招标文件规定的投标有效期终止之前，投标人撤回投标文件的；B、中标通知书发出后，中标人放弃中标项目的，无正当理由不与招标人签订合同的，在签订合同时向招标人提出附加条件或者更改合同实质性内容的，或者拒不提交所要求的履约保证金的，招标人可取消其中标资格，并没收其投标保证金。

4.2.4 开标评标与授标阶段

1. 开标

《招标投标法》规定，开标应当在招标文件确定的提交投标文件截止时间的同一时间公开进行；开标地点应当为招标文件中预先确定的地点。

开标由招标人主持，邀请所有投标人参加。开标时，由投标人或者其推选的代表检查投标文件的密封情况，也可以由招标人委托的公证机构检查并公证；经确认无误后，由工作人员当众拆封，宣读投标人名称、投标价格和投标文件的其他主要内容。招标人在招标文件要求提交投标文件的截止时间前收到的所有投标文件，开标时都应当当众予以拆封、宣读。开标过程应当记录，并存档备查。

《工程建设项目施工招标投标办法》规定，投标文件有下列情形之一的，招标人不予受理：（1）逾期送达的或者未送达指定地点的；（2）未按招标文件要求密封的。

2. 评标

（1）评标委员会及其组成。根据《评标委员会和评标方法暂行规定》，评标委员会由招标单位负责组建。评标委员会成员名单一般应于开标前确定，并应在中标结果确定前保密。

1）评标委员会的组成。评标委员会由招标单位或其委托的招标代理机构熟悉相关业务的代表，以及有关技术、经济等方面的专家组成，成员人数为五人以上单数，其中，技术、经济等方面的专家不得少于成员总数的2/3。评标委员会设负责人的，评标委员会负责人由评标委员会成员推举产生或者由招标单位确定。评标委员会负责人与评标委员会的其他成员有同等的表决权。

2）评标委员会中专家成员的确定及要求。A. 评标专家的确定。评标委员会的专家成员应当从省级以上人民政府有关部门提供的专家名册或者招标代理机构专家库中的相关专家名单中确定。评标专家的确定，可采取随机抽取或直接确定的方式。一般项目，可采取随机抽取的方式；技术特别复杂、专业性强或国家有特殊要求的招标项目，采取随机抽取方式确定的专家难以胜任的，可由招标单位直接确定。B. 评标专家的基本条件：a. 从事相关专业领域工作满8年并具有高级职称或者同等专业水平；b. 熟悉有关招标投标的法律法规，并具有与招标项目相关的实践经验；c. 能够认真、公正、诚实、廉洁地履行职责。C. 不得担任评标委员会成员的情形：a. 招标单位或投标单位主要负责人的近亲属；b. 项目主管部门或者行政监督部门的人员；c. 与投标单位有经济利益关系，可能影响对投标公正评审的；d. 曾因在招标、评标以及其他与招标投标有关活动中从事违法行为而受过行政处罚或刑事处罚的。D. 评标委员会成员应当客观、公正地履行职责，遵守职业道德，对所提出的评审意见承担个人责任。评标委员会成员不得与任何投标单位或与招标结果有利害关系的人进行私下接触，不得收受投标单位、中介机构、其他利害关系人的财物或者其他好处。评标委员会成员不得透露对投标文件的评审和比较、中标候选人的推荐情况以及与评标有关的其他情况。

（2）评标的准备与初步评审。

1）评标准备。评标委员会成员应当编制供评标使用的相应表格，认真研究招标文件，至少应了解和熟悉以下内容：A. 招标的目标；B. 招标项目的范围和性质；C. 招标文件中规定的主要技术要求、标准和商务条款；D. 招标文件规定的评标标准、评标方法和在评标过程中考虑的相关因素。

招标单位或其委托的招标代理机构应当向评标委员会提供评标所需的重要信息和数据。招标项目设有标底的，标底应保密，并在开标时公布。评标时，标底仅作为参考，不得以投标报价是否接近标底作为中标条件，也不得以投标报价超过标底上下浮动范围作为否决投标的条件。

评标委员会应根据招标文件规定的评标标准和方法，对投标文件进行系统的评审和比较。招标文件没有规定的标准和方法不得作为评标的依据。因此，了解招标文件规定的评标标准和方法，也是评标委员会成员应完成的重要准备工作。

2）初步评审。根据《标准施工招标文件》，初步评审属于对投标文件的合格性审查，包括以下四个方面：

A. 投标文件的形式审查。包括：a. 提交的营业执照、资质证书、安全生产许可证是否与投标单位的名称一致；b. 投标函是否经法定代理人或其委托代理人签字并加盖单位章；c. 投标文件的格式是否符合招标文件的要求；d. 联合体投标人是否提交了联合体协议书；联合体的成员组成与资格预审的成员组成有无变化；联合体协议书的内容是否与招标文件要求一致；e. 报价的唯一性。不允许投标单位以优惠的方式，提出如果中标可将合同价降低多少的承诺。这种优惠属于一个投标两个报价。

B. 投标人的资格审查。对于未进行资格预审的，需要进行资格后审，资格审查的内容和方法与资格预审相同，包括：营业执照、资质证书、安全生产许可证等资格证明文件的有效性；企业财务状况；类似项目业绩；信誉；项目经理；正在施工和承接的项目情况；近年发生的诉讼及仲裁情况；联合体投标的申请人提交联合体协议书的情况等。

C. 投标文件对招标文件的响应性审查。包括：a. 投标内容是否与投标人须知中的工程或标段一致，不允许只投招标范围内的部分专业工程或单位工程的施工。b. 投标工期应满足投标人须知中的要求，承诺的工期可以比招标工期短，但不得超过要求的时间。c. 工程质量的承诺和质量管理体系应满足要求。d. 提交的投标保证金形式和金额是否符合投标须知的规定。e. 投标人是否完全接受招标文件中的合同条款，如果有修改建议的话，不得对双方的权利、义务有实质性背离且是否为招标单位所接受。f. 核查已标价的工程量清单。如果有计算错误，单价金额小数点有明显错误的除外，总价金额与依据单价计算出的结果不一致时，以单价金额为准修正总价；若是书写错误，当投标文件中的大写金额与小写金额不一致时，以大写金额为准。评标委员会对投标报价的错误予以修正后，请投标单位书面确认，作为投标报价的金额。投标单位不接受修正价格的，其投标作废标处理。g. 投标文件是否对招标文件中的技术标准和要求提出不同意见。

D. 施工组织设计和项目管理机构设置的合理性审查。包括：a. 施工组织的合理性。包括：施工方案与技术措施；质量管理体系与措施；安全生产管理体系与措施；环境保护管理体系与措施等的合理性和有效性。b. 施工进度计划的合理性。包括：总体工程进度计划和关键部位里程碑工期的合理性及施工措施的可靠性；机械和人力资源配备计划的有效性及均衡施工程度。c. 项目组织机构的合理性。包括：技术负责人的经验和组织管理能力；其他主要人员的配置是否满足实施招标工程的需要及技术和管理能力。d. 拟投入施工的机械和设备。包括：施工设备的数量、型号能否满足施工的需要；试验、检测仪器设备是否能够满足招标文件的要求等。

初步评审的内容中，投标文件有一项不符合规定的评审标准时，即作废标处理。

（3）投标文件的澄清和说明。评标委员会可以书面方式要求投标单位对投标文件中含义不明确的内容作必要的澄清、说明或补正，但是澄清、说明或补正不得超出投标文件的范围或者改变投标文件的实质性内容。

投标人资格条件不符合国家有关规定和招标文件要求的，或者拒不按照要求对投标文件进行澄清、说明或者补正的，评标委员会可以否决其投标。

评标委员会发现投标单位的报价明显低于其他投标报价或者在设有标底时明显低于标底，使得其投标报价可能低于其企业成本的，应当要求该投标单位作出书面说明并提供相关证明材料。投标单位不能合理说明或者不能提供相关证明材料的，由评标委员会认定该投标单位以低于成本报价竞标，其投标应作废标处理。

（4）投标偏差及其处理。评标委员会应当根据招标文件，审查并逐项列出投标文件的全部投标偏差。投标偏差分为重大偏差和细微偏差。

1）重大偏差。下列情况属于重大偏差：a. 没有按照招标文件要求提供投标担保或者所提供的投标担保有瑕疵；b. 投标文件没有投标单位授权代表签字和加盖公章；c. 投标文件载明的招标项目完成期限超过招标文件规定的期限；d. 明显不符合技术规格、技术标准的要求；e. 投标文件载明的货物包装方式、检验标准和方法等不符合招标文件的要求；f. 投标文件附有招标单位不能接受的条件；g. 不符合招标文件中规定的其他实质性要求。

投标文件有上述情形之一的，为未能对招标文件作出实质性响应，除招标文件对重大偏差另有规定外，应作废标处理。

2）细微偏差。细微偏差是指投标文件在实质上响应招标文件要求，但在个别地方存在漏项或者提供了不完整的技术信息和数据等情况，并且补正这些遗漏或者不完整不会对其他投标单位造成不公平的结果。细微偏差不影响投标文件的有效性。评标委员会应当书面要求存在细微偏差的投标单位在评标结束前予以补正。拒不补正的，在详细评审时可以对细微偏差作不利于该投标单位的量化，量化标准应在招标文件中规定。

3. 详细评审

经初步评审合格的投标文件，评标委员会应根据招标文件确定的评标标准和方法，对其技术部分和商务部分作进一步评审、比较。通常情况下，评标方法有两种，即：经评审的最低投标价法和综合评估法。

（1）经评审的最低投标价法。经评审的最低投标价法一般适用于采用通用技术施工，项目的性能标准为规范中的一般水平，或者招标单位对施工没有特殊要求的招标项目。能够满足招标文件的实质性要求，并经评审的最低投标价的投标，应当推荐为中标候选人。

采用经评审的最低投标价法时，评标委员会应根据招标文件中规定的量化因素和标准进行价格折算，对所有投标单位的投标报价以及投标文件的商务部分作必要的价格调整。根据《标准施工招标文件》，主要的量化因素包括单价遗漏和付款条件等，招标单位可根据工程项目的具体特点和实际需要，进一步删减、补充或细化量化因素和标准。另如世界银行贷款项目，采用经评审的最低投标价法时，通常考虑的量化因素和标准包括：一定条件下的优惠，（例如借款国国内投标单位有 7.5% 的评标优惠）；工期提前的效益对报价的修正；同时投多个标段的评标修正等。所有的这些修正因素都应在招标文件中有明确规定。对同时投多个标段的评标修正，一般的做法是，如果投标单位在某一个标段已中标，则在其他标段的评标中按照招标文件规定的百分比（通常为 4%）乘以总报价后，在评标价中扣减此值。

根据经评审的最低投标价法完成详细评审后，评标委员会应当拟定一份"价格比较一览表"，连同书面评标报告提交招标单位。"价格比较一览表"应当载明投标单位的投标报价、对商务偏差的价格调整和说明以及已评审的最终投标价。

评标委员会按照经评审的投标价由低到高的顺序推荐中标候选人，或根据招标单位授权直接确定中标单位。经评审的投标价相等时，投标报价低的优先；投标报价也相等的，由招标单位自行确定。

（2）综合评估法。不宜采用经评审的最低投标价法的招标项目，一般应当采取综合评估法进行评审。综合评估法适用于较复杂工程项目的评标，由于工程投资额大、工期长、技术复杂、涉及专业面广，施工过程中存在较多的不确定因素，因此，对投标文件评审比较的主导思想是选择价格功能比最好的投标单位，而不过分偏重于投标价格的高低。

综合评估法是指将各个评审因素（包括技术部分和商务部分）以折算为货币或打分的方法进行量化，并在招标文件中明确规定需量化的因素及其权重，然后由评标委员会计算出每一投标的综合评估价或综合评估分，并将最大限度地满足招标文件中规定的各项综合评价标准的投标，推荐为中标候选人。

采用打分法时，评标委员会按规定的评分标准进行打分，并按得分由高到低顺序推荐中标候选人，或根据招标单位授权直接确定中标单位。综合评分相等时，以投标报价低的优先；投标报价也相等的，由招标单位自行确定。

根据综合评估法完成评标后，评标委员会应当拟定一份"综合评估比较表"，连同书面评标报告提交招标单位。"综合评估比较表"应当载明投标单位的投标报价、所作的任何修正、对商务偏差的调整、对技术偏差的调整、对各评审因素的评估以及对每一投标的最终评审结果。

4. 评标报告

除招标单位授权直接确定中标单位外，评标委员会完成评标后，应当向招标单位提交书面评标报告，并抄送有关行政监督部门。评标报告应如实记载以下内容：（1）基本情况和数据表；（2）评标委员会成员名单；（3）开标记录；（4）符合要求的投标一览表；（5）废标情况说明；（6）评标标准、评标方法或者评标因素一览表；（7）经评审的价格或者评分比较一览表；（8）经评审的投标单位排序；（9）推荐的中标候选人名单与签订合同前要处理的事宜；（10）澄清、说明、补正事项纪要。

评标报告应由评标委员会全体成员签字。对评标结果有不同意见的评标委员会成员应以书面形式说明其不同意见和理由，评标报告应注明该不同意见。评标委员会成员拒绝在评标报告上签字又不书面说明其不同意见和理由的，视为同意评标结果。

5. 授标

（1）中标单位的确定。《招标投标法》规定，中标人的投标应当符合下列条件之一：1）能够最大限度地满足招标文件中规定的各项综合评价标准；2）能够满足招标文件的实质性要求，并且经评审的投标价格最低，但是投标价格低于成本的除外。

对于投标价格低于成本的认定，《房屋建筑和市政基础设施工程施工招标投标管理办法》规定，有下列情形之一的，评标委员会可以要求投标人作出书面说明并提供相关材料：1）设有标底的，投标报价低于标底合理幅度的；2）不设标底的，投标报价明显低于其他投标报价，有可能低于其企业成本的。该办法还规定，经评标委员会论证，认定该投标人的报价低于其企业成本的，不能推荐为中标候选人或者中标人。

对使用国有资金投资或者国家融资的项目，招标单位应确定排名第一的中标候选人为中标单位。排名第一的中标候选人放弃中标、因不可抗力提出不能履行合同，或者招标文件规定应当提交履约保证金而在规定的期限内未能提交的，招标单位可确定排名第二的中标候选人为中标单位。排名第二的中标候选人因上述同样原因不能签订合同的，招标单位可以确定排名第三的中标候选人为中标单位。招标单位也可授权评标委员会直接确定中标单位。

（2）中标通知。中标单位确定后，招标单位应向中标单位发出中标通知书，并同时将中标结果通知所有未中标的投标单位。中标通知书对招标单位和中标单位具有法律效力。中标通知书发出后，招标单位改变中标结果，或者中标单位放弃中标项目的，应当依法承担法律责任。

（3）中标单位的确定期限和中标候选人的公示。《工程建设项目施工招标投标办法》规定，评标委员会提出书面评标报告后，招标人一般应当在 15 日内确定中标人，但最迟应当在投标有效期结束日 30 个工作日前确定。

为进一步规范施工招标投标活动，建设部《关于加强房屋建筑和市政基础设施工程项目施工招标投标行政监督工作的若干意见》要求，各地应当建立中标候选人的公示制度。采用公开招标的，在中标通知书发出前，要将预中标人的情况在该工程项目招标公告发布的同一信息网络和建设工程交易中心予以公示，公示的时间最短应当不少于 2 个工作日。对于拖延确定中标人、随意更换中标人、向中标人提出额外要求甚至无正当理由拒不与中标人签署合同的招标人，要依法予以处理。

6. 招标投标情况的报告

《招标投标法》规定，依法必须进行招标的项目，招标人应当自确定中标人之日起 15 日内，向有关行政监督部门提交招标投标情况的书面报告。

《工程建设项目施工招标投标办法》进一步规定，依法必须进行施工招标的项目，招标人应当自发出中标通知书之日起 15 日内，向有关行政监督部门提交招标投标情况的书面报告。书面报告至少应包括下列内容：（1）招标范围；（2）招标方式和发布招标公告的媒介；（3）招标文件中投标人须知、技术条款、评标标准和方法、合同主要条款等内容；（4）评标委员会的组成和评标报告；（5）中标结果。

7. 签订施工合同

（1）履约担保。在签订合同前，中标单位以及联合体中标人应按招标文件规定的金额、担保形式和履约担保格式，向招标单位提交履约担保。履约担保一般采用银行保函和履约担保书的形式，履约担保金额一般为中标价的 10％。中标单位不能按要求提交履约担保的，视为放弃中标，其投标保证金不予退还，给招标单位造成的损失超过投标保证金数额的，中标单位还应对超过部分予以赔偿。中标后的承包商应保证其履约担保在建设单位颁发工程接收证书前一直有效。建设单位应在工程接收证书颁发后 28 天内将履约担保退还给承包商。

（2）签订合同。招标单位与中标单位应自中标通知书发出之日起 30 天内，根据招标文件和中标单位的投标文件订立书面合同。一般情况下，中标价就是合同价。招标单位与中标单位不得再行订立背离合同实质性内容的其他协议。为了在施工合同履行过程中对工程造价实施有效管理，合同双方应在合同条款中对涉及工程价款结算的下列事项进行约定：预付工程款的数额、支付时限及抵扣方式；工程进度款的支付方式、数额及时限；工程施工中发生变更时，工程价款的调整方法、索赔方式、时限要求及金额支付方式；发生工程价款纠纷的解决方法；约定承担风险的范围和幅度，以及超出约定范围和幅度的调整办法；工程竣工价款的结算与支付方式、数额及时限；工程质量保证（保修）金的数额、预扣方式及时限；安全措施和意外伤害保险费用；工期及工期提前或延后的奖惩办法；与履行合同、支付价款相关的担保事项等。

中标单位无正当理由拒签合同的，招标单位取消其中标资格，其投标保证金不予退还；给招标单位造成的损失超过投标保证金数额的，中标单位还应对超过部分予以赔偿。发出中标通知书后，招标单位无正当理由拒签合同的，招标单位向中标单位退还投标保证金；给中标单位造成损失的，还应当赔偿损失。招标单位与中标单位签订合同后 5 个工作日内，应当向中标单位和未中标的投标单位退还投标保证金。

4.3 工程项目投标

4.3.1 投标的程序和要求

1. 研究招标文件

投标单位取得投标资格，获得招标文件之后的首要工作就是认真仔细地研究招标文件，充分了解其内容和要求，以便有针对性地安排投标工作。研究招标文件的重点应放在投标者须知、合同条款、设计图纸、工程范围及工程量表上，还要研究技术规范相关内容，看是否有特殊的要求。投标人应该重点注意招标文件中的以下几个方面问题。

（1）投标人须知。"投标人须知"是招标人向投标人传递基础信息的文件，包括工程概况、招标内容、招标文件的组成、投标文件的组成、报价的原则、招标投标时间安排等关键的信息。

首先，投标人需要注意招标工程的详细内容和范围，避免遗漏或多报。其次，还要特别注意投标文件的组成，避免因提供的资料不全而被作为废标处理。例如，曾经有一资信良好的著名企业在投标时因为遗漏资产负债表而失去了本来非常有希望的中标机会。在工程实践中，这方面的先例不在少数。还要注意招标答疑时间、投标截止时间等重要时间安排，避免因遗忘或迟到等原因而失去竞争机会。

（2）投标书附录与合同条件。这是招标文件的重要组成部分，其中可能标明了招标人的特殊要求，即投标人在中标后应享受的权利、所要承担的义务和责任等，投标人在报价时需要考虑这些因素。

（3）技术说明。要研究招标文件中的施工技术说明，熟悉所采用的技术规范，了解技术说明中有无特殊施工技术要求和有无特殊材料设备要求，以及有关选择代用材料、设备的规定，以便根据相应的定额和市场确定价格，计算有特殊要求项目的报价。

（4）永久性工程之外的报价补充文件。永久性工程是指合同的标的物—建设工程项目及其附属设施，但是为了保证工程建设的顺利进行，不同的业主还会对承包商提出额外的要求。这些可能包括：对旧有建筑物和设施的拆除，工程师的现场办公室及其各项开支、模型、广告、工程照片和会议费用等。如果有的话，则需要将其列入工程总价中去，弄清一切费用纳入工程总报价的方式，以免产生遗漏从而导致损失。

2. 进行各项调查研究

在研究招标文件的同时，投标人需要开展详细的调查研究，即对招标工程的自然、经济和社会条件进行调查，这些都是工程施工的制约因素，必然会影响到工程成本，是投标报价所必须考虑的，所以在报价前必须了解清楚。

（1）市场宏观经济环境调查。应调查工程所在地的经济形势和经济状况，包括与投标工程实施有关的法律法规、劳动力与材料的供应状况、设备市场的租赁状况、专业施工公司的经营状况与价格水平等。

（2）工程现场考察和工程所在地区的环境考察。要认真地考察施工现场，认真调查具体工程所在地区的环境，包括一般自然条件、施工条件及环境，如地质地貌、气候、交通、水电等的供应和其他资源情况等。

（3）工程业主方和竞争对手公司的调查。业主、咨询工程师的情况，尤其是业主的项目资金落实情况、参加竞争的其他公司与工程所在地的工程公司的情况，与其他承包商或分包商的关系。参加现场踏勘与标前会议，可以获得更充分的信息。

3. 复核工程量

有的招标文件中提供了工程量清单，尽管如此，投标者还是需要进行复核，因为这直接影响到投标报价以及中标的机会。例如，当投标人大体上确定了工程总报价以后，可适当采用报价技巧如不平衡报价法，对某些工程量可能增加的项目提高报价，而对某些工程量可能减少的可以降低报价。

对于单价合同，尽管是以实测工程量结算工程款，但投标人仍应根据图纸仔细核算工程量，当发现相差较大时，投标人应向招标人要求澄清。

对于总价固定合同，更要特别引起重视，工程量估算的错误可能带来无法弥补的经济损失，因为总价合同是以总报价为基础进行结算的，如果工程量出现差异，可能对施工方极为不利。对于总价合同，如果业主在投标前对争议工程量不予更正，而且是对投标者不利的情况，投标者在投标时要附上声明：工程量表中某项工程量有错误，施工结算应按实际完成量计算。

承包商在核算工程量时，还要结合招标文件中的技术规范弄清工程量中每一细目的具体内容，避免出现在计算单位、工程量或价格方面的错误与遗漏。

4. 选择施工方案

施工方案是报价的基础和前提，也是招标人评标时要考虑的重要因素之一。有什么样的方案，就有什么样的人工、机械与材料消耗，就会有相应的报价。因此，必须弄清分项工程的内容、工程量、所包含的相关工作、工程进度计划的各项要求、机械设备状态、劳动与组织状况等关键环节，据此制定施工方案。

施工方案应由投标单位的技术负责人主持制定，主要应考虑施工方法、主要施工机具的配置、各工种劳动力的安排及现场施工人员的平衡、施工进度及分批竣工的安排、安全措施等。施工方案的制定应在技术、工期和质量保证等方面对招标人有吸引力，同时又有利于降低施工成本。

（1）要根据分类汇总的工程数量和工程进度计划中该类工程的施工周期、合同技术规范要求以及施工条件和其他情况选择和确定每项工程的施工方法，应根据实际情况和自身的施工能力来确定各类工程的施工方法。对各种不同施工方法应当从保证完成计划目标、保证工程质量、节约设备费用、降低劳务成本等多方面综合比较，选定最适用的、经济的施工方案。

（2）要根据上述各类工程的施工方法选择相应的机具设备并计算所需数量和使用周

期，研究确定采购新设备、租赁当地设备或调动企业现有设备。

（3）要研究确定工程分包计划。根据概略指标估算劳务数量，考虑其来源及进场时间安排。注意当地是否有限制外籍劳务的规定。另外，从所需劳务的数量，估算所需管理人员和生活性临时设施的数量和标准等。

（4）要用概略指标估算主要的和大宗的建筑材料的需用量，考虑其来源和分批进场的时间安排，从而可以估算现场用于存储、加工的临时设施（例如仓库、露天堆放场、加工场地或工棚等）。

（5）根据现场设备、高峰人数和一切生产和生活方面的需要，估算现场用水、用电量，确定临时供电和排水设施；考虑外部和内部材料供应的运输方式，估计运输和交通车辆的需要和来源；考虑其他临时工程的需要和建设方案；提出某些特殊条件下保证正常施工的措施，例如排除或降低地下水以保证地面以下工程施工的措施；冬期、雨期施工措施以及其他必需的临时设施安排，例如现场安全保卫设施，包括临时围墙、警卫设施、夜间照明等，现场临时通信联络设施等。

5. 投标计算

投标计算是投标人对招标工程施工所要发生的各种费用的计算。在进行投标计算时，必须首先根据招标文件复核或计算工程量。作为投标计算的必要条件，应预先确定施工方案和施工进度。此外，投标计算还必须与采用的合同计价形式相协调。

6. 确定投标策略

正确的投标策略对提高中标率并获得较高的利润有重要作用。常用的投标策略又以信誉取胜、以低价取胜、以缩短工期取胜、以改进设计取胜或者以先进或特殊的施工方案取胜等。不同的投标策略要在不同投标阶段的工作（如制定施工方案、投标计算等）中体现和贯彻。

7. 正式投标

投标人按照招标人的要求完成标书的准备与填报之后，就可以向招标人正式提交投标文件。在投标时需要注意以下几方面。

（1）注意投标的截止日期。招标人所规定的投标截止日就是提交标书最后的期限。投标人在投标截止日之前所提交的投标是有效的，超过该日期之后就会被视为无效投标。在招标文件要求提交投标文件的截止时间后送达的投标文件，招标人可以拒收。

（2）投标文件的完备性。投标人应当按照招标文件的要求编制投标文件。投标文件应当对招标文件提出的实质性要求和条件作出响应。投标文件不完备或投标没有达到招标人的要求，在招标范围以外提出新的要求，均被视为对于招标文件的否定，不会被招标人所接受。投标人必须为自己所投出的标书负责，如果中标，必须按照投标文件中所阐述的方案来完成工程，这其中包括质量标准、工期与进度计划、报价限额等基本指标以及招标人所提出的其他要求。

（3）注意标书的标准。标书的提交要有固定标准的要求，基本内容是：签章、密封。如果不密封或密封不满足要求，投标是无效的。投标书还需要按照要求签章，投标书需要盖有投标企业公章以及企业法定代表人的名章（或签字）。如果项目所在地与企业距离较远，由当地项目经理部组织投标，需要提交企业法人对于投标项目经理的授权委托书。

（4）注意投标的担保。通常投标需要提交投标担保，投标人应当按照招标文件要求的时间、方式和金额提交投标担保，以免影响投标文件的有效性。

4.3.2　联合体投标

联合体投标是一种特殊的投标人组织形式。它由数家企业组成联合体，可以实现优势互补，增强投标竞争力，是填补单个企业资源和技术缺口，提高企业竞争力以及分散、降低企业经营风险，适应大型工程建设和市场竞争环境的一种有效方式。联合体共同投标一般适用于大型建设项目和结构复杂的建设项目。

1. 联合体投标的特点

联合体投标有如下特点：（1）联合体由两个或者两个以上的投标人组成，参与投标是各方的自愿行为；（2）联合体是一个临时性的组织，不具有法人资格；（3）联合体各方以一个投标人的身份共同投标，中标后，招标人与联合体各方共同签订一个承包合同，联合体各方就中标项目向招标人承担连带责任；（4）联合体各方签订共同投标协议后，不得再以自己名义单独投标，也不得组成新的联合体或参加其他联合体在同一项目中投标。

2. 联合体的资格条件

组成联合体的各方均应具备一定的能力和条件，如相应的人员、设备、专业技术、资金以及资质证书等。

《招标投标法》规定，联合体各方均应当具备承担招标项目的相应能力；国家有关规定或者招标文件对投标人资格条件有规定的，联合体各方均应当具备规定的相应资格条件。由同一专业的单位组成的联合体，按照资质等级较低的单位确定资质等级。

联合体的资质等级采取就低不就高的原则，是为了促使高资质、高素质的投标人实现强强联合，优化资源配置，并防止出现"挂靠"现象，以保证招标质量和建设工程的顺利实施。对于联合体各方承担招标项目的相应能力和资格条件认定，应当由联合体成员按照招标文件的相应要求提交各自的有关资料。

《工程建设项目施工招标投标办法》还规定，联合体参加资格预审并获通过的，其组成的任何变化都必须在提交投标文件截止之日前征得招标人的同意。如果变化后的联合体削弱了竞争，含有事先未经过资格预审或者资格预审不合格的法人或者其他组织，或者使联合体的资质降到资格预审文件中规定的最低标准以下，招标人有权拒绝。

3. 联合体协议

《招标投标法》规定，联合体各方应当签订共同投标协议，明确约定各方拟承担的工作和责任，并将共同投标协议连同投标文件一并提交招标人。联合体中标的，联合体各方应当共同与招标人签订合同，就中标项目向招标人承担连带责任。

联合体各方应指定一方作为联合体牵头人，授权其代表所有联合体成员负责投标和合同实施阶段的主办、协调工作，并应当向招标人提交由所有联合体成员法定代表人签署的授权书。联合体投标未附联合体各方共同投标协议的，将由评标委员会初审后按废标处理。

4. 联合体投标保证金

《工程建设项目施工招标投标办法》规定，联合体投标的，应当以联合体各方或者联合体中牵头人的名义提交投标保证金。以联合体中牵头人名义提交的投标保证金，对联合体各成员具有约束力。

需要注意的是，《招标投标法》中明确规定，招标人不得强制投标人组成联合体共同投标，不得限制投标人之间的竞争。

4.3.3 投标人的禁止行为

《反不正当竞争法》规定，本法所称的不正当竞争，是指经营者违反本法规定，损害其他经营者的合法权益，扰乱社会经济秩序的行为。

在建设工程招标投标活动中，投标人的不正当竞争行为主要是：投标人相互串通投标、投标人与招标人串通投标、投标人以行贿手段谋取中标、投标人以低于成本的报价竞标、投标人以他人名义投标或者以其他方式弄虚作假骗取中标。

1. 投标人相互串通投标

《反不正当竞争法》规定，投标者不得串通投标，抬高标价或者压低标价。《招标投标法》也规定，投标人不得相互串通投标报价，不得排挤其他投标人的公平竞争，损害招标人或者其他投标人的合法权益。

《工程建设项目施工招标投标办法》进一步规定，下列行为均属投标人串通投标报价：（1）投标人之间相互约定抬高或降低投标报价；（2）投标人之间相互约定，在招标项目中分别以高、中、低价位报价；（3）投标人之间先进行内部竞价，内定中标人，然后再参加投标；（4）投标人之间其他串通投标报价行为。

2. 投标人与招标人串通投标

《反不正当竞争法》规定，投标者和招标者不得相互勾结，以排挤竞争对手的公平竞争。《招标投标法》也规定，投标人不得与招标人串通投标，损害国家利益、社会公共利益或者他人的合法权益。

《工程建设项目施工招标投标办法》进一步规定，下列行为均属招标人与投标人串通投标：（1）招标人在开标前开启投标文件，并将投标情况告知其他投标人，或者协助投标人撤换投标文件，更改报价；（2）招标人向投标人泄露标底；（3）招标人与投标人商定，投标时压低或抬高标价，中标后再给投标人或招标人额外补偿；（4）招标人预先内定中标人；（5）其他串通投标行为。

3. 投标人以行贿手段谋取中标

《反不正当竞争法》规定，经营者不得采用财物或者其他手段进行贿赂以销售或者购买商品。在账外暗中给予对方单位或者个人回扣的，以行贿论处；对方单位或者个人在账外暗中收受回扣的，以受贿论处。《招标投标法》也规定，禁止投标人以向招标人或者评标委员会成员行贿的手段谋取中标。

投标人以行贿手段谋取中标是一种严重的违法行为，对其他参与竞争的投标人不公平，其法律后果是中标无效。同时，有关责任人和单位还要承担相应的行政责任或刑事责任；给他人造成损失的，还应当承担民事赔偿责任。

4. 投标人以低于成本的报价竞标

《反不正当竞争法》规定，经营者不得以排挤竞争对手为目的，以低于成本的价格销售商品。《招标投标法》则规定，投标人不得以低于成本的报价竞标。该法还规定，中标人的投标应当符合下列条件之一：（1）能够最大限度地满足招标文件中规定的各项综合评价标准；（2）能够满足招标文件的实质性要求，并且经评审的投标价格最低，但是投标价格低于成本的除外。

这是因为，低于成本的报价竞标不仅是不正当竞争行为，还容易导致中标后的偷工减料，影响工程质量。

5. 投标人以他人名义投标或以其他方式弄虚作假骗取中标

《反不正当竞争法》规定，经营者不得采用下列不正当手段从事市场交易，损害竞争对手：（1）假冒他人的注册商标；（2）擅自使用知名商品特有的名称、包装、装潢，或者使用与知名商品近似的名称、包装、装潢，造成和他人的知名商品相混淆，使购买者误认为是该知名商品；（3）擅自使用他人的企业名称或者姓名，引人误认为是他人的商品；（4）在商品上伪造或者冒用认证标志、名优标志等质量标志，伪造产地，对商品质量作引人误解的虚假表示。

《招标投标法》规定，投标人"也不得以他人名义投标或者以其他方式弄虚作假，骗取中标"。《工程建设项目施工招标投标办法》进一步规定，以他人名义投标，指投标人挂靠其他施工单位，或从其他单位通过转让或租借的方式获取资格或资质证书，或者由其他单位及其法定代表人在自己编制的投标文件上加盖印章和签字等行为。

复习思考题

1. 招投标的含义是什么？其基本特征有哪些？

2. 招标的方式有哪些？

3. 招标与投标的主要工作各有哪些？

4. 招标标底和投标报价有何异同？

5. 货物采购招标和施工招标相比的主要特点有哪些？

6. 某建设单位要建一幢18层的办公楼，在招标发包时将主体工程的土建部分按楼层分为3个标段（每6层为1个标段）进行招标，并将该办公楼的空调设备、电梯设备和消防设备的安装也分别进行招标发包。为此，部分投标单位认为是肢解发包，并向政府主管部门作了反映。

问题：（1）该建设单位将主体工程的土建部分按楼层分为3个标段进行招标，是否算肢解发包？（2）该建设单位能否将该办公楼的空调设备、电梯设备和消防设备的安装分别招标发包？

7. 某投标人投标时，在投标截止时间前递交了投标文件，但投标保证金递交时间晚于投标截止时间2分钟送达，招标人均进行了受理，同意其投标文件参与开标。其他投标人对此提出异议，认为招标人违背了相关规定。

问题：（1）招标人应怎样处理该份投标文件，投标保证金晚于投标截止时间2分钟送达，招标人是否可以接受？（2）该投标人的投标文件是否有效，是否应为废标？

第5章 工程项目合同管理

本章主要探讨工程项目合同管理（以建筑工程施工合同为重点）的基本理论、方法与实际操作等问题；具体内容包括：工程项目合同管理的基本概念、特点，工程项目合同的签约、履行，以及工程项目合同的变更、解除、终止和争议或纠纷处置、索赔等。

5.1 工程项目采购

5.1.1 工程项目采购的准备阶段

在公共工程项目招标采购的准备阶段应做好以下工作。

1. 工程项目采购遵循以下基本原则

公共工程项目采购资金来源于国家税收的再次分配，属于公共资源，其权利主体是广大人民群众，主管部门或建设单位代表人民使用这部分资金，形成服务社会和履行公共管理职能的固定资产，在这个过程中必须实施监督检查，给人民交一本明白账。因此，在工程项目采购过程中应该遵循公开透明、平等竞争、诚实守信、清正廉洁和讲究效率的基本原则。这些基本原则不仅是公共工程项目采购应该遵循的工作准则，还能够转化为一定的具体措施，以便在实际工作加以运用，并在此基础上建立起相应的激励与约束机制，来加强公共工程项目的管理。

2. 工程项目采购管理的主要过程

无论是何种公共工程项目的采购管理，它们都具有一定的共性，并包含以下主要工作过程：

（1）工程项目采购计划的编制：决定何时采购何物，形成工程产品需求文书，并列举可能的承包或供应方。

（2）工程项目采购询价方案：针对承包或供应方可能提出的报价单、投标、出价，以及建议书，提出应对措施安排。

（3）工程项目采购承包或供应方的选择：通过在公开媒体发布采购招标信息及其响应，从中进行筛选。

（4）工程项目采购合同管理：通过招投标和谈判之后，与中标者签订书面合同并监督履行。

（5）工程项目采购合同实施：根据合同条款共同组织实施，对于合同实施阶段出现的问题及时解决。

以上工程项目采购管理的过程既是相互独立的不同环节，又是相互统一的整体，它们之间是相互影响和制约的。因此，站在公共工程项目采购的买方（建设管理方或业主）立场上来说它们都是非常重要的，必须加以重视和层层落实。

3. 工程项目采购模式与合同管理

由于工程项目涉及的参与单位或利益主体众多，各参与方之间会形成一定利益关系和权利与义务链条，所以对于工程项目采购管理方或建设单位而言，必须根据不同的采购模式和形成的合同关系加强管理。一般对于工程项目采购管理方式或建设单位而言，工程项目采购的模式主要有三种：即工程发包、咨询服务采购和设备材料采购，从而形成相应的工程项目合同关系，参见图 5-1 所示[1]。图中所指的工程发包，属于工程施工任务的委托代理模式，委托方式包括平行承发包、施工总承包、施工总承包管理、项目总承包、CM 模式等，并产生相应的项目合同；咨询服务采购模式，其实也是一种委托代理关系包括设计委托、项目管理委托、监理委托、招标代理委托、造价审计委托等，并产生相应的项目合同；设备材料采购模式，它是一种纯粹的买卖关系，它既可以由建设单位采购，也可以由施工单位采购，包括购买钢材、商品混凝土、玻璃幕墙、电梯、机电设备、智能控制系统等，并产生相应的项目合同。以上以工程发包模式及项目合同管理为主体，咨询服务采购和设备材料采购及其合同管理，属于工程项目采购及合同管理的配套和重要组成部分。

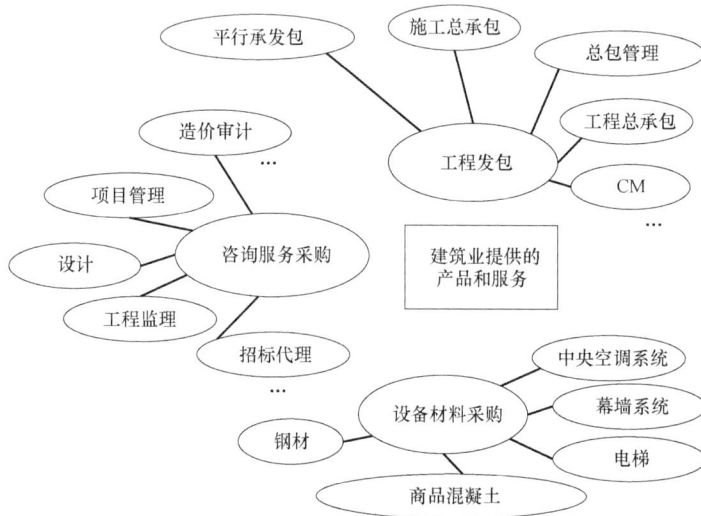

图 5-1　工程项目采购模式及其合同关系示意图

5.1.2　工程项目采购招标必备条件

现代工程项目采购一般都需要采取招投标的方式，而实施公开招投标采购之前必须具备以下基本条件：

一是工程建设项目已获批准。我国任何公共工程建设项目在实施采购或施工之前都必须获得相关主管部门的批准，或者说已经进行了备案，才能进入招标采购阶段，这是必需的环节或基本条件。我国虽然已经由计划经济过渡到市场经济，但主要基本建设项目仍然要列入国家或地区的基建规划计划，以便国家（地区）做好城市和产业规划，以及优化配置重要的经济资源。

---

[1] 乐云. 工程项目管理（上）［M］. 武汉：武汉理工大学出版社，2008：176.

二是工程项目设计文件已获批准。在工程建设项目获得批准后，按照工程建设程序，许多工程项目的设计文件还需要获得相关主管部门批准后才能进行招投标采购，这也是必备的条件之一。工程项目设计文件主要包括：初步设计和费用概算，技术设计和修正概算，施工图设计和预算。尤其是对于投资量大的工程项目，最好是在招标前完成施工图，及其施工图预算，以便于买卖双方谈判和签订项目合同。按照国际惯例，依据 FIDIC 合同条件招标的合同，属于计量型的单价合同，可以采用初步设计和概算进行招投标。

三是工程项目建设资金已经落实。虽然一个工程项目已经立项获批，但如果基建预算没有批准或资金还没有到位，也不能进行招标或进行资格预审，这也是必备条件之一。加上这个条件的主要目的，是预防工程建设项目出现合同纠纷和其他投资风险。比如，出现承包商垫资施工，拖欠民工工资和三角债等问题。

四是工程项目招标文件编写完成。在其他条件已经具备的基础上，工程建设单位应开始着手编写工程项目采购招标文件，这是实施公开招投标采购的基础性工作，也是招标前的必备条件。招标文件编写应根据工程建设项目的具体情况和采购模式，参照权威部门提供的招标文件范本结合实际进行，完成后有的还需要经过主管部门的审查或批准。

五是工程项目施工准备已经就绪。一般工程项目招标采购前还有许多准备工作要做，比如征地拆迁、移民安置、环保措施、施工场地的三通（通路、通电、通水）和施工许可证的办理等。在这些施工准备工作都已经就绪后，就可以开始招投标、选择承包商或施工方（及其他相关方），以及签订工程项目合同。

5.1.3 工程项目采购决标成交阶段

任何一个工程建设招标采购项目都需要经历招标、投标和决标成交三个阶段，其中决标成交就意味着该工程项目正式进入签约与合同管理阶段。在此阶段，我们主要应做好以下几方面工作。

1. 组织开标

由工程项目建设方招标人或招标代理人主持，邀请所有投标人参加，评标委员会专家和其他有关单位有代表也应出席开标现场。开标时，由投标人或代表检查投标文件的密封情况，也可由招标人委托公证机构进行检查并公证。经确认无误后，由有关工作人员当众拆封，宣读各投标人名称、投标价格和其他主要内容，并由现场工作人员逐个登记造册，在投影屏幕上显示出来。经各方当事人认可后，开标行为即告结束。

2. 专家评标

工程项目投标文件开标后，由工程建设项目主管部门或招标方在规定的专家库中现场随机抽取若干专家组成评标委员会，并由这些专家进行客观公正的评议。评标专家可以要求投标人对投标文件中含意不明确或需要进一步说明的问题进行澄清或者说明，但这些澄清或说明不应改变投标文件的实质内容。评标委员会应该遵照相关法律法则和评标步骤与方法，对每份投标文件进行认真细致的审查、评审和比较，并得出独立的评审意见。

3. 决标谈判

为了提高工程建设项目合同管理的效率，以及确保合同得以顺利履行，在专家评标初步结论出来后，便于最终确定中标人，或者是一些资金较小的工程设备材料和服务采购项目，在决标前可以分别与评标委员会所推荐的候选中标人就投标书中涉及但又不够明确的某些内容进行商谈，以便定标。决标谈判应当采取自愿互利的原则，既不能损害招标人的利益，也不能将评标专家的意见强加给投标人，或硬性要求投标人接受其不愿意接受的条件。

4. 中标签约

工程建设项目经过开标、评标与决标谈判后，最终确定了合同中标人，以下就进入合同的正式签订阶段。中标人接到中标通知书后，应当在 30 天内与建设单位或业主方签订工程项目采购或施工合同，并履行当事人代表的审批手续。如果中标人拒绝签约，招标方有权没收其投标保证金，并与其他投标人签订项目合同。

5.2 工程项目合同管理概念、特点与作用

5.2.1 工程项目合同管理的概念

探讨工程项目合同管理，首先应从相关概念、种类的探讨入手。

1. 合同

合同（Contract）是一种协议，是平等主体的自然人、法人、其他组织之间设立、变更、终止民事权利义务关系的协议。合同是规定行为主体（即合同当事人）的权利、义务等内容的关系契约或法律文件。合同是一种民事法律行为。依法订立的合同，对当事人具有法律约束力。当事人应当按照约定履行自己的义务，不得擅自变更或者解除合同。如果不履行或不按约定履行合同义务，就应当承担违约责任。

合同制度是一种法律制度，是商品交易的产物，是随着商品经济的产生而产生的。马克思指出："先有交易，后来才由交易发展为法制⋯⋯这种经过交换和交换中产生的实际关系，后来获得了契约这样的法律形式"。[1]

2. 工程项目合同

根据《合同法》的规定，工程项目合同是承包人进行工程建设，发包人支付相应价款的书面契约，又称为工程项目建设合同，或者说建筑安装工程承包合同，是经济合同的一种。它是发包人（建设单位）和承包人（施工单位）为完成商定的建筑安装工程项目，按照国家的法律法规，明确双方权利、义务、责任所签署的书面协议。依照工程项目合同，承包人应完成规定的建筑、安装等工程任务，发包人应提供合同规定的施工条件并支付工程价款。

工程建设项目合同的种类很多，这里重点介绍以下常用的一些合同类型：

（1）按合同的"标的"性质分类。根据工程项目的标的性质，一般将合同分成下列几种类型：1）勘察设计合同；2）工程咨询合同；3）工程建设监理合同；4）材料供应合同；5）工程设备加工生产合同；6）工程施工合同；7）劳务合同。

（2）按合同所包括的工作范围和承包关系分类。根据合同所包括的工程范围和承包关

---

[1]《马克思恩格斯全集》第 19 卷. 人民出版社. 1963. P423.

系，可将合同分为总包合同和分包合同：1）总包合同。它是指业主与总承包商之间就某一工程项目的承包内容签订的合同。总包合同的当事人是业主和总承包商，工程建设中所涉及的权利和义务关系，只能在业主和总承包商之间发生。2）分包合同（Sub-Contract）。它是指总承包商将工程项目的某部分或某子项工程分包给某一分包商去完成所签订的合同，分包合同的当事人是总承包商和分包商。分包合同所涉及的权利和义务关系，只在总承包商和分包商间发生。业主与分包商之间不直接发生合同法律关系，但分包商要间接地承担总承包商对业主承担的而由分包商承担的工程项目的有关义务。

（3）根据计价方式，对承包合同的分类。按承包合同的计价方式，可将合同分为总价合同、单价合同、成本加固定费用合同和混合合同4种类型：1）总价合同（Lump Sum Contract）。总价合同又可分固定总价合同和调值总价合同。固定总价合同是以图纸和工程说明为依据，按照商定的总价进行承包，并一笔包死。调值总价合同是指在招标及签订合同时，以设计图纸、工程量清单及当时的价格计算签订总价合同，但在合同条款中双方商定，若在执行合同过程中由于通货膨胀引起工料成本增加时，合同总价应相应调整，并规定了调整方法。这种合同业主承担了物价上涨这一不可预测费用因素的风险，承包商承担其他风险。固定工程量总价合同。对这种合同，承包商在投标时按单价合同办法分别填报分项工程单价，从而计算出工程总价，据之签订合同。原定工程项目全部完成后，根据合同总价给承包商付款。2）单价合同（Unit Price Contract）。它可分为估计工程量单价合同和纯单价合同。估计工程量单价合同要求承包商投标时按工程量表中的估计工程量为基础，填入相应的单价作为报价。纯单价合同是指合同的招标文件只给出各分项工程内的工作项目一览表、工程范围及必要说明，而不提供工程量。3）实际成本加酬金合同。这类合同在实际中又有下列几种不同的做法。实际成本加固定费用合同（Cost Plus Fixed-Fee Contract）这种合同的基本特点是以工程实际成本，加上商定的固定费用来确定业主应向承包商支付的款项数目。实际成本加百分率合同（Cost Plus Percentage-of-Cost Contract）。这种合同的基本特点是以工程实际成本加上实际成本的百分数作为付给承包商的酬金。实际成本加奖金合同（Cost Plus Incentive-Free Contract）。这种合同的基本特点是先商定目标成本，另外规定百分数作为酬金。最后结算时，若实际成本超过商定的目标成本，则减少酬金；若实际成本低于商定的目标成本，则增加酬金。4）混合型合同（Mixed Contract）。它是指有部分固定价格、部分实际成本加酬金合同和阶段转换合同形式的情况。前者是对重要的设计内容已具体化的项目采用得较多，而后者对次要的、设计还未具体化的项目较适用。

3. 工程项目合同管理

工程项目的合同管理，是指在当事人已经签订合同的基础上，根据双方协商签订的合同条款，正确履行、管理项目，并对合同的变更、解除、终止和纠纷索赔等进行及时处理的一系列活动。在社会主义市场经济条件下，我国市场主体之间的所有经济交易，包括工程项目建设活动，不是靠政府的权力或计划，而是通过市场交易来进行的。在市场经济条件下，各经济利益主体或企业都必须与合同打交道，必须依法进行合同管理。工程项目合同由双方当事人签订，对签订合同的当事人具有法律效力，当事人双方必须全面履行合同，严格按照合同规定的条款执行。

5.2.2　工程项目合同管理特点

1. 工程建设周期较长，合同持续时间也长，管理的环节较多

一个工程项目的建设和实施一般要经历较长一段时间。从工程项目的招投标和合同谈判、签订，到工程项目的施工建设和竣工验收，再到项目的维修保养，在这整个工程项目实施期间，合同的生命周期较长，甚至涉及到多个项目合同，这就使得项目合同管理的环节增多。即使是在一个项目施工合同生命周期内，也涉及到不同的施工环节，于是要求有相应的合同管理环节。只有环环相扣，相互衔接，整个项目合同才能顺利完成。

2. 工程项目投资量较大，合同金额较高，管理的责任重大

工程项目一般投资与施工量较大，包括投资金额和施工工作量，因而合同价款也较大，少则几百上千万元，多则几亿、几十亿元。因此，工程合同管理的责任重大，合同管理的质量与效果不仅直接影响到工程项目的质量，而且决定着工程项目的盈亏或综合效益的高低。在我国工程建设市场，由于竞争激烈，各方进行利益博弈，如果合同管理中稍有失误，不仅可能导致国家、企业的经济利益损失，还可能影响到工程建设质量。

3. 工程项目不确定因素较多，合同变更频繁，管理的难度高

一个建筑工程项目能否顺利实施，受到多方面的因素影响，包括前期可行性论证、社会与环境影响评价和建设资金是否到位，以及施工场地水文地质条件变化等等，其中不确定性因素很多，因而合同履约的风险较高。有的因投资方或建设方或是施工方由于主观原因，或客观原则，或不可抗力的因素，而要求变更、解除、甚至终止合同，这就更加大了项目合同管理的难度。

4. 工程项目内容复杂，合同技术含量高，管理要求精细化

一般工程项目建设的内容都很多，不仅包括项目地质、水文、气象的勘察、整体工程设计，仅施工和装修工程项目就包含诸多方面，都要求具有专业知识的人员参与。因而项目合同的条款数量多、技术标准高、技术参数计算工作量大，这就要求合同管理人员不仅要懂技术、懂业务，还需要尽心尽职，实行精细化管理。

5.2.3　工程项目合同管理的作用

1. 能够有效保障工程项目合同的顺利履行

工程项目合同是当事人进行工程项目建设的基本依据，也是工程施工与管理的主要手段。合同确定了工程所要达到的目标、技术标准，以及所要采取的技术手段、施工工期、质量、价款和其他条件。合同管理工作就是为了使得合同能够顺利实施，达到规定的目标和各项条款的落实而提供有效的保障。

2. 能够有效控制工程项目的质量与工程造价

工程项目质量是建设项目的生命线，也是投资主体与建设方进行工程建设的基本要求。而工程项目造价是项目所需资源的基本依据，资源总是稀缺的，控制工程项目造价也就成为项目管理的主要目标之一。而工程项目质量与造价的关系是相辅相成的，两者都在工程项目合同中有具体的规定和严格的要求。因此，只要我们加强合同管理，当事人严格履行合同，工程项目质量和工程造价控制两个指标实现都有保证。

3. 能够有效维护当事人的合法权益和防治违法活动

我国工程建设市场巨大，竞争非常激烈，建筑商和施工队也是鱼龙混杂。有的对签订和履行工程项目合同极不严肃，很不负责，从而导致经济纠纷不断。当然，有的经济纠纷可能源自于投资方或建设方。为了保障合同当事人正当合法权益，维护我国工程建设市场正常秩序，防治工程项目建设中的违法乱纪行为，及时解决经济纠纷，就必须加强合同管理，对合同当事人的履约行为实施有效监督，提高合同的履约率，维护工程项目合同履行的严肃性。

4. 能够有效按经济规律办事和规范工程建设秩序

工程项目合同不仅是调节合同当事人经济关系的主要手段，而且是反映工程项目建设客观经济规律的技术文件，还是解决各方争端与矛盾的基本依据。由于合同各方利益的不一致，在工程施工或清算中出现争执与纠纷是难免的。但当事人都应本着"重合同、守信用"的原则，尊重客观事实，按经济规律办事，共同维护我国工程建设的正常秩序。为此，各利益主体必须严格履行合同，加强对工程项目合同的管理与监督的力度。不仅施工企业、投资主体和建设方要严格遵循《合同法》等有关规律法规，建筑行业协会、政府主管部门也要发挥其必要的监管作用。

5.3 工程项目合同签约与履行

通过招投标，发包人与承包人达成工程项目协议后，就进入了合同签约与履行阶段。该阶段主要包括工程项目合同的谈判、签约、审批和履行等环节，是建设工程项目合同管理的基本内容之一。

5.3.1 工程项目合同的谈判

1. 决标前的谈判

是指项目的建设方（招标人）和施工方（投标人）在进行项目的招、投标并开标后，但还没有决定中标者之前就工程项目的内容和合同要求所进行的协商。开标以后，招标人常要和投标人就工程有关技术问题和价格问题逐一进行谈判。招标人组织决标前谈判的目的在于：

（1）通过谈判，了解投标人报价的构成，进一步审核和压低报价；

（2）进一步了解和审核投标人的施工规划和各项技术措施的合理性，及对工程质量和进度的保证程度；

（3）根据参加谈判的投标人的建议和要求，也可吸收一些好的建议，可能会对工程建设有一定的影响。

投标人则会利用参加决标前的谈判，达到以下目的：

（1）争取中标，即通过谈判，宣传自身的优势，包括技术方案的先进性，报价的合理性，必要时可许诺优惠条件，以争取中标；

（2）争取合理价格，既要准备对付招标人的压价，又要准备当招标人拟增加项目、修改设计或提高标准时适当增加报价；

（3）争取改善合同条件，包括争取修改过于苛刻的和不合理的条件，澄清模糊的条款和增加有利于保护投标人利益的条款。

在决标前谈判过程中，一般来说招标人较为主动。而投标人则会根据自身实力和竞争者的情况，见机行事，灵活应对，尽可能使自己的报价和投标条件符合招标方要求。

2. 决标后的谈判

是指开标后招标人与投标人经过谈判协商和评标机构的评议，初步确定了中标者后双方所进行的协商行为。招标人确定中标者并发出中标函后，招标人还要和中标者进行决标后的谈判，即将过去双方达成的初步协议具体化，进入合同条款的实质性谈判，并最后对所有条款和价格加以确认。在决标后谈判中，双方就工程项目合同的具体条款进行逐项谈判。包括合同的标的，工程的质量和数量，工程施工价款或酬金，合同履行的期限、方式和地点，工程竣工验收方法，双方合同违约责任和解决争议的手段等内容。

5.3.2 工程项目合同的签约

1. 工程项目合同签约与形式

当工程项目经过招投标与合同谈判过程后，确定了承包商与工程项目合同的基本内容，双方当事人就进入了合同的签约阶段。即工程建设项目发包与承包的当事人双方就合同的主要内容，经过谈判后达成一致（双方对合同条款的意见表示一致），从而使得合同成立的法律行为。对于工程项目合同的签订，相关法律规定承包人必须经资格审查合格，取得相应资质证书后，才可在其资质等级许可的范围内订立工程项目合同。换言之，当事人订立的工程项目合同应当具有相应民事权利能力和民事行为能力。工程项目合同当事人可依法委托代理人订立合同。

经济合同签约的形式，可有书面形式、口头形式和其他形式。法律、行政法规规定采用书面形式的，应当采用书面形式；当事人约定采用书面形式的，应当采用书面形式。根据我国合同法的规定，建设工程项目合同必须用书面形式，也就是说双方法人代表必须签订工程项目的书面合同。

2. 工程项目合同签约的原则

（1）自愿与自主的原则。工程项目合同是在当事人自愿与自主情况下签订的经济合同，双方当事人应当具备独立承担合同规定的民事责任的能力，并依法享受相应的合法权利。当事人具有是否订立和与谁订立工程项目合同的自由，任何人和任何单位均不得强迫对方与之订立合同。在不违法的情况下，当事人对合同的内容、合同的形式等均应遵循自愿原则，任何单位和个人不得非法干预。

（2）诚实与守信的原则。工程项目合同是双方当事人经过谈判和协商，并就合同的各项条款意见一致情况下确立经济合同关系的法律行为。因此，当事人应本着"重合同，守信用"的基本原则，认真履行合同规定的各项条款，不得反悔或随意更改、撤销或终止合同。任何关于合同签约与履行的不同意见或争议，都应通过双方协商解决。

（3）合法与合作的原则。当事人尤其是建筑承包商必须具有合法身份和相应资质，签订的工程项目合同应该是合法有效的，同时当事人订立、履行合同应当遵守各种法律、行政法规，特别是要遵守关于工程建设和合同的相关法律法规。在此基础上，双方当事人还应公平合作，共同维护合同的严肃性，为合同的顺利实施共同营造良好的条件和环境。

（4）平等与互利的原则。工程项目合同是当事人在平等前提下签订的经济合同，双方都是不同的经济利益主体，拥有不同的经济利益，所以我国经济合同法第 5 条规定，订立经济合同，必须贯彻平等互利的原则。平等互利，是指在工程项目合同中，不论当事人的所有制性质或行政隶属关系，它们在法律地位上是一律平等的，在签订与履行合同时应该相互尊重，公平合理，兼顾国家、单位（部门）和企业利益。

（5）遵守国家法律和政策的原则。根据我国合同法有关规定，订立经济合同，必须遵守国家的法律，必须符合国家政策和相关要求。这不仅指工程项目合同的内容，也包括项目合同签约的程序和手续，都必须符合相关法律制度的规定。对于合法的合同，国家法律给予坚决的保护，对于违法的合同及行为，国家法律不仅不保护，还要追究其违法主体的法律责任。

3. 工程项目合同签约的步骤

它又称为项目合同签约的程序。工程项目合同的签订一般须经过要约邀请、要约、还约和承诺等四个步骤，有的也可简化为要约和承诺等两个步骤。

（1）要约邀请。它是指当事人一方邀请对方向自己发出要约的事实行为。要约邀请不具备一经对方承诺便形成合同的效力，要约邀请不完全具备确定的当事人双方之间未来合同的主要条款（一般应具备的条款），要约邀请不具有明确的订约意图。因而，要约邀请没有法律上的约束力。

（2）要约。又称签订合同的提议，是当事人一方向另一方提出的订立项目合同的建议和要求。要约是由具有签约能力的特定人作出的意思表示，具有订立合同的意图且表明一经对方承诺即受约束的意思，要约必须向要约人希望与之缔结合同关系的受要约人发出，要约内容必须具体确定和完整，即要约应包含未来合同的主要条款（即工程项目合同一般应具备的条款），要约必须送达受要约人，并受到法律的约束。

（3）还约。即指受约人不同意或不完全同意要约人提出的条件，为了进一步协商，对要约的条件提出修改意见的行为。还约可以采用口头或书面形式表达，但一般应与要约中采用的表达方式相符合。

（4）承诺。又称对签订合同提议的接受，指受要约人同意要约各项条件的意思表示。承诺有效的条件：承诺必须由受要约人向要约人作出，承诺必须在承诺期限内到达要约人，承诺的内容必须与要约的内容一致（未对要约内容作出实质性改变的情况下），承诺必须表明受要约人决定与要约人订立合同，承诺的方式必须用符合要约的要求（若无具体要求，可采用法律允许的各种方式）来表达。如果受约人变更要约的部分或全部内容，则不是承诺。用变更了的要约的部分或全部内容回答要约人的，视为新的要约。

5.3.3　工程项目合同的审批

1. 工程项目合同的联审会签

为了严把工程项目合同的审批关，防止工程建设的决策失误以及可能造成的损失浪费，一些公共建设管理单位（部门）尝试建立工程项目合同的"联审会签"制度。即在工程项目决标谈判结束和合作意向达成后，发包人或业主管理单位（部门）要对当事人双方（或多方）达成的协议或合同草案进行联审会签，换言之就是事先召集由单位财务、审计、纪检和营建部门联合组成的工作组，采取会议的形式联合对该合作协议或合同草案进行审查，各自从工程预算的执行、经济效益、财经纪律和工程建设等方面展开，如果该协议或合同草案合理合法，能够维护当事人的合法权利，则联合签署同意的审查意见；否则，则签署不同意的审查意见，并说明理由。

2. 工程项目合同的律师把关

有条件的工程建设管理单位（部门）还可以聘请常年法律顾问（有执业资格的律师），在每项工程项目决标结束及合同基本达成后，对该协议或合同草案进行法律审核，即从法律的角度审查其是否符合我国《合同法》等相关法律法规，各合同条款的内容是否正确、全面地反映了当事人的权利与义务，是否有损害当事人或第三方权益的问题存在，以及是否存在着其他方面相关的法律问题。从而确保工程项目合同的合法性和有效性，也可保障合同的有效履行，以及为将来出现的合同纠纷处理提供预案。

3. 工程项目合同的法人签字

工程项目合同在事先经过建设管理单位（部门）的财务、审计、纪检和营建部门的联合审查，以及法律顾问的审核或咨询后，可将正式合同提交单位领导（法人代表）签字。工程项目合同经当事人各方的法定代理人正式签署后，即具有法律效力，并成为当事人各方履行合同的基本依据。

5.3.4 工程项目合同的履行

1. 工程项目合同履行的概念

所谓工程项目合同的履行，指项目合同是当事人按照合同的规定，全面履行各自的义务，实现各自的权利，使各方的目的得以实现的行为。按照我国合同法的规定，工程项目合同当事人双方各自履行自己应尽的义务和责任，并享受合同约定的权利。我国经济合同法中又规定，经济合同依法成立，即具有法律约束力，当事人必须全面履行合同规定的义务，任何一方不得擅自变更或解除合同。在合同履行过程中，当事人一方如果遇到困难，确实不能履行或者不能完全履行合同义务时，应当及时向对方说明情况，以避免或减轻对方可能造成的损失，但不能因此免除不履行或不完全履行合同的经济责任。

2. 工程项目合同履行的原则

（1）全面履行原则。是指当事人除按工程项目合同规定的标的履行外，还需要按照合同中规定的数量、质量、期限、价格、地点和方法手段等来承担义务。当事人只有都按这些规定去切实履行，才是全面地完成了合同任务，适应和满足了对方的需要，才能实现签订合同的目的。工程项目合同中任何一个条款没有按照规定履行，都是违约行为。

（2）实际履行原则。是指当事人应本着实事求是的精神，根据自己的实际情况，按照工程项目合同规定的标的承担义务，而不能用其他标的代替。一方违约时不能以偿付违约金、赔偿金来代替，只要对方要求继续履行合同，违约方就仍应继续履行。但是，如果当事人一方实在无法履约时，也应从实际出发，协商解决违约责任问题，如允许一方用支付违约金、赔偿金来代替原标的物的履行。

（3）协作履行原则。是指当事人在履行工程项目合同时应该团结协作、相互帮助，以保证合同所规定的任务的全面完成。工程项目合同标的和各项条款内容复杂，科技含量高，施工条件不确定性因素多，要保证合同能够顺利实施，当事人双方必须协商一致，共同合作。虽然合同当事人各自都有自己的经济权利和义务，具体的利益也有所不同，但双方是在自愿平等和协商一致的基础上签订合同的，从总体上看双方的共同利益是一致的，具备协商与协作履行合同的条件。

（4）诚实信用原则。是指工程项目合同当事人在履行合同时应坚持"重合同、守信用"的基本原则，切实履行各自的责任与义务。这条原则也贯穿于工程项目合同的签订、履行、变更、解除与终止等全过程，尤其是在合同的履行中当事人都讲诚实，守信用，要善意地对待对方的要求，相互协商与协作，应根据合同性质、目的和交易惯例，做好合同保密与信息沟通工作，只有这样才能圆满地履行合同。

3. 工程项目合同履行的主体与形式

（1）工程项目合同履行的主体

是指履行工程项目合同的当事人或者法定代理人。根据相关法律或者合同规定，以及合同的性质，在通常情况下工程项目合同必须由当事人亲自履行。根据我国合同法有关规定，除合同另有规定的以外，承揽方必须以自己的设备，技术和劳力，完成加工、定做、修缮任务的主要部分。在合同中当事人还可以约定，必须由本人亲自履行义务，例如工程项目的勘察设计合同的当事人可以约定，必须由承包方亲自完成项目勘察设计工作，不得转让给他人。

工程项目合同也可部分或全部由第三人履行，或者由第三人接受履行。根据我国建筑安装工程承包合同条例第12条第2款规定，承包单位可将承包的工程，部分分包给其他单位，签订分包合同。承包单位对发包单位负责，分包单位对承包单位负责。在此项合同履行实务中，由分包单位履行合同，对于发包单位而言，就是由第三人履行。但是，由第三人履行，并不是合同义务的转移，原合同义务人的法律地位不变，如果第三人不履行或履行不当，义务人仍然应承担法律责任。由第三人履行，也不是合同权利的转让，权利人的法律地位不变。当第三人不履行或履行不当，权利人有权请求义务人履行合同。

（2）工程项目合同履行的形式

即指工程项目合同履行的行为方式。在工程项目合同履行中，通常有：按合同规定的标的数量和质量履行，按合同规定的期限履行，按合同规定的价款履行，按合同规定的地点履行，按合同规定的方法履行等形式。

5.4　工程项目合同的变更、解除和终止

5.4.1　工程项目合同的变更

1. 工程项目合同变更的概念

它是指在工程项目合同尚未履行或尚未完全履行以前，合同当事人双方就合同的内容进行补充，修改的行为及所达成的协议。合同变更是针对合同内容的局部而非全部所进行的调整、修改和补充。合同变更不包括标的变化，一般会产生新的债权债务关系。由于工程建设项目情况复杂，在合同履行过程中受不确定性因素的影响较大，因此，有可能发生项目合同变更的情况。工程项目合同变更，通常包含以下三层意思：一是在符合法律规定和实际情况的前提下，合同当事人经过协商，同意变更项目合同；二是由于履行合同的

主、客观情况发生变化，双方同意变更原项目合同的内容；三是由于合同内容变化对当事人产生了新的权利义务关系。

2. 工程项目合同变更的条件和责任

（1）工程项目合同变更的条件。项目合同的变更是要有条件的，根据我国合同法的相关规定，当发生下列情况之一者，允许变更经济合同：①当事人经协商同意，且不影响国家和社会的利益。②当事人一方由于关闭、停产、转产而确实无法履行合同的。③由于不可抗力或外因，导致合同无法履行的。④由于一方违约，使合同履行对于另一方成为不必要的。

在工程项目合同履行中通常会遇到由于工程变更而引起的合同变更现象。工程变更（Project Change，Project Variation）是指，在工程项目合同执行过程中，监理工程师根据工程需要，下达变更指令（Change Order，Variation Order），对合同文件的内容或原设计文件进行修改，或对经监理工程师批准的施工方案进行改变。在项目合同签订以前，尽管已对工程计划、工程设计做了大量的工作，但由于工程施工情况复杂，不确定性因素较多，很难预测到未来合同执行过程中工程项目外部因素对施工的影响。特别是那些规模大、工期长、施工条件复杂的大中型建设项目，经常还会发生一些较大的工程变更事项，如施工条件变化、设计改变、材料替换、施工进度或施工顺序变化、施工技术规程规范变更、工程量的变化等。因此，关于如何处理合同变更问题，不论是业主，还是承包商均是工程项目合同管理中的一项重要课题。

（2）工程项目合同变更的责任。项目合同的变更必须经过当事人协商一致；合同的变更除需要一定条件外，提出合同变更一方当事人还需要承担相应的责任。根据我国合同法有关规定，当事人一方要求变更经济合同的同时，应及时通知对方；因变更合同使另一方遭受损失的，除依法可以免除责任的外，应由责任方负责赔偿。

工程项目合同的变更一般有两种情况：一是合法的，即在符合法律及有关政策要求的前提下，变更项目合同；另一种是非法的，即未经对方同意或未能履行法定手续，擅自变更合同的。但无论属于哪一类情况，原则上都要承担责任。由于项目合同变更的原因比较复杂，因此，其责任也不应一概而论，应根据具体情况加以确定。比如，因不可抗力的原因引起合同变更的，除双方另有约定外，不承担责任。由双方协商同意变更的，其损失应由责任方承担。因工程项目计划变更而变更合同的，其责任应视计划变更的情况确定，如属于客观原因、全局性调整的，合同双方或其上级主管部门都不承担责任。如属于决策失误的，应由计划修改方承担责任。

3. 工程项目合同变更的程序

工程项目合同是经双方当事人签署的法律文件，对当事人都具有约束力。项目合同既不能随意更改，也不能单方面变更或解除，如确实需要变更，除承担相应责任外，也应按照一定的程序进行。

（1）提出变更项目合同的书面建议。在符合变更合同的条件下，在双方协议的期限或主管部门规定的期限内，当事人一方应及时以书面形式向对方提出工程项目的变更建议。

（2）协商签订变更项目合同的书面协议（包括文书、电报等）。变更合同的协议与合同具有同等的法律效力。在要求答复期限内未予答复的，应视为接受变更合同的建议，并因此产生权利和义务；在协议未达成之前，原合同继续有效。

5.4.2 工程项目合同的解除

1. 工程项目合同解除的概念

它是指工程项目合同当事人根据法律规定或合同约定，提前终止合同关系的行为及所达成的协议。项目合同的解除有它特定的含义，一般包括以下三层意思：一是指合同尚未履行或尚未完全履行以前，合同当事人双方同意提前终止合同，如果合同全部履行完毕，就不叫合同解除。二是解除项目合同的原因比较复杂，但通常有两种情况：当事人一方确因本身经营管理不善，或技术设备落后而无法履行合同义务；因当事人客观或不可抗力因素导致合同无法履行。三是由于项目合同的解除会直接影响到另一方的经济利益和工作任务的完成，法律要求解除合同必须贯彻协商一致的原则，即应征得对方同意并承担相应的责任。

2. 工程项目合同解除的条件和责任

根据我国合同法等法律规定，工程项目合同的解除也是有条件的。这些条件主要有：项目合同的解除必须经过当事人协商一致；或满足法律规定的合同解除条件；或合同约定的解除条件具备；解除项目合同必须遵守法定的程序和方式；必须清算业已存在的原有合同的债权债务关系。工程项目合同解除的责任与合同变更责任的划分和确认基本相同。

3. 工程项目合同解除的程序

根据我国合同法的相关规定，工程项目合同解除必须遵循法定的程序和方式，具体的合同解除程序与合同变更程序基本相同。在此，读者可参见本章节中工程项目合同变更程序的相关内容。

5.4.3 工程项目合同的终止

1. 工程项目合同终止的概念

它是指工程项目合同关系因客观情况发生而消灭，据此合同不再对当事人双方具有约束力。工程项目合同是基于一定的法律事实而产生的，它也可以一定的法律事实的出现而消灭。根据我国的现行法律和有关政策规定，项目合同签订后，是不允许随便终止的，特别是不允许单方面撕毁合同。合同终止的原因，就是法律事实的发生。根据我国相关法律规定和经济生活的实践，项目合同终止的原因主要有：合同义务履行完毕；合同因抵消而终止；合同因不可抗力的原因而终止；当事人双方混同一人而终止；合同因双方当事人协商同意而终止；仲裁机构或者法院判决终止合同等。下面重点介绍工程项目合同终止的几种情况。

2. 工程项目合同终止的主要情况

（1）工程项目合同因履行而终止。工程项目合同的履行，就意味着合同所规定的义务已经完成，权利也得到实现，因而合同的法律关系即行消灭，项目合同也宣告终止。这是工程项目合同终止最常见的情况。因为履行合同是双方当事人应尽的义务，也是双方的共同愿望。所以说，项目合同签订后一般都能履行，这是终止合同法律关系的最理想方式，也是合同终止的最普遍的原因。

（2）工程项目合同因抵消而终止。是指合同当事人相互负有相同的义务，用双方的义务相互充抵的办法终止合同关系。用抵消的办法终止合同关系，可简化手续，节省时间和相关费用，又可以使双方的权利得到实现，因而成为合同终止的情况之一。用抵消的方式终止合同，包括约定抵消和法定抵消两种情况。约定抵消与法律不相抵触的，可以约定抵消。约定抵消与法律不符的，应采取法定抵消。我国法律尚未对约定抵消作出详细规定，通常应根据合同和当事人的具体情况而论。

（3）工程项目合同因不可抗力的原因而终止。它是指由于不可抗力等特定原因发生，而使合同不可能履行，合同即行终止的情况。在项目合同履行时，因不可抗力造成特定物灭失，不可能交付或完成特定物，合同随之终止。因不可抗力原因造成的合同终止，当事人可不承担责任，但必须经过有关部门或机构的核实证明，当事人不能单方面强调不可抗力而终止合同。

（4）工程项目合同当事人双方混同一人而终止。法律上对权利方和义务方合并为一方的，即合同双方主体合而为一的，称为主体混同。在工程项目合同履行中，如当事人双方混同一人的合同自行终止。例如，项目合同关系中的两个法人合并为一个法人，原有的权利义务归为一个新法人，那么原有合同已无履行的必要，合同关系因而也就自行终止。在现实生活中，因混同而终止合同关系的情况并不多见。

（5）工程项目合同因双方当事人协商同意而终止。是指合同当事人的协商一致，而使合同终止的情况。因当事人协商同意而终止合同关系的又存在以下三种情况：一是和解，即通过当事人相互让步的方式而使合同终止；二是更新，即当事人同意用一种新的合同代替原合同而使原合同终止；三是免除，即当事人一方放弃权利，不再请求义务方履约而使合同终止。

5.5 解决工程项目合同争议的主要方式

合同争议解决（Settlement of Disputes）是工程项目合同管理中的主要问题之一。项目合同在执行过程中，经常会发生各种争端，即合同纠纷。根据我国合同法的相关规定，工程施工合同争议解决的方式主要有：发包人与承包人在履行合同发生纠纷时，可以当事人双方或多方协商解决；或者要求有关部门调解解决；当事人不愿和解、调解或和解、调解不成的，双方应在专用条款内约定申请仲裁解决；或向有管辖权的人民法院起诉要求诉讼解决等。

5.5.1 协商解决

又称为和解（Negotiation），是指合同纠纷当事人在自愿友好的基础上，相互沟通、相互谅解，从而解决纠纷的一种方式。一般均是通过监理工程师出面，由其召集工程项目双方当事人进行谈判与协商寻求解决合同争议一种方式。目前，许多工程项目合同中，有关纠纷解决条款大都注明了类似"凡由于在执行本项目合同中所引起的或与合同有关的一切争议和纠纷，双方当事人都应首先通过友好协商解决"这样的条款。一般情况下，项目合同的双方当事人在遇到争议或纠纷时，也愿意通过友好协商的方式来解决。且在实际项目合同实施过程中，这种争议解决的方式运用较为普遍。

工程项目合同争议协商解决方式的主要优点是，合同当事人基于平等自愿的氛围，在公平互利和友好协商的原则下容易达成解决办法；不必经过仲裁机构或司法程序，既节省了双方的时间和精力，又不失友好合作的面子，解决争议的灵活性和余地较大，所以比较受当事人的欢迎。它的主要缺点是，不能解决合同争议中的所有纠纷，尤其是分歧较大，或涉及的合同金额较大，或者说一些重大的权利与义务时，双方或一方坚持自己的主张，而相互不肯做出让步的情况下，协商解决就失去了意义，而需要借助其解决方式了。

5.5.2 调解解决

调解（Mediation，Conciliation），是指在合同履行期间双方发生争议，而合同纠纷当事人不能通过谈判与协商解决时，可在不影响工程进度的前提下，双方可通过监理工程师进行调解或请有关工程项目主管部门进行调解。是属于由第三者从中调停，从而促进工程项目合同争议解决的一种方式。通过第三者调解解决后，即完成了合同争议解决途径，不需要再经过仲裁或诉讼方式解决。

在我国工程项目合同履行实践中采取调解解决方式也比较多，因为它也是建立在当事人双方平等互利的基础之上，由与工程项目合同没有直接利害关系的第三者出面调解，容易被当事人接受。这种方式的主要优点是，建立在合同当事人双方平等自愿的基础之上，由无直接利害关系的第三者进行公平公正的调解，有利于维护双方当事人的合法权益，调解结果容易被双方接受，相对仲裁和诉讼的成本更低，效率更高。它的主要缺点是，容易受主管部门或"内部人"操控，调解结果可能只对单方面有利，其权威性和法律效果受到一定的限制。

5.5.3 仲裁解决

仲裁（Arbitration），是指合同当事人双方在争议发生后不能够通过协商或调解的方式解决，而同意将争议交给第三者做出裁决，并负有自动履行义务的一种争议解决方式。它又称为"公断"，即由当事人双方自愿将合同争议提交给具有权威性的仲裁人或仲裁机构进行裁决，双方必须遵守。仲裁应按仲裁程序进行，由仲裁员做出裁定。裁定具有约束力，虽然仲裁组织本身无强制能力和强制措施，但若败诉方不执行裁定，胜诉方有权向法院提出执行裁定的申请。法院根据胜诉方的要求，出面强制败诉方执行。

仲裁属于一种行政解决措施，也是维护工程项目合同有效履行的必要手段。目前，在我国通常的仲裁机构有两种，一是官方的如各级合同主管机关；二是社会中介组织如中国国际贸易促进委员会、对外经济贸易仲裁委员会等，它们都具有合同争议仲裁的职能。仲裁的基本前提是当事人双方在合同中标明或事先有约定，如发生合同争议无法协商或调解时愿意将争议提交双方认可的仲裁机构进行裁决，并服从裁决。因此，当合同争议发生而又无法协商或调解时，申诉人必须在其权利受到侵害之日起的一年内，以书面的形式向仲裁机关提出申请，写明合同纠纷及其主要分歧，提出自己的权利主张，同时附上合同和相关材料，交由仲裁机关进行处理；仲裁机关受理后要认真审查相关材料，并听取当事人的申诉及答辩，先行进行调解，调解不成可做出仲裁决定；当事人接到裁决书后如有不服的，可在15天内向人民法院起诉，否则，裁决书经主管部门签章后具有法律效力，双方都应该遵守。仲裁处理主要优点是，相比于诉讼方式解决争议相对快捷、迅速，费用也省，而不至于伤害双方的情面。

5.5.4 诉讼解决

诉讼（Litigation）即向法院起诉，指合同当事人依法请求有管辖权的人民法院行使审判权，审理双方之间发生的合同争议，做出国家强制保证来实现其合法权益，并解决纠纷的一种法律行为。当发生合同纠纷后，所涉及的金额巨大、后果严重，或合同中又没有签订仲裁条款，则合同当事人中任一方均可向有管辖权的法院起诉，申请判决。诉讼在起诉方国家法院进行，双方当事人均没有任意选择法院或法官的权力，更不能选择适用法律。诉讼按诉讼程序进行，判决没有协调余地。但法院也可在判决前进行调解，调解失败，依据相关事实和适用法律条款做出判决，当事人对法院的一审判决如有异议或不服也可向上一级人民法院提起上诉，但必须服从法院的终审判决。

我国实行的是"或裁或审制"，即当事人只能选择仲裁或诉讼两种解决争议方式中的一种。因此，在工程建设项目合同出现纠纷时，当事人应根据合同条款和法律规定，从中选择正确的纠纷解决方式。

鉴于在工程项目合同纠纷解决中通常由监理工程师扮演调解人的角色，进行纠纷调解与仲裁，但有时交易不佳的情况，目前国际上较多地引入 DRB 和 BAB 的方式解决项目合同的纠纷。我国的一些工程项目也开始探讨或正式采用了这两种纠纷解决方式。

（1）DRB 解决方式。DRB（Dispute Review Board），即项目合同纠纷审议委员会的解决方式，它产生于 20 世纪 70 年代美国科罗拉多州的一项隧道工程项目。它的基本原理是，在项目实施过程中，成立由具有施工技术和管理经验的专家组成的项目合同纠纷审议委员会，当合同履行过程中出现争议时不是单独依靠项目监理工程师，而是将合同争议提交给该项目审议委员会进行调解与仲裁。合同的实施会产生多种争端，包括不同意监理工程师的决定，那么有争议方就可将其他意见直接交给 DRB 委员，同时将意见副本提交给对方和监理工程师，合同双方均应尽快向 DRB 提出自己的立场报告以及 DRB 可能要求的解决纠纷的其他资料。DRB 在收到提交材料后的 56 天内，应就争端事宜做出书面决定，如果双方同意则执行该决定；如果合同一方同意 DRB 的解决决定，但事后又不执行，则另一方可直接向仲裁委员会申请仲裁。此外，如合同任何一方不同意 DRB 的解决决定，可在收到决定后的 14 天内将其不满通知对方，或 DRB 在收到合同任何一方的通知后 56 天内未能做出决定，合同另一方也可在此后 14 天内将其不满通知对方，并申请仲裁。就美国和其他国家项目合同纠纷采取 DRB 解决方式的交易看，还是较为满意的，它比单纯依靠监理工程师调解更为公平合理，比将合同争议交给仲裁委员会或诉讼中仅凭法律条款来处理复杂工程技术问题的法律专家，更令人放心些。

（2）DAB 解决方式。DAB（Dispute Adjudication Board），即项目合同纠纷裁决委员会的解决方式，它是在 20 世纪 90 年代中期国际工程承包通用条件中的 FIDIC 条款"设计－建造与交钥匙合同条件"的增补"红皮书"中提出的。它的工作原理与 DRB 基本相同，都是在合同纠纷解决方式中由单纯依靠监理工程师，转而更多依靠具有施工技术和管理经验的专家解决争端的解决方式。两者的细微区别在于，DAB 在收到合同方纠纷材料和做出解决决定的时间都比 DRB 要长一些。

5.6 工程项目合同的索赔

5.6.1 工程项目合同索赔的概念与原因

1. 工程项目合同索赔的概念

合同索赔（Claims）是指在合同实施过程中，当事人一方不履行或未正确履行其义务，而使另一方受到损失，受损失的一方向违约方提出的赔偿要求。在施工承包中，工程项目合同索赔是指，承包商由于非自身原因发生了合同规定之外的额外工作或损失，而向业主所要求费用和工期方面的补偿。换言之，凡超出原合同规定的行为给承包商带来的损失，无论是时间上的还是经济上的，只要承包商认为不能从原合同规定中获得支付的额外开支，但应得到经济和时间补偿的，均有权向业主提出索赔。因此索赔是一种合理要求，是应取得的补偿。

在工程项目合同实施过程中，既包括承包商向业主的索赔，也包括业主向承包商的索赔。人们通常把索赔理解为承包商对业主的一种损失补偿要求，而把业主对承包商的索赔称之为反索赔。由于承包商向业主索赔的发生率较高，而且承包商的索赔处理较难，因而成为项目合同索赔管理的重点。当然，有索赔，就有理赔。索赔与理赔是一个事物的两个方面。

2. 工程项目合同索赔的原因

在工程项目合同实施过程中，引起承包商向业主索赔的原因多种多样，主要有：

（1）业主违约。在施工招标文件中规定了业主应承担的义务，承包商正是在这基础上投标和报价的。若开始施工后，业主没有按合同文件（包括招标文件）规定，如期提供必要条件，势必造成承包商工期的延误或费用的损失，这就可能引起索赔。如应由业主提供的施工场内外交通道路没有达到合同规定的标准，造成承包商运输机械效率降低或磨损增加，这时承包商就有可能提出补偿要求。

（2）不利的自然条件。一般施工合同规定，一个有经验的承包商无法预料到的不利的自然条件，如超标准洪水、地震、超标准的地下水等，承包商就可提出索赔。

（3）合同文件缺陷。合同缺陷表现为合同文件规定不严谨甚至矛盾、合同中的遗漏或错误。其缺陷既包括在商务条款中，也可能包括在技术规程和图纸中。对合同缺陷，监理工程师有权作出解释，但承包商在执行监理工程师的解释后引起施工成本的增加或工期的延长，有权提出索赔。

（4）设计图纸或工程量表中的错误。这种错误包括：①设计图纸与工程量清单不符；②现场条件与图纸要求相差较大；③纯粹工程量错误。由于这些错误若引起承包商施工费用增加或工期延长，则他极有可能提出索赔。

（5）计划不周或不适当的指令。承包商按施工合同规定的计划和规范施工，对任何因计划不周而影响工程质量的问题不承担责任，因弥补这种质量问题而影响的工期和增加的费用应由业主承担。业主和监理工程师不适当的指令，由此而引发的工期拖延和费用的增加也应由业主承担。

向承包商索赔的原因主要包括：工程建设失误的索赔；承包商拖延工期引起的索赔；承包商未能履行的保险费用索赔；对超额利率的索赔；对指定分包商的付款索赔；建设单位合理终止合同或承包商无正当理由放弃工程的索赔等。

5.6.2 工程项目合同索赔的分类

1. 按索赔的依据分类

按索赔依据分类是根据工程项目合同的条款，分析承包商的索赔要求是否有合同文字依据，将合同索赔分为：

（1）合同内索赔（Contractual Claims）。这种索赔涉及的内容可以在合同内找到依据。如工程量的计算、变更工程的计量和价格、不同原因引起的延期等。

（2）合同外索赔（Non-Contractual Claims），亦称超越合同规定的索赔。这种索赔在合同内找不到直接依据，但承包商可根据合同文件的某些条款的含义，或可从一般的民法、经济法或政府有关部门颁布的其他法规中找到依据，并提出索赔要求。

（3）道义索赔（EX-Gratia Claims），亦称通融索赔或优惠索赔。这种索赔在合同内或在其他法规中均找不到依据，从法律角度讲没有索赔要求的基础，但承包商确实蒙受损失，他在满足业主要求方面也做了最大努力，因而他认为自己有提出索赔的道义基础。因此，他对其损失寻求优惠性质的补偿。有的业主通情达理，出自善良和友好，给承包商以适当补偿。

2. 按索赔涉及的当事人分类

每一索赔均涉及双方当事人，即要求索赔者和被索赔者。在工程项目合同中，按索赔所及当事人，可将其分为下列三种。

（1）承包商与业主之间的索赔。这是工程项目中最普遍的索赔形式，所涉及的内容大都和工程量计算、工程变更、工期、质量和价格等方面有关，也有关于违约、暂停施工等的补偿问题。

（2）总承包商与分包商之间的索赔。这种索赔的内容范围与承包商和业主间索赔的内容范围基本相同，但它的形式为分包商向总承包商提出补偿要求，或总承包商向分包商罚款或扣留支付款。这种索赔的依据是总承包商和分包商间的分包合同。

（3）业主或承包商与供货商之间的索赔。这种索赔的依据是供货合同。若供货商违反供货合同，给业主或承包商造成经济损失时，业主或承包商有权向供货商提出索赔。

3. 按索赔的目录分类

在工程项目合同中，索赔按其目的可分为延长工期索赔和费用索赔。

（1）延长工期索赔（Claims for Extension of Time，Claims for EOT），简称工期索赔。这种索赔的目的是承包商要求业主延长施工期限，使原合同中规定的竣工日期顺延，以避免承担拖期损失赔偿的风险。如遇特殊风险、变更工程量或工程内容等，使得承包商不能按合同规定工期完工，为避免追究违约责任，承包商在事件发生后就会提出顺延工期的要求。

（2）费用索赔（Claims for Loss and Expense），亦称经济索赔。它是承包商向业主要求补偿自己额外费用支出的一种方式，以挽回不应由他负担的经济损失。

5.6.3　工程项目合同索赔的策略

工程项目合同索赔是承包商取得合法利益的重要手段。一般要经过下列索赔程序（Procedure for Claims）：提出索赔的要求，被索赔方审核索赔申请，审批索赔报告，是否接受最终索赔结果，以反索赔等。同时，还需要掌握一些索赔的策略与技巧。

1. 索赔时效策略

工程项目合同索赔是有一定时间限度要求的，换言之承包商或提出索赔要求方只有在合同索赔时效内提出索赔要求才是有效的。工程项目合同索赔的时效，是指在合同履行过程中，索赔方应在索赔事件发生后的约定时间内提出索赔要求，行使索赔权利，如果超出此期限未提出索赔要求，则视为放弃索赔权利，其索赔权归于消灭的一种合同法律制度。根据相关合同法律规定，工程项目合同索赔的有效期限是28天，即在索赔事件终了后28天内，受损失方应提交正式的索赔报告。

索赔方在对待索赔时效时还需要注意，在索赔时效期限内不仅是提出索赔意向，还应在事件所产生的影响结束后的28天之内提出一份最终的详细索赔报告。当发生与权利人无关的事由而使权利人无法行使其中索赔请求权时，根据相关法律规定索赔期限可以暂停计算，待中止事由消灭后再继续计算。

索赔方在索赔时效内还需要做好以下工作：当发生索赔事项时，承包商（索赔方）应立即请项目监理工程师到达出事现场，并要求其做出书面指示；同时，对拟提出索赔的事件过程要进行录像或详细记录，作为索赔提交的证据，承包商应在合同条款要求的时间内向项目监理工程师提交书面索赔通知，并抄送业主；最后，要按照施工合同中索赔程序规定的时限报送索赔证据资料和索赔要求的其他材料。

2. 索赔报告编写策略

工程项目合同索赔是工程项目管理中常见的现象，也是施工等项目合同实施过程中承包商与业主之间正常的经济往来。因此，在进行合同索赔时不仅要注意索赔时效和收集索赔证据资料等问题，在编写索赔报告时也要讲究策略与技巧。[1]

一是在索赔要求或报告中尽量少用"索赔"二字。当承包商认为发生了要索赔的事件时，需要向业主（违约方）提出索赔要求，有的可以不用索赔报告的形式，即使需要编写索赔报告时也要少用索赔二字，以免引起业主的反感，或被视为不友好行为。

二是即使非用索赔报告的形式不可时，也要注意报告编写用语。比如说，在报告中不能过分强调对方人为的过错，尤其是不要指明对方某人或工程师的行为过错，要在陈述事实的基础上强调损失存在的客观原因，并说明这种损失可能是无法预见的。

3. 索赔的SWOT策略

在工程项目合同实施过程中，当索赔事件发生并提出了索赔请求报告后，承包商（索赔方）还需要结合自身条件与外部环境的优劣来选择适宜的索赔策略，即SWOT策略。[2]

所谓SWOT策略（Strength，Weakness，Opportunities，Threats），是指施工企业在选择索赔等竞争策略时，要对企业内部的优势（Strength）与劣势（Weakness），企业外部环境的机会（Opportunities）与威胁（Threats）进行综合评价，以便达到选

[1] 刘文利. 现阶段施工企业合同管理研究. 武汉理工大学硕士学位论文. 2004. P47.
[2] 刘文利. 现阶段施工企业合同管理研究. 武汉理工大学硕士学位论文. 2004. P49.

出一种最适宜的索赔策略的目的。假设某施工企业进行索赔策略选择的 SWOT 分析如表 5-1。

索赔策略的 SWOT 分析表 表 5-1

内部条件		外部环境	
优势 （S）	企业知名度较高 企业核心竞争力较强 企业员工素质较高	机会 （O）	宏观经济环境和法律环境较好 当地的基础设施规模大 当地有实力的企业少
劣势 （W）	在当地市场占有率较小 企业资金周转困难 项目合同索赔经验少 缺乏专业索赔管理人员	威胁 （T）	存在地方保护主义 当地的竞争对手数量在增加 对施工合同索赔还没有形成正确认识

鉴于对工程项目合同索赔的各种影响因素分析，确定相应的评分标准，然后结合施工企业情况和当前索赔现状对照这些因素分别打分并汇总计算，最后根据计算结果做出评价并确定承包商应该采取何种索赔策略。值得参考的建议是：当 S，O 值评分较高时，应采取进攻型的索赔策略；当 W，T 值较大时，应采取保守型的索赔策略；当 S，O，W，T 值均居中偏移时，可采取具有竞争型的索赔策略。当然，在具体的合同索赔实践，承包商（索赔方）还需要结合其他措施共同实施，以便取得最佳的索赔效果。

5.6.4 反索赔

1. 反索赔的概念

一般认为工程项目合同反索赔具有两种含义，一是当事人一方提出索赔要求时，另一方则对该索赔进行反驳、反击或提出不同意见，从而不让对方索赔成功或全部成功的一种工程项目合同索赔的应对策略；二是认为承包商向建设方（或业主）提出赔偿要求为索赔，而建设方向承包商提出赔偿要求则认为是反索赔。在此，我们采用前者的含义，即反索赔就是任何一方对对方提出索赔要求的反驳、反击或提出不同意见的应对策略。它属于工程项目合同管理的重要内容之一，做好反索赔工作有利于保障合同条款的有效执行，维护当事人的合法权益，减少不必要的损失。

有索赔，就会有反索赔。因此，索赔与反索赔是一件事物的两个方面，是对立统一的辩证关系。当合同纠纷出现，或一方当事人认为自己的利益受到侵害时，为维护自身的权益就会向违约（或加害方）提出索赔要求。而被索赔方应该认真对待，并受理索赔要求与核对相关资料，如确实因一方原因而给对方造成损害时应该给予必要的补偿，但如果事实或资料有出入，或有不同意见，或认为对方索赔依据根本不成立时，就应该进行反索赔，即反驳、反击或提出不同意见，拒绝或部分拒绝对方的索赔要求。

2. 反索赔的重要意义

在工程项目合同实施过程中，双方当事人都在加强合同管理，合同争议或纠纷也在所难免。因此，索赔与反索赔是工程项目管理中常见的现象，做好反索赔工作同样十分重要。

一是有利于维护自身的合法权益，避免不必要的损失。作为被索赔方而言既要认真对待对方的索赔要求，及时受理索赔申请，又要细致地研究申诉材料和双方的责任义务，从而提出有说服力的反驳或反击意见，防止或者减少不必要的经济损失，即使应该赔偿的部分也要核对详细，该赔的就赔、不该赔的坚决不赔，维护合同的权威性和双方的合法权益。

二是有利于加强双方的相互理解，保障合同的顺利履行。工程项目合同执行过程中出现争议或纠纷在所难免，受害方提出索赔要求也在情理之中，作为违约方或加害方认真受理索赔申请也是必须的。但可以进行有理有节的反驳或反击，既维护自身的合法权益，也符合《合同法》的宗旨精神，作为索赔方也是能够理解的。因此，有时候进行索赔与反索赔既是工作需要，也还能增进双方的了解和相互信任，当索赔与反索赔关系处理得好，还更有利于合同的顺利履行。

三是有利于提高员工的专业素质，提高项目管理质量。索赔与反索赔工作属于工程项目合同管理的重要范畴，需要专业知识和一定的方法技巧。这就要求员工具备一定的反索赔专业知识和技巧，不仅精通建筑工程和合同管理专业知识，还需要具备谈判与沟通的方法技巧。在反索赔工作中，收集资料，提出反驳意见，双方观点和意见的沟通，以及最终达成共识，这既有利于维护双方的合法权益，又能提高项目管理的质量效益。

3. 反索赔的方法技巧

工程项目合同中的反索赔是工程项目管理中常见的现象，也是施工等项目合同实施过程中承包商与业主之间正常的业务交往。但是，为了在进行合同索赔时不至于盲目被动，还需要注意以下反索赔的方法技巧。

一是要认真受理索赔申请及其材料，细致研究对方资料及合同条款，找出对方提出索赔基本理由和主要观点，再逐个对照合同条款和双方履约的条件和完成情况，然后制定完整的反索赔策略和方法步骤。

二是在认真审核对方提出的申请和理由后，对照工程项目合同条款及双方实际执行情况，找出对方失误或差错，提出反驳或反击意见，当发现对方有违约行为时甚至可提出反索赔要求。以反驳或排除对方的索赔理由，以达到减少损失的目的。

三是针对对方的索赔理由和观点，认真核对合同条款和双方履约情况，直接找出对方索赔理由或观点难以成立的事实证据，如索赔理由不成立或部分不成立，索赔金额计算不准确、不符合合同条款，索赔时效或客观条件不存在等，从而证明对方的索赔不合理，或理由不充分，并要求重新开始纠纷谈判工作。

当然，在反索赔工作必须做到有理、有据、有节，既不能置之不理，也不能不顾法理，而是要认真对待，本着平等互利和友好合作的精神，做好反索赔工作，以达到双赢的目的。

复习思考题

1. 什么是工程项目合同，它有哪些主要种类？
2. 什么是工程项目合同管理，它有哪些主要特点？
3. 工程项目合同的履行与基本原则有哪些？
4. 联系实际谈谈工程项目合同变更的条件和责任。
5. 解决工程项目合同争议的主要方式有哪些？
6. 如何做好工程项目合同的索赔与反索赔工作。

第6章 工程项目进度管理

6.1 项目进度管理概述

在市场经济条件下，时间就是金钱，效率就是生命。一个工程项目能否在预定的工期内竣工交付使用，这是投资者最关心的问题之一，也是工程项目管理工作的重要内容。一个120万kW的发电厂，每提前一天发电，就可生产2800多万度电，创造利润数十万元。因此，按期建成投产是早日收回投资、提高经济效益的关键。对于实行投资包干的项目，包工期更是投资包干经济责任制的一个重要内容，就承包单位而言，能否按期完工也是衡量其管理水平的一个重要标志。当然，控制项目的进度并不意味着一味追求进度，还要满足质量、安全和经济的需要。

6.1.1 工程项目进度管理的概念

工程项目进度管理是指对工程项目各个阶段的工作内容、工作程序、持续时间和衔接关系，根据工程项目进度总目标和资源优化配置的原则编制计划，将该计划付诸实施，并在实施过程中经常检查实际进度是否按计划要求进行，对出现的偏差分析原因，采取补救措施或调整、修改原计划，直到工程项目竣工交付使用。项目进度管理是项目管理的一个重要方面：它与项目投资管理、项目质量管理等同为项目管理的重要组成部分。它是保证项目如期完成或合理安排资源供应、节约工程成本的重要措施之一。

项目的进度目标与投资目标和质量目标之间是对立统一的关系。一般说来，加快项目实施进度就要增加项目投资，但项目提前完成又可能提高投资效益；严格控制质量标准就可能会影响项目实施进度、增加项目投资，但严格的质量控制又可避免返工，从而防止项目进度计划的拖延和投资的浪费。这三大目标是相互关联、相互制约的，不能只片面强调某一方面的管理，而是要相互兼顾、相辅相成，这样才能真正实现项目管理的总目标。

6.1.2 工程项目进度考核指标

工程项目进度管理的基本对象是工程项目的建设活动。它包括项目结构图上各个层次的单元，上至整个工程项目，下至各个单项工程和单位工程，有时直到最低层次网络上的具体建设活动。项目进度状况通常是通过各项工程建设活动进度（完成百分比）逐层统计汇总计算得到的。进度指标的确定对进度的表达、计算和控制有很大影响，通常人们用如下几种方法定量描述进度：

1. 以持续时间定量描述

整个工程项目、某一单位工程或单位工程以及某一具体活动的持续时间是表达工程项目进度的重要指标。人们常用已经使用的工期与工程的计划工期相比较以描述工程完成程度。例如，计划工期 2 年，现已经进行了 1 年，则工期已达 50％；一项工程建设活动，计划持续时间为 30 天，现已经进行了 15 天，则已完成 50％，但通常还不能说工程进度已达 50％。因为工期与进度是两个不同的概念。工程的效率和速度不是一个直线，如通常工程项目开始时工作效率很低，工程建设速度较低，到工程项目建设中期投入最大，工程建设速度最快，而后期投入又较少。所以工期完成一半，并不能表示进度达到了一半，何况在已进行的工期中还存在各种停工、窝工、干扰作用，实际效率远低于计划的工作效率。

2. 按工程项目建设活动的结果状态数量描述

这主要针对专门的领域，其生产对象简单、工程活动简单。例如：

（1）设计工作按资料数量（图纸、规范等）。

（2）混凝土工程按体积（墙、基础、柱）。

（3）设备安装的吨位。

（4）管道、道路的长度。

（5）预制件的数量、重量、体积。

（6）运输量以吨•公里。

（7）土石方以体积或运载量等。

特别是当工程项目的任务仅为完成这些分部工程时，以它们作指标比较能反映实际。

3. 以劳动、工时和成本等消耗指标定量描述

由于一个工程项目有不同的单项和单位工程，它们具有不同性质，必须挑选一个共同的、对所有单项工程、单位工程以及具体工程项目建设活动都适用的计量单位，最常用的有劳动工时的消耗、成本等。它们有统一性和较强的可比性，即从具体建设活动直到整个项目都可用它们作为指标，这样可以统一分析尺度，但在实际工程中要注意如下问题：

（1）投入资源和进度的背离，会产生误导。例如，某活动计划需 100 工时，现已用了 60 工时，则进度已达 60％。这仅是偶然的，计划劳动效率和实际效率不会完全相等。

（2）由于实际工作量和计划经常有差别，即计划 100 工时，由于工程变更，建设难度增加，按条件变化，应该需要 120 工时。现完成 60 工时，实质上仅完成 50％，而不是 60％，所以只有当计划正确或反映最新情况，并按预定的效率施工时才得到正确的结果。

（3）用成本或合同价格、投资额等指标反映工程进度是经常的，但这里有如下因素要剔除：不正常原因造成的成本损失，如返工、窝工、停工；由于价格原因（如材料涨价、工资提高）造成的成本增加；考虑实际工程量，即工程建设范围变化造成的影响。

6.1.3 工程项目进度管理方法与措施

1. 工程项目进度管理方法

工程项目进度管理方法有许多，在此介绍常用的几种方法。

（1）甘特图法。甘特图也叫横道图或条形图，因为其简单明了、容易制作，早在 20 世纪初就开始被广泛应用于项目管理中，主要应用于项目计划和项目进度的安排。它用线条标出各项作业和工序的起、止时间和延续时间。甘特图适用于工程规模小、工序简单、工期短的项目，对于大型复杂的工程项目就明显不适用。此外，当工程项目实际进度与原计划有偏差，采用甘特图法也难以进行重新调整安排。

（2）S型曲线比较法。S型曲线是以横坐标表示进度时间，纵坐标表示累计完成任务量，而绘制出一条按计划时间累计完成任务量的S型曲线，将工程项目的各检查时间实际完成的任务量绘在S型曲线图上，进行实际进度与计划进度相比较。

（3）香蕉型曲线比较法。香蕉型曲线是两种S型曲线组合成的闭合曲线。对于一个工程项目网络计划，在理论上总是分为最早和最迟两种开始与完成时间，所以，按各项工作的计划最早开始时间安排进度而绘制的S型曲线称为ES曲线，按各项工作的计划最迟开始时间安排进度而绘制的S型曲线称为LS曲线。两条S型曲线都是从计划的开始时刻开始和完成时刻结束，因此两条曲线是闭合的。在项目的实施中控制进度的理想状况是任何时刻按实际进度描出的点，应该落在该香蕉型曲线的区域内。

（4）行政干预法。用行政力法控制进度，是指上级领导或本单位的领导，凭借其行政地位和权力，通过发布进度指令，利用激励手段（奖、罚、表扬、批评）进行指导、协调、考核和监督等方式进行进度控制管理。

（5）网络计划技术。网络计划技术是组织和安排工程项目工作活动的一种非常有效的方法，这在实践中已得到了很好的应用和证明。现在即使一个很简单的项目也需要制定一份项目网络图，因为这将使项目的执行变得更加容易。

项目网络图显示了项目的路径、开始时间和结束时间，有的还注明了每项工作任务的负责人，这对于一些不熟悉项目的人，如新增加的项目团队队员、新的项目管理者，只要稍加研究项目网络图，就能很快掌握项目计划的整体状况和目前的进展情况。

网络技术是用作业、虚作业、结点和路线等元素图示项目进度的一种计划方法。成熟的理论有：关键路线法、计划评审技术、图表评审技术等借助网络计划技术，可以计算出项目中各个工序的各种时间计划参数，还可以进行项目进度偏差的调整，使工程项目的进度控制更加先进和合理。

2. 工程项目进度管理措施

（1）组织措施。项目计划的完成要靠整个系统的共同努力，项目管理单位要以工程施工总进度网络计划为依据，在整个项目实施过程中把全体人员、协作单位、各部门的全部活动都严密地纳入计划之中，以此进行有效的总控制。并以召开项目定期协调会的方式，协调各种关系。同时，要与项目参建各方保持联系，互通情况，沟通信息，及时解决施工中出现的各种问题。

（2）技术措施。项目管理单位应认真分析项目的主要技术要求，建议业主选择合理分标方案，优选合作的承包商，从施工组织方案和施工技术方面降低进度控制的风险；通过技术革新，不断优化工程设计技术、工程施工技术和招标方案，提高生产能力和效率；项目管理单位各专业管理工程师实行定期巡检制度，适时检查工程设计技术对总进度计划的可能影响，随时反馈信息，以便及时对涉及工程管理的各环节进行督促检查。

（3）经济措施。在业主与项目管理、设计、工程承包的合同条款中必须明确双方的义务与责任，并明确奖罚条款。在合同执行过程中，注意跟踪与进度相关的经济条件和信息；落实进度计划所需的保障资金计划、资金供应条件，采取经济手段对违约者追究经济责任以确保工程总计划的实现。

（4）合同措施。涉及工程项目的各种设计合同、施工合同、订货合同等均是进行计划管理的重要依据。从合同起草伊始，项目管理单位就应组织专业工程师介入合同的谈判与签订，在合同条款中明确与工程进度相关的具体内容。在工程进展过程中，对相关单位以合同条款为依据进行监督检查，促成计划目标的实现。

（5）信息管理措施。在整个项目实施过程中，应高度重视信息管理。科学系统地管理建设信息，准确、及时地收集和传递建设项目信息。经过专业人员分析后，形成项目建设进度报告，以便各参建单位能够正确决策，从而实现对项目建设进度的有效控制。

6.2　工程项目进度计划

6.2.1　工程项目进度计划编制的原则

在编制工程项目计划进度时应遵循以下原则：

1. 统一性与灵活性相结合

工程项目进度计划是宏观计划指导下的微观计划，因此，必须维护宏观计划的统一性。但是计划的统一性并不排斥个别项目计划在一定范围内的灵活性。因此，工程项目进度计划应在宏观计划的指导下，可根据工程项目的实际情况做出有利于项目发展的工作安排。

2. 预见性与现实性相结合

工程项目进度计划分长期计划和短期计划。这要求编制计划时必须长短结合，才能使计划保持连续性和阶段性，既实现长远目标，又可随着形势发展因时制宜地挖掘潜力，促进工程项目顺利展开。

3. 系统性与综合性相结合

进度计划的内容是复杂的，每项工作都应制定自成体系的计划，但是工程项目全部计划是一个统一体，必须从全局出发统筹兼顾，全面安排，即要搞好综合平衡，才能把整个项目的各个环节统一起来，使每个局部都能自觉服从整体，使工程项目的全部活动形成一个完整的系统。

6.2.2　工程项目进度计划编制的程序

编制工程项目计划进度包括收集和整理资料、确认项目目标及项目环境分析、工作说明、工作结构分解、编制线性责任图和绘制逻辑关系图六个环节。

1. 收集和整理资料

有效的工程项目进度计划取决于相关信息的质量。应通过正式的、非正式的多种渠道收集有关的历史资料、上级文件，调查有关的政治、经济、技术、法律的信息，召开必要的专家会，对与进度计划的有关问题进行分析预测。

2. 确认项目目标及项目环境分析

根据获得的信息，首先明确工程项目的具体投资额、工期或质量等，并在识别项目目标时，明确目标与目标之间的关系。在确认了项目各目标之间的关系后，需要对目标进行排序，分清主次。对项目的目标，最好将其量化。对难以量化的目标，应找出可量化的相关指标或标准，同时对目标的实现程度给出"满意度"要求。最后，还应从政策、法律、自然条件、施工条件等方面对实现项目目标的环境进行分析与评价。

3. 工作说明

在工程项目进度目标确定之后，需要列举实现这些目标的工作，说明这些工作或任务的内容、要求和工作程序，是对实现项目目标所进行的工作或活动的描述与说明。

4. 工作结构分解

将工程项目的各项内容按其相关关系逐层进行工作分解，直到工作内容单一、便于组织管理的单项工作为止，并把各单项工作在整个项目中的地位、相互关系直观地表现出来，以便更有效地组织、计划、控制工程项目整体的实施。它是工程项目进度计划的基础，其目的是为了使项目各方从整体上了解自己承担的工作与全局的关系。

5. 编制线性责任图

将工作分解结构与组织机构图对照使用，形成线性责任图。将所分解的工作落实到有关部门、班组或个人，并明确表示出有关部门对该项工作的关系、责任和地位，以便分工负责或实施管理。

6. 绘制逻辑关系图

将工程项目的总任务分解为许多单项工作的基础上，按各项活动的先后顺序和衔接关系画出各项活动的逻辑关系，构成一定层次结构的逻辑关系图。

6.2.3 工程项目进度计划编制的方法——流水作业法

所谓流水作业，就是将拟建工程项目的整个建设过程分解成若干个施工过程，即划分成若干个工作性质相同的分部、分项工程或工序，并在平面上按纵向划分成若干个施工层，其中包括若干个劳动量大致相同的施工段；同时按照施工过程分别建立相应的专业工作队。各专业队按照一定的施工顺序投入施工，完成第一个施工段上的施工任务后，在专业队的人数、使用机具和材料不变的情况下，依次地、连续地投入到第二、三……直到最后一个施工段的施工，在规定时间内，完成同样的施工任务；不同的专业工作队在工作时间上最大限度、合理地搭接起来；当第一个施工层各个施工段上的相应施工任务全部完成后，专业工作队依次地、连续地投入到第二、三……施工层，保证拟建工程项目的施工全过程在时间上、空间上有节奏地连续、均衡进行施工，直到完成全部施工任务。

工程项目实践已经证明，建立在分工协作基础上的流水作业方法是项目施工的最有效的科学组织方法。但是由于工程项目的特点各异，流水作业的概念、特点和效果也有所不同。

下面我们将着重介绍流水作业的影响因素及作用机理。

1. 工艺参数

在组织流水作业时，用以表达流水作业在施工工艺上开展顺序及特征的参数称为工艺参数，具体地说，就是指在组织流水作业时，将拟建工程项目的整个建造过程分解为施工过程的种类、性质和数目的总称。工艺参数主要包括施工过程和流水强度。

（1）施工过程。在工程项目施工中，施工过程所包括的范围可大可小，既可以是分部工程、分项工程，又可以是单位工程、单项工程，它是流水作业的主要参数之一。根据工艺性质不同，它分为制造类施工过程、运输类施工过程和砌筑安装类施工过程等三种。施工过程数一般用 n 来表示。

一般说来，制造类与运输类施工过程并不占有施工对象的空间，也不影响项目总工期，在项目施工进度表上并不表示出来；而砌筑安装类施工过程则关系到工程项目的最终建成，它占有施工对象的空间，影响总工期的长短，因此，必须列入项目施工的进度表，而且还是项目施工进度表的主要内容。

（2）流水强度。某施工过程在单位时间内所完成的工程量，称为该施工过程的流水强度。流水强度又可分为机械操作流水强度和人工操作流水强度。

2. 空间参数

在组织流水作业时，用以表达流水作业在空间布置上所处状态的参数，称为空间参数。通常空间参数包含工作面、施工段和施工层等三种类型。

（1）工作面。某专业工种的工人在从事工程项目施工生产的过程中，必须具备一定的活动空间，这个活动空间就称为工作面。工作面的大小是根据相应工种单位时间内的产量定额、建筑安装操作规程和安全规程等方面的要求确定的。工作面确定是否合理，直接影响专业工种工人的劳动生产率。因此，必须认真加以对待，合理确定。

（2）施工段。为了有效地组织流水作业，通常把拟建工程项目在平面上划分若干个劳动量大致相等的施工段落，这些段落称为施工段。施工段数目通常用 m 表示。

1）划分施工段的目的和原则。划分施工段是组织流水作业的基础。工程项目体形庞大的固有特征，为组织流水作业提供了空间条件，可以把一个体形庞大的"单件产品"划分成具有若干个施工段、施工层的"批件产品"，使其满足流水作业的基本要求；在保证工程项目质量的前提下，为专业工作队确定合理的空间活动范围，使其按流水作业的原理，集中人力和物力，迅速地、依次地、连续地完成各段的任务，为相邻专业工作队尽早地提供工作面，达到缩短工期的目的。施工段的划分，在不同的分部工程中，可以采用相同或不同的划分办法。同一分部工程最好采用统一的段数，但也不排除特殊情况，如在单层工业厂房的预制工程中，柱和屋架的施工段划分就不一定相同。

施工段数要适当。段数过多，势必要减少工人数而延长工期；段数过少，又会造成资源供应过分集中，不利于组织流水作业。因此，为了使施工段划分得更科学、更合理，通常应遵循以下原则：

第一，专业工作队在各个施工段上的劳动量要大致相等。

第二，对多层或高层建筑物，施工段的数目要满足流水作业组织的要求。

第三，为了充分发挥工人、主导施工机械的生产效率，每个施工段要有足够的工作面，使其所容纳的劳动力人数或机械台数，能满足合理劳动组织的要求。

第四，为了保证拟建工程项目结构整体的完整性，施工段的分界线应尽可能与结构的自然界线（如沉降缝、伸缩缝等）相一致；如果必须将分界线设在墙体中间时，应将其设在对结构整体性影响小的门窗洞口等部位，以减少留槎，便于修复。

第五，对于多层的拟建工程项目，既要划分施工段，又要划分施工层，以保证相应的专业工作队在施工队与施工层之间，组织有节奏、连续、均衡的流水作业。

2）施工段数（m）与施工过程数（n）之间的关系。当 m=n 时，各专业工作队可以连续施工，施工段上始终有专业工作队工作，直至全部工作完成，施工段上无停歇时间，是比较理想的流水作业组织方案。

当 m>n 时，各专业工作队仍是连续施工，但在施工段上有停歇，可以组织流水作业。

当 m<n 时，即对多层建筑组织流水作业是不适用的，因专业工作队不能连续施工，有窝工现象。

从上述三种情况我们可以看出，要保证专业工作队能够连续施工，施工段数（m）与施工过程数（n）之间的关系必须满足 m≥n 的要求。但也应该指出，当无层间关系或无施工层（如某些单层建筑物、基础工程等）时，施工段数不受 m≥n 的限制，可按前述划分施工段的原则进行确定。

（3）施工层。在组织流水作业时，为了满足专业工种对操作高度和施工工艺的要求，将拟建工程项目在纵向上划分若干个操作层。这些操作层就称为施工层。施工层的划分，要按工程项目的具体情况，根据建筑物的高度、楼层来确定。

3. 时间参数

在组织流水作业时，用以表达流水作业在时间排序上的参数，称为时间参数。一般情况下，时间参数分为流水节拍、流水步距、平行搭接时间、技术间歇时间和组织间歇时间。

（1）流水节拍。在组织流水作业时，每个专业工作队在各个施工段上完成相应的施工任务所需要的工作延续时间，称为流水节拍。

流水节拍的大小，可以反映出流水作业速度的快慢、节奏感的强弱和资源消耗量的多少。影响流水节拍数值大小的因素主要有：项目施工时所采用的施工方案、各施工队投入的劳动力人数或施工机械台数、工作班次以及该施工段工程量的多少。为避免工作队转移时浪费工时，流水节拍在数值上最好是半个班的整数倍。

当施工段数确定后，流水节拍大，则相应的工期就长。因此，从理论上讲，总是希望流水节拍越小越好。但实际上由于受工作面的限制，每一施工过程在各施工段上都有最小的流水节拍。施工单位必须根据实际情况，确定合理的流水节拍，以满足完成工期的需要。

（2）流水步距。在组织流水作业时，相邻两个专业工作队在保证施工顺序并满足连续施工、最大限度地搭接和保证工程质量要求的前提下，相继投入施工的最小时间间隔，称为流水步距。

一般说来，当施工段确定后，流水步距的大小将直接影响总工期的长短。假设施工段不变，流水步距越大，则总工期越长；反之，则总工期越短。

（3）平行搭接时间。在组织流水施工时，有时为了缩短工期，在工作面允许的条件下，如果前一个专业工作队完成部分施工后，能够为后一个专业工作队提供工作面，使后者提前进入前一个施工段，两者在同一施工段上平行搭接施工。这个搭接的时间称为平行搭接时间。

（4）技术间歇时间。在组织流水施工时，除要考虑相邻专业工作队之间的流水步距外，有时根据建筑材料或现浇构件等的工艺性质，还要考虑合理的工艺等待时间。这个等待时间称为技术间歇时间。

（5）组织间歇时间。在组织流水施工中，由于施工技术或施工组织的原因，造成的在流水步距以外增加的间歇时间，称为组织间歇时间。如墙体砌筑前的墙体位置弹线，施工人员、机械的转移，回填土前地下管道检查验收等等。

根据上述流水作业的影响因素，我们可以将其分为等节拍专业流水、异节拍专业流水等几种基本方式。但在工程项目实际施工中，通常每个施工过程在各个施工段上的工作量彼此不等，各专业工作队的生产效率相差很大，导致大多数的流水节拍也彼此不等，不可能组织等节拍专业流水或异节拍专业流水。在这种情况下，往往利用流水施工的基本概念，在保证施工工艺、满足施工顺序要求的前提下，按照一定的计算方法，确定相邻专业工作队之间的流水步距，使其在开工时间上最大限度地、合理地搭接起来，形成每个专业工作队都能够连续作业的流水施工方式。这就是无节奏专业流水，也称分别流水。它是流水施工的普遍形式。

下面我们就结合具体实例来介绍无节奏专业流水的计算步骤

【例题】 某工程项目包括Ⅰ、Ⅱ、Ⅲ、Ⅳ、Ⅴ等五个施工过程。施工时在平面上划分成四个施工段，每个施工过程在各个施工段上的流水节拍如表6-1所示。规定施工过程Ⅱ完成后，其相应施工段至少要养护2天；施工过程Ⅳ完成后，其相应施工段要有1天的准备时间。为了尽早完成，允许施工过程Ⅰ与Ⅱ之间搭接施工1天，试编制该项目的流水施工方案。

某工程项目流水节拍　　　　　　　　　　　　　　　　　表6-1

	Ⅰ	Ⅱ	Ⅲ	Ⅳ	Ⅴ
（1）	3	1	2	4	3
（2）	2	3	1	2	4
（3）	2	5	3	3	2
（4）	4	3	5	3	1

首先，累加各施工过程的流水节拍，形成累加数据系列；其次，将相邻两施工过程的累加数据系列错位相减，取差数之大者作为该两个施工过程的流水步距；最后，根据相应的结果计算流水施工的计划工期。

那么，根据题意，我们可以确定各施工过程之间的流水步距分别为4、6、2、4天，则该工程的流水施工计划工期为：

$$T=(4+6+2+4)+(3+4+2+1)+2+1-1=28(天)$$

6.2.4 工程项目进度计划编制的方法——双代号网络图及网络计划

1. 双代号网络图的基本要素构成

双代号网络图由箭线、节点和线路三个基本要素组成。

（1）箭线

箭线表示工作。工作通常可以分为两种：

1）实工作。需要消耗时间和资源的工作称为实工作，在网络图中用实箭线表示。一般在箭线的上方标出工作的名称，在箭线的下方标出工作的持续时间，箭尾表示工作的开始，箭头表示工作的完成，相应节点的号码表示该项工作的代号。

2）虚工作。既不消耗时间，也不消耗资源的工作称为虚工作，在网络图中用虚箭线表示。虚工作只表示相邻工作之间的逻辑关系，由于不需要时间，所以虚工作的持续时间为 0。

（2）节点

网络图中，在箭线的发出和交汇处画上圆圈，用以标志该圆圈前面工作的结束和允许后面工作的开始，该圆圈就称为节点。节点的主要作用是连接箭线。

1）根据节点所在位置，节点可分为：起点节点，网络图中的第一个节点称为起点节点，它意味着一个项目或任务的开始，起点节点只有一个；终点节点，网络图中的最后一个节点叫做终点节点，它意味着项目或任务的完成；中间节点，网络图中的其他节点称为中间节点。

2）根据节点所在箭线位置，节点可分为：箭尾节点，位于箭线尾部的节点；箭头节点，位于箭线头部的节点。

在网络图中，就一个节点来说，可能有许多箭线通向该节点，这些箭线就称为内向箭线或内向工作，若由同一个节点发出许多箭线，这些箭线称为外向箭线或外向工作。

不同类型的节点具有不同的时间内涵。起点节点标志着整个网络计划和相关工作开始的时刻；终点节点标志着整个网络计划和相关工作完成的时刻，箭尾节点标志着相应工作开始的时刻；箭头节点标志着相应工作结束的时刻；中间节点标志着内向工作的完成和外向工作开始的时刻。

（3）线路

从起点节点开始，沿着箭线的方向连续通过一系列箭线与节点，最后到达终点节点的通路称为线路。每一条线路都有自己确定的完成时间，它等于该线路上各项工作持续时间的总和，该工作持续时间总和也称为路长。根据路长的大小，线路可分为关键线路、次关键线路和非关键线路。

1）关键线路

路长最长的线路称为关键线路或主要矛盾线。位于关键线路上的所有工作称为关键工作。关键工作完成的快慢直接影响整个项目工期的实现。关键线路往往不止一条，可能同时存在若干条关键线路，即这几条线路的路长相同；关键线路并不是一成不变的，在一定条件下，由于干扰因素的影响，关键线路可能会发生变化。这种变化可能体现在两个方面：其一，关键线路的数量增加了；其二，关键线路和非关键线路可能会互相发生转化，例如，非关键线路上的某些工作的持续时间拖延了，使得相关线路的路长超出了关键线路的路长，则该线路就转化为关键线路。

2）次关键线路

次关键线路的路长仅次于关键线路，该线路最容易转化为关键线路。

3）非关键线路

除了关键线路和次关键线路之外的其他所有线路均称为非关键线路，位于非关键线路上的所有工作都称为非关键工作。

2. 网络图的绘制

（1）网络图绘制的基本规则

为了使编制的网络图规范、正确并具有通用性，就必须遵循必要的绘图规则。根据我国有关标准和规程的规定，双代号网络图的编制应遵循以下基本规则：

1）必须正确表达项目各工作的逻辑关系。要做到正确表达，在绘制网络图之前，首先应正确确定工作之间的逻辑关系，其次要正确绘制。

2）避免出现循环回路。循环回路是指从某一个节点出发顺着箭线的方向又回到了该节点。

3）在节点之间避免出现带双向箭头或无箭头的连线。网络图是有方向的，箭头所指的方向就是工作进展的方向，因此一条箭线只能有一个箭头，不能出现方向矛盾的双箭头和无方向的无箭头箭线。

4）严禁出现无箭头节点或无箭尾节点的箭线。无箭头的箭线不能表示其所代表的工作在何处完成；无箭尾节点的箭线不能表示其所代表的工作在何处开始。所以，出现这种状况是错误的。

5）交叉箭线。绘制网络图时，箭线不宜交叉；当交叉不可避免时，可采用过桥法（暗桥法）或指向法。

6）关于起点节点和终点节点。双代号网络图中，起点节点应只有一个；在不考虑分期完成任务的网络图中，终点节点也只能有一个；其他所有节点均应是中间节点。

7）箭线画法

第一，箭线形状。箭线可采用直线或折线画法，避免采用圆弧线。当网络图的某些节点有多条内向箭线或多条外向箭线时，在不违反"一项工作应只有唯一的一条箭线和相应节点"规则的前提下，可使用母线法绘图，如图 6-1 所示。

第二，箭线的长短。对于非时间坐标网络，箭线的长短与所表示工作的持续时间无关，应主要考虑网络图的图面布置；而对于时间坐标网络，箭线的长短必须与工作的持续时间相对应。

第三，箭线的方向。对于网络图来说，从左往右的方向标志着项目进展的方向，该方向称为正方向；反之则为反向。所以，箭线的方向应符合项目进展的方向，即从左往右的趋势，避免出现反向箭线。

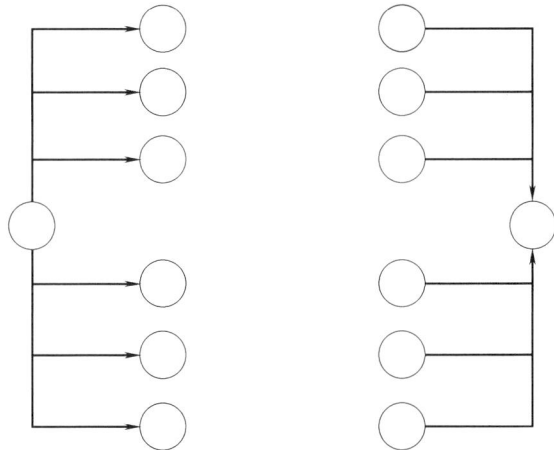

图 6-1　箭线的母线画法

8）节点编号

节点编号的最基本要求是：所有节点都必须编号，不能出现重复编号，箭尾节点的编号应小于箭头节点的编号。在编号过程中，可采用连续编号或非连续编号的方式。非连续编号的方式有利于网络计划的修改和调整。

网络图的绘制除了应遵循上述基本规则外，还必须保持图面清晰，并要进行周密合理的布置。

（2）网络图绘制的步骤

初步绘制网络图一般按以下步骤进行：

1）项目分解。将一个项目根据需要分解为一定数量的独立工作和活动，其粗细程度可以根据网络计划的作用加以确定，宏观控制的网络计划可以分解得粗一些，具体实施的网络计划可以分解得细一些。项目分解的结果是要明确工作的名称、工作的范围和内容等。

2）工作关系分析。根据已确定的项目实施方法、工艺、环境条件和其他因素对项目进行分析，通过比较和优化等方法确定合理的逻辑关系。工作关系分析中应优先考虑工艺关系，重点分析组织关系。

3）编制工作关系表。关系分析的结果是明确工作的紧前和紧后的关系，形成工作关系表。

4）估计工作的基本参数。网络计划最基本的工作参数是工作的持续时间，估计工作的持续时间是编制网络计划的重要步骤之一。

5）绘制网络图。根据工作关系表，按照绘图规则绘制网络图，并通过修改、完善，最终形成能正确表达工作的逻辑关系并符合绘图规则的网络图。

绘图时可根据紧前工作和紧后工作的任何一种关系进行绘制。按紧前工作关系绘制时，从无紧前工作的工作开始，依次进行，将紧前工作一一绘出，并将最后的工作结束于一点，以形成一个终点节点；按紧后工作绘制时，亦应从无紧前工作的工作开始，依次进行，将紧后工作一一绘出，直至无紧后工作的工作绘完为止，并形成一个终点节点。使用一种方法绘制完成后，可利用另一种方法进行检查；或根据网络图描述工作关系，若与工作分析表所述工作关系一致，则说明该网络图能正确地表达工作关系。通过检查或检验并对照绘图规则确认无误后，即可进行节点编号。

【例题】 根据表 6-2 绘制双代号网络图。

根据表 6-2，可按紧后工作关系绘图。无紧前工作的工作是 A 和 C，即网络计划开始的工作就是 A 和 C，然后依次进行，如 A 工作的紧后工作是 B 工作，C 工作的紧后工作是 D 工作，B 工作的紧后工作是 E 和 F 等，直到无紧后工作的工作 G 绘完为止，如图 6-2 所示。

现浇混凝土水池项目分析表 表 6-2

序号	工作名称	工作代号	紧后工作	持续时间（天）	资源强度（人数/天）
1	挖土	A	B	3	10
2	垫层	B	E 和 F	2	7
3	材料准备	C	D	4	3
4	构配件加工	D	F	4	12
5	仓面准备	E	G	7	7
6	模板、钢筋安装	F	G	10	12
7	浇筑混凝土	G	——	3	10

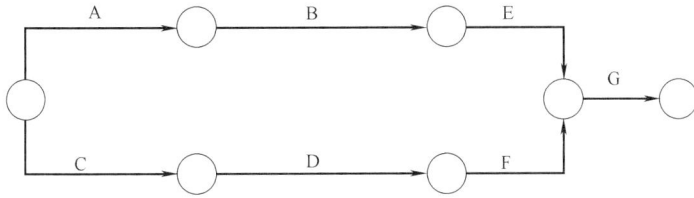

图 6-2 现浇混凝土水池项目网络图

3. 网络计划时间参数计算和关键线路的确定

（1）网络计划时间参数的组成

网络计划时间参数可归纳为三类，即节点参数、工作参数和线路参数。

1）节点参数

根据节点的时间内涵，节点参数主要有两个，即节点最早时间和节点最迟时间。节点最早时间是指该节点的内向工作已完成，外向工作可以开始的最早时刻，即以该节点为开始节点的各项工作的最早开始时间，用 ET_i 表示。节点最迟时间是指在不影响总工期的前提下，以该节点为完成节点的各项工作的最迟完成时间，用 LT_i 表示。

2）工作参数

工作参数是网络计划最为重要的时间参数，可归纳为四种类型，即基本参数、最早时间、最迟时间和时差。

第一，基本参数，工作的基本参数是工作持续时间，用 D_{i-j} 表示。

第二，最早时间，工作的最早时间有两个，即最早可能开始时间和最早可能完成时间。

最早可能开始时间是指该工作的各项紧前工作已全部完成，本工作可以开始的最早时刻，用 ES_{i-j} 表示。可见，$ES_{i-j}＝ET_i$

最早可能完成时间是指各紧前工作完成后，本工作有可能完成的最早时刻，用 EF_{i-j} 表示。

$$EF_{i-j}＝ES_{i-j}＋D_{i-j} \tag{6-1}$$

最早时间明确了工作的开始或完成时间的下限，在这之前，该工作是不可能开始或完成。

第三，最迟时间，工作的最迟时间也有两个，即最迟必须开始时间和最迟必须完成时间。

最迟必须开始时间是指在不影响工期的前提下，本工作必须开始的最迟时刻，用 LS_{i-j} 表示。

最迟必须完成时间是指在不影响工期的前提下，本工作必须完成的最迟时刻，用 LF_{i-j} 表示。

$$LF_{i-j}＝LS_{i-j}＋D_{i-j} \tag{6-2}$$

第四，时差，是指在一定的前提条件下，工作可以机动使用的时间。根据前提条件的不同，时差可分为总时差和自由时差两种。

总时差是指在不影响工期的前提下，本工作可以利用的机动时间，用 TF_{i-j} 表示。

对于工作 $i-j$，最早可以在 ES_{i-j} 时开始，在不影响工期的前提下，最迟应在 LS_{i-j} 时开始，从最早开始时间到最迟开始时间之间是可以机动使用的时间，如图 6-3 所示。

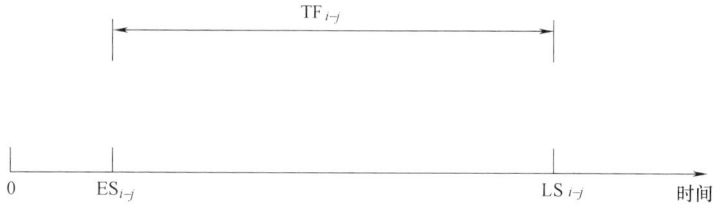

图 6-3　总时差计算示意图

$$TF_{i-j}=LS_{i-j}-ES_{i-j} \tag{6-3}$$

$$TF_{i-j}=LF_{i-j}-EF_{i-j} \tag{6-4}$$

总时差是一个非常重要的时间参数。在网络计划的资源优化、网络计划调整、关键工作的确定和索赔判断等方面都要使用总时差。

自由时差是指在不影响其紧后工作最早开始的前提下，本工作可以利用的机动时间，用 FF_{i-j} 表示。若本工作的最早时间为 ES_{i-j}，其紧后工作的最早时间为 ES_{i-j}，在数轴上表示如图 6-4 所示。

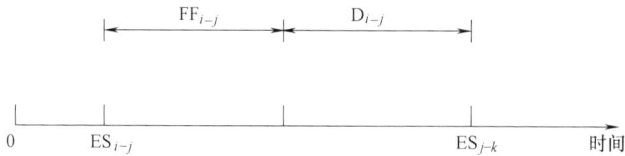

图 6-4　自由时差计算示意图

$$FF_{i-j}=ES_{j-k}-D_{i-j}-ES_{i-j}=D_{j-k}-EF_{i-j} \tag{6-5}$$

如果 $i-j$ 工作有若干紧后工作则该工作的自由时差为：

$$FF_{i-j}=\min\{ES_{j-k}-ES_{i-j}\} \tag{6-6}$$

自由时差主要用于时间坐标网络。

3）线路参数

线路参数主要包括计算工期、要求工期和计划工期。

计算工期 T_c 是指根据时间参数计算得到的工期，可按下式计算：

$$T_c=\max\{EF_{i-n}\} \tag{6-7}$$

$$T_c=ET_n-LT_n$$

式中：EF_{i-n}——以终点节点（$j=n$）为箭头节点的工作 $i-n$ 的最早完成时间；

　　　ET_n——终点节点的最早时间；

　　　LT_n——终点节点的最迟时间。

计算工期也等于最大线路路长。

要求工期 T_r 是规定的工期。计划工期 T_p 是指按要求工期和计算工期确定的作为实施目标的工期。当规定了要求工期时，$T_p \leqslant T_r$；当未规定要求工期时，$T_p = T_r$。

（2）关键工作的确定

关键工作是网络计划中总时差最小的工作。若按计算工期计算网络参数，则关键工作的总时差为 0；若按计划工期或要求工期计算网络参数，则

$T_p = T_c$ 时，关键工作的总时差 TF=0；

$T_p > T_c$ 时，关键工作的总时差 $TF = T_p - T_c > 0$；

$T_p < T_c$ 时，关键工作的总时差 $TF = T_p - T_c < 0$。

（3）关键线路的确定

根据关键工作确定关键线路时，关键工作所在线路即为关键线路。根据自由时差确定关键线路时，关键工作的自由时差一定等于 0，但自由时差为 0 的工作不一定是关键工作。若从起点节点开始，沿着箭头的方向到终点节点为止，所有工作的自由时差都为 0，则该线路是关键线路，否则就是非关键线路。

（4）网络计划时间参数的计算方法

网络计划时间参数的计算可以按节点计算或按工作计算。就具体计算方法来说，有分析法、表算法、图解法和计算机算法等。分析法是根据参数的含义，用公式进行计算，所以该方法也称为公式法。其他方法都是以分析法为基础，采用不同的计算手段进行。按节点计算法计算时间参数时，先计算节点参数，在此基础上计算其他参数。按工作计算法计算时间参数时，是从工作的最早开始时间算起，然后计算工作的其他参数和线路参数。

【例题】 图 6-5 为某项目网络图，按节点计算法计算网络时间参数。

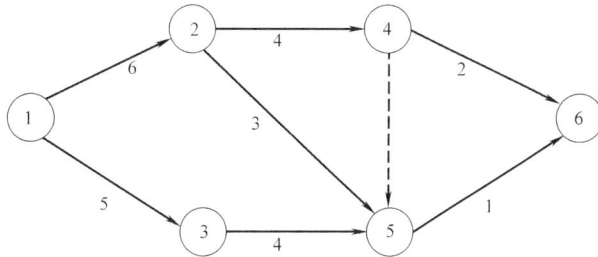

图 6-5　某项目网络图

（工作持续时间单位：天）

采用分析法计算。

1）节点最早时间的计算

节点最早时间从网络计划的起点节点开始，顺着箭线的方向，依次逐项计算。

第一，网络计划起点节点的最早时间的计算。如未规定最早时间，则其值应等于 0，即 $ET_i = 0$（$i = 1$）

第二，其他节点最早时间的计算。当节点只有一条内向箭线时，其最早时间应为该箭线箭尾节点的最早时间与该项工作的持续时间之和，即

$$ET_i = ET_i + D_{i-j} \qquad (6-8)$$

当节点 j 有多条内向箭线时，其最早时间应为各箭线箭尾节点的最早时间与相应工作的持续时间之和的最大值，即

$$ET_j = \max\{ET_i - D_{i-j}\} \tag{6-9}$$

根据上述原理，计算各节点的最早时间。结果如下：

$$ET_1 = 0$$
$$ET_2 = ET_1 + D_{1-2} = 0 + 6 = 6$$
$$ET_3 = ET_1 + D_{1-3} = 0 + 5 = 5$$
$$ET_4 = ET_2 + D_{2-4} = 6 + 4 = 10$$
$$ET_5 = \max\{ET_3 + D_{3-5}, ET_4 + D_{4-5}, ET_2 + D_{2-5}\} = \max\{5+4, 10+0, 6+3\} = 10$$
$$ET_6 = \max\{ET_4 + D_{4-6}, ET_5 + D_{5-6}\} = \max\{10+2, 10+1\} = 12$$

ET_6 是终点节点的最早时间，是所有节点最早时间的最大值，意味着整个网络计划的完成。所以，终点节点的最早时间也就是网络计划的计算工期，即

$$T_c = ET_6 = 12$$

2）节点最迟时间的计算

节点最迟时间的计算是从网络计划的终点节点开始，逆着箭线的方向依次逐项计算。

第一，终点节点 n 的最迟时间 LT_n 的计算。在不影响工期的前提下，该节点应发生的时间，若以不影响计算工期为前提，则

$$LT_n = T_c = ET_n$$

式中：ET_n——网络终点节点的最早时间。

若以不影响计划工期为前提，则 $LT_n = T_p$。

第二，其他节点的最迟时间 LT_i 的计算。当节点 i 只有一条外向箭线时，则该节点的最迟时间应为该箭线的箭头节点的最迟时间与其对应的持续时间之差，即

$$LT_i = LT_j - D_{i-j} \tag{6-10}$$

当节点 i 有多条外向箭线时，则其最迟时间应分别计算取最小值，即

$$LT_i = \min\{LT_j - D_{i-j}\} \tag{6-11}$$

根据上述原理，以不影响计算工期 T_c 为前提，计算各节点的最迟时间。其结果如下：

$$LT_6 = T_c = ET_6 = 12$$
$$LT_5 = LT_6 - D_{5-6} = 12 - 1 = 11$$
$$LT_4 = \min\{LT_6 - D_{4-6}, LT_5 - D_{4-5}\} = \min\{12-2, 11-0\} = 10$$
$$LT_3 = LT_5 - D_{3-5} = 11 - 4 = 7$$
$$LT_2 = \min\{LT_4 - D_{2-4}, LT_5 - D_{2-5}\} = \min\{10-4, 11-3\} = 6$$
$$LT_1 = \min\{LT_3 - D_{1-3}, LT_2 - D_{1-2}\} = \min\{7-5, 6-6\} = 0$$

在以不影响计算工期为前提时，网络起点节点的最迟时间一定等于其最早时间且等于 0。

3）工作最早开始时间的计算

工作最早开始时间与其相应的箭尾节点的最早时间相等，即 $ES_{i-j} = ET_i$。

由此可得各工作的最早开始时间分别为：

$$ES_{1-2} = ET_1 = 0$$
$$ES_{1-3} = ET_1 = 0$$
$$ES_{2-4} = ET_2 = 6$$

$$ES_{2-5}=ET_2=6$$
$$ES_{3-5}=ET_3=5$$
$$ES_{4-5}=ET_4=10$$
$$ES_{3-6}=2$$
$$ES_{4-6}=ET_4=10$$
$$ES_{5-6}=ET_5=10$$

4）工作最早完成时间的计算

工作最早完成时间就等于其最早开始时间与其持续时间之和，即 $EF_{i-j}=ES_{i-j}+D_{i-j}$。因为 $ES_{i-j}=ET_i$，所以

$$EF_{i-j}=ET_i+D_{i-j} \tag{6-12}$$

由此可得各工作的最早完成时间分别为：

$$EF_{1-2}=ET_1+D_{1-2}=0+6=6$$
$$EF_{1-3}=ET_1+D_{1-3}=0+5=5$$
$$EF_{2-4}=ET_2+D_{2-4}=6+4=10$$
$$EF_{2-5}=ET_2+D_{2-5}=6+3=9$$
$$EF_{3-5}=ET_3+D_{3-5}=5+4=9$$
$$EF_{4-5}=ET_4+D_{4-5}=10+0=10$$
$$EF_{4-6}=ET_4+D_{4-6}=10+2=12$$
$$EF_{5-6}=ET_5+D_{5-6}=10+1=11$$

5）工作最迟开始时间的计算

工作最迟开始时间的计算是从终点节点开始，计算到起点节点。工作最迟开始时间应为其最迟完成时间与其持续时间之差，即 $LS_{i-j}=LF_{i-j}-D_{i-j}$。而工作的最迟完成时间就等于其箭头节点的最迟时间，即 $LF_{i-j}=LT_j$，所以

$$LS_{i-j}=LT_j-D_{i-j} \tag{6-13}$$

根据上述原理，可计算出各工作的最迟开始时间为

$$LS_{5-6}=LT_6-D_{5-6}=12-1=11$$
$$LS_{4-6}=LT_6-D_{4-6}=12-2=10$$
$$LS_{4-5}=LT_5-D_{4-5}=11-0=11$$
$$LS_{3-5}=LT_5-D_{3-5}=11-4=7$$
$$LS_{2-4}=LT_4-D_{2-4}=10-4=6$$
$$LS_{2-5}=LT_5-D_{2-5}=11-3=8$$
$$LS_{1-3}=LT_3-D_{1-3}=7-5=2$$
$$LS_{1-2}=LT_2-D_{1-2}=6-6=0$$

6）工作最迟完成时间的计算

按节点计算法，工作最迟完成时间就是相应箭线箭头节点的最迟时间。由此可知，各工作的最迟完成时间为：

$$LF_{5-6}=LT_6=12$$
$$LF_{4-6}=LT_6=12$$
$$LF_{4-5}=LT_5=11$$

$$LF_{3-5} = LT_5 = 11$$
$$LF_{2-4} = LT_4 = 10$$
$$LF_{2-5} = LT_5 = 11$$
$$LF_{1-3} = LT_3 = 7$$
$$LF_{1-2} = LT_2 = 6$$

7）工作总时差的计算

工作总时差等于其最迟开始时间与最早开始时间之差，也等于最迟完成时间与最早完成时间之差。若按节点参数计算，则工作总时差可按下式计算：

$$TF_{i-j} = LT_j - ET_i - D_{i-j} \tag{6-14}$$

根据这一计算规则，可计算出各工作的总时差为：

$$TF_{1-2} = LT_2 - ET_1 - D_{1-2} = 6 - 0 - 6 = 0$$
$$TF_{1-3} = LT_3 - ET_1 - D_{1-3} = 7 - 0 - 5 = 2$$
$$TF_{2-4} = LT_4 - ET_2 - D_{2-4} = 10 - 6 - 4 = 0$$
$$TF_{2-5} = LT_5 - ET_2 - D_{2-5} = 11 - 6 - 3 = 2$$
$$TF_{3-5} = LT_5 - ET_3 - D_{3-5} = 11 - 5 - 4 = 2$$
$$TF_{4-5} = LT_5 - ET_4 - D_{4-5} = 11 - 10 - 0 = 1$$
$$TF_{4-6} = LT_6 - ET_4 - D_{4-6} = 12 - 10 - 2 = 0$$
$$TF_{5-6} = LT_6 - ET_5 - D_{5-6} = 12 - 10 - 1 = 1$$

8）工作自由时差的计算

按节点计算法，工作自由时差可按下式计算：

$$FF_{i-j} = ET_j - ET_i - D_{i-j} \tag{6-15}$$

按该公式计算，各工作的自由时差为：

$$FF_{1-2} = ET_2 - ET_1 - D_{1-2} = 6 - 0 - 6 = 0$$
$$FF_{1-3} = ET_3 - ET_1 - D_{1-3} = 5 - 0 - 5 = 0$$
$$FF_{2-4} = ET_4 - ET_2 - D_{2-4} = 10 - 6 - 4 = 0$$
$$FF_{2-5} = ET_5 - ET_2 - D_{2-5} = 10 - 6 - 3 = 1$$
$$FF_{3-5} = ET_5 - ET_3 - D_{3-5} = 10 - 5 - 4 = 1$$
$$FF_{4-5} = ET_5 - ET_4 - D_{4-5} = 10 - 10 - 0 = 0$$
$$FF_{4-6} = ET_6 - ET_4 - D_{4-6} = 12 - 10 - 2 = 0$$
$$FF_{5-6} = ET_6 - ET_5 - D_{5-6} = 12 - 10 - 1 = 1$$

9）根据节点参数确定关键工作和关键线路

本例是按计算工期进行计算的，所以，最早时间与最迟时间相等的节点是关键节点。由计算结果可见，关键节点是 1、2、4、6，显然，关键线路是 1—2—4—6。关键线路上的所有工作都是关键工作，所以关键工作是 1—2、2—4 和 4—6。

6.2.5　工程项目进度计划编制的其他方法

1. 计划评审技术

计划评审技术（PERT）也是进行项目进度计划编制的方法。这种技术在安排和表示进度的形式方面与关键路线法差不多，但是在基础资料收集的难度及处理这些资料的复杂程度上要比关键路线法难度大得多。所以，在一些易于控制、有较多经验的项目中，很少采用这种方法。但是对于大型的国际工程项目，计划评审技术是一种行之有效的控制进度方法。

计划评审技术主要用于不确定性因素多而复杂的项目，这类项目经常需要反复研究和反复认识，具体到某一工作环节事先不能估计其需要的时间，而只能推测完成时间的范围。但是如果用关键路线法安排进度，每一工作环节都用肯定的估计时间，作出的进度计划就没有实际价值了，利用计划评审技术，可以把每个工作环节的不确定性及对完成该工作环节的信心因素加进去，从而给出更有价值的信息。

2. 里程碑系统

里程碑系统（Milestone System）又称关键日期表，它是最简单的一种进度计划编制的方法。里程碑系统是根据项目的工作环节确定的重大而关键的工作序列，每一个里程碑代表一个关键事件，并标明其必须完成的时间界限。

里程碑的关键事件包括以下三点：项目的结束日期、主要工作环节的完成日期、保证项目成功的关键性决策的日期。这些关键事件综合了各种因素，是针对项目目标的重要程度而言的，它可能在网络图的关键路线上，也可能不在关键路线上。

里程碑系统的最大特点是把各关键工作的完成时间定在里程碑的关键事处，不允许任何工作环节的推迟。换句话说，就是不管采取什么措施，都必须保证在里程碑所标的时间之前完成各项预定任务，否则就会影响整个项目的周期进度。

6.3 工程项目进度控制与管理

6.3.1 工程项目进度控制的概念

工程项目进度控制是指对项目各建设阶段的工作内容、工作程序、持续时间和衔接关系编制计划，在实际进度与计划进度出现偏差时进行纠正，并控制整个计划的实施。进度控制在工程项目建设中与质量控制、投资控制之间有着相互影响、相互依赖、相互制约的关系。从经济角度看，并非所有工程项目的工期越短越好。如果盲目地缩短工期，会造成工程项目财政上的极大浪费。工程项目的工期确定下来后，就要根据具体的工程项目及其影响因素对工程项目的施工进度进行控制，以保证工程项目在预定工期内完成工程项目的建设任务。

在工程项目实施过程中，必须经常检查工程项目的实际进展情况，并与项目进度计划进行比较。如果实际进度与计划进度一致，则表明项目完成情况良好，进度计划总目标的实现有保障。如果发现实际进度已经偏离了计划进度，则应分析产生偏差的原因和对后续工作项目进度计划总目标的影响，找出解决问题的办法和避免进度计划总目标受影响的切实可行措施，并根据这些办法和措施，对原进度计划进行修改，使之符合实际情况并保证原进度计划总目标得以实现。从而确保项目进度总目标的实现，甚至可在不影响项目完成质量和不增加项目成本的前提下，使工程项目按时或提前完成。过程如图 6-6 所示。

工程项目的建设进度，受许多因素的影响，应事先对影响进度的各种因素进行调查研

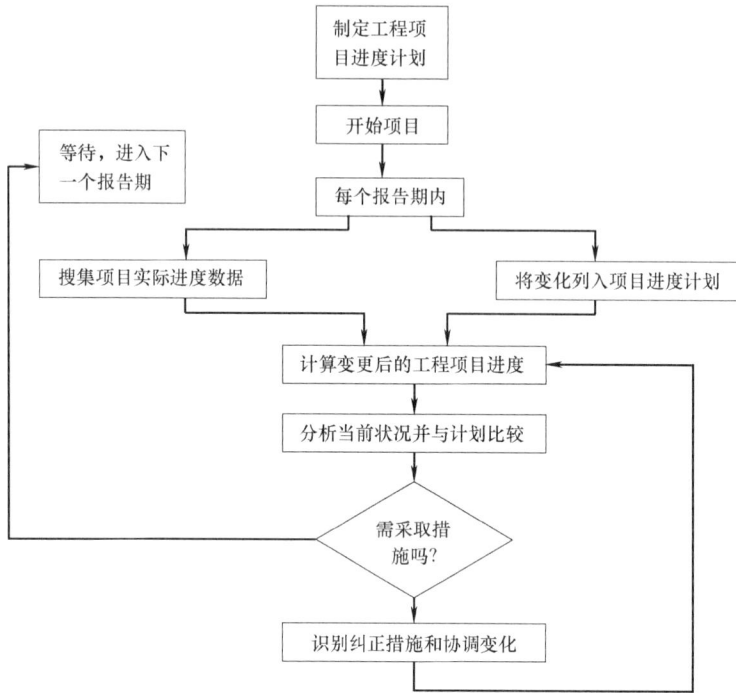

图 6-6　工程项目进度控制过程

究，预测这些因素对工程项目建设进度的影响，并编制可行的进度计划。工程项目按进度计划执行过程中不可避免地会出现其他影响进度计划的因素，使工程项目难以按预定计划执行，这就需要协调和控制这些影响因素，使工程项目按原进度计划进行或按调整后的进度计划进行。

6.3.2　影响工程项目进度的因素

影响工程项目进度的因素很多，有人的因素、材料设备因素、技术因素、资金因素、工程水文地质因素、气象因素、环境因素、社会环境因素等。归纳起来在工程项目上有如下表现：

1. 不满足业主使用要求的设计变更；

2. 业主提供的施工场地不满足施工需要；

3. 勘察资料不准确；

4. 设计、施工中采用的技术及工艺不合理；

5. 不能及时提供设计图纸或图纸不配套；

6. 施工场地无水、电供应；

7. 材料供应不及时和相关专业不协调；

8. 各专业、工序交接有矛盾，不协调；

9. 社会环境干扰；

10. 出现质量事故时的停工调查；

11. 业主资金有问题；

12. 突发事件的影响等。

按照责任的归属，上述影响因素可分为两大类：

第一类，由承包商自身的原因造成工期的延长，称为工程延误。其一切损失由承包商自己承担，包括承包商在监理工程同意下所采取加快工程进度的任何措施所增加的各种费用。由于工程延误所造成的工程延误，承包商还要向业主支付误期损失赔偿金。

第二类，由承包商以外的原因造成工期的延长，称为工程延期。经监理工程师批准的工程延期，所延长的时间属于合同工期的一部分，即工程竣工的时间，等于标书规定的时间加上监理工程师批准的工程延期的时间。

6.3.3 工程项目进度控制的目标

为了有效控制工程项目的实施进度，必须确定明确的进度目标，不仅要明确项目控制总目标，还必须根据工程进度计划，按项目实施的阶段及分工等设立不同层次的进度分目标，并构成一个有机的进度目标系统。这些分目标相对独立而又相互制约，它使各项目实施单位及项目各实施阶段的目标都十分明确。在对各阶段进度分目标进行控制时，还可以暂时不考虑项目总进度计划，而着眼于本阶段详细进度计划的控制，这样的控制将更方便、更有效。工程项目进度分目标可以根据不同要求而设立，一般有以下四种类型：

1. 按项目实施阶段设立分目标

根据工程项目的特点，可以把工程项目实施过程分成若干个实施阶段。每个实施阶段又可根据自身的特点，再分成下一层次的相关阶段。每个阶段都可以设立相应的进度控制目标，由此形成按实施阶段设立的项目进度目标系统。如某工程项目，就可以依建设程序分为决策阶段、实施阶段和投产阶段。决策阶段又可分为提出项目建议书、对项目进行可行性研究、投资决策和制定设计任务书等更为详细的相关阶段。而实施阶段又可分为设计、招标、施工安装、验收阶段。投产使用阶段又可分为生产准备、试生产、正式生产等阶段。在工程项目进度总计划确定后，还可依据总进度的要求，设立各个层次上相关阶段的进度控制分目标。如图 6-7 所示。

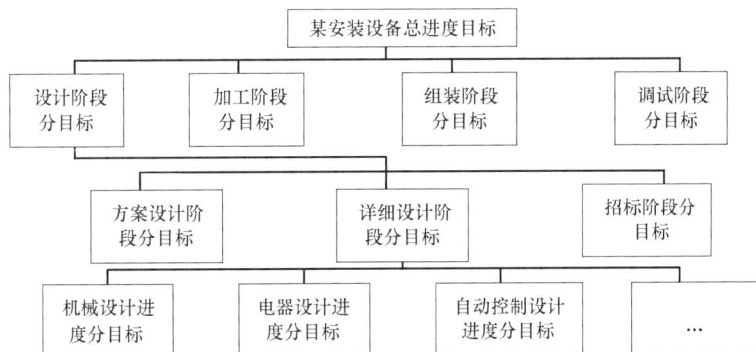

图 6-7 某设备安装阶段进度目标分解图

2. 按工程项目所包含的子项目设立分项目

通常，一个大的项目总是由许多子项目组成的，如一个水利项目工程就包含有大坝枢纽工程、通航船闸工程、发电厂房工程等子工程项目，可依据项目总进度计划的要求，确立各子项目的进度目标。如图 6-8 所示。

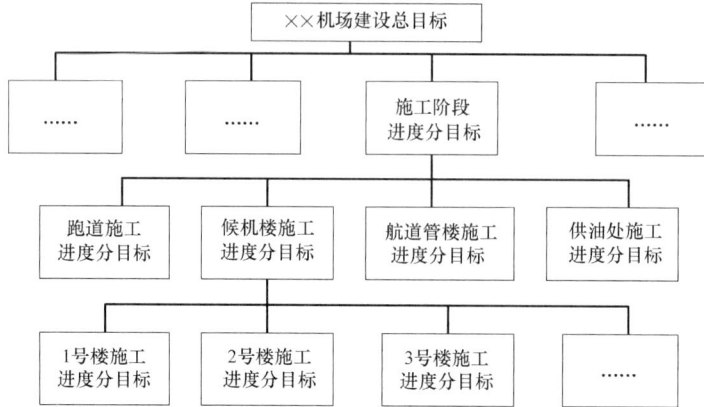

图 6-8　某机场工程项目施工阶段进度目标分解图

3. 按项目实施单位设立分目标

一个项目，通常都是由不同的单位共同完成的。在工程项目实施过程中，这些单位的工作总是相互衔接、交叉进行的，每个单位各阶段工作的进度，对项目总进度目标及相关单位的工作都有很大的影响。因此，也可以按工程项目的实施单位，设立工程项目进度目标要求，以保证各单位之间工作的顺利衔接配合，使工程项目顺利完成。

4. 按时间设立分目标

为便于检查、监督，也可按工程项目进度计划总目标的要求，将工程项目实施进度计划分解成逐年、逐季、逐月的进度计划。这样，可随时检查项目完成情况，提出相应的进度要求。进度目标按何种类型，以多少层次来进行分解，要依据实际需要和具体情况而定。一般情况下，工程项目规模越大，工期要求越紧，其目标分解的层次就越多，按不同类型进行目标分解就越有实际意义。

6.3.4　工程项目进度控制

1. 设计阶段的进度控制

（1）设计进度控制目标体系。

1）设计进度控制总目标。设计进度控制的总目标就是按质、按量、按时间要求提供施工图设计文件。在这个总目标之下，设计进度控制还有各设计阶段目标和专业（水、电、消防、空调等）设计目标。

2）设计阶段进度控制目标。包括三个方面：第一，设计准备目标。它对设计能否顺利进行和缩短设计时间的关系重大，包括：规划设计条件确定的时间目标和设计基础资料提供目标；第二，时间目标。即方案设计、初步设计、技术设计、施工图设计交付时间；第三，各有关阶段设计审批目标。它与设计质量、审批部门工作效率以及送审人员工作态度等有关，特别是设计单位的配合要积极主动。审批手续完成，才是设计各阶段的目标实现。

3）设计进度控制分目标。即将各设计阶段目标进行具体化，分解为备份目标。例如，施工图设计阶段划分为基础设计、结构设计、装饰设计、安装设计等。使设计进度目标构成一个从分目标到总目标的完整目标体系。

（2）设计进度控制计划体系。根据设计工作进度目标，应协助设计单位编制各阶段的设计工作进度计划，其内容如下：

1）设计总进度计划。设计总进度计划是控制自设计准备工作起至施工图设计完成的总设计时间。设计总进度计划包括：设计准备工作、方案设计、初步设计、技术设计及施工图设计各阶段的进度计划。考虑到各阶段审批设计的时间在内，精度以月或半月计。

2）阶段性设计进度计划。阶段性设计进度计划包括：工程设计准备工作计划；单项工程初步设计（技术设计）工作进度计划；施工图设计工作进度控制计划。这些计划的任务是具体控制各阶段的设计进度，实现各设计阶段进度目标，保证设计总进度计划的实现。

3）设计进度作业计划。编制设计进度作业计划的目的是为了实现具体的设计时间目标，指导设计人员实行设计任务承包和控制设计作业进度。其编制依据主要有：施工图设计工作进度控制计划、单项工程建设计工日定额、参加本工程设计人员数。

设计进度作业计划可编制成水平进度计划形式或可应用网络计划技术形式。

（3）设计进度控制措施。

1）设计单位要有计划部门，健全设计技术经济定额，实行设计工作经济责任制。设计单位的计划部门负责编制设计年度计划和建设项目设计的进度计划，并负责计划的实施领导与监督，确保计划完成；设计单位应健全设计技术经济定额，按技术经济定额来编制设计计划和考核设计人员的设计质量、完成的工作量以及设计进度；要实行设计工作责任制，调动和激励设计人员的积极性，将设计人员的经济利益与完成任务的数量和质量挂钩。

2）编制切实可行的设计进度计划并认真执行。在编制计划时，加强各方面的配合，搞好协作，使计划的完成得到保证。认真实施设计进度计划，使设计工作有节奏、有秩序、合理地进行。在执行计划时，加强协调，及时对设计进度进行调整，使设计工作始终处于可控状态。

3）尽量减少施工过程中的设计变更。施工过程中，设计变更直接影响施工进度和损失。应协助设计人员将工程的技术问题在设计过程中周密考虑，予以解决。设计单位尽量避免"三边"设计，要严格遵循基本建设程序办事。

4）设计单位要接受监理单位的进度控制。监理单位应严格按设计合同控制设计工作的进度，加强对设计图纸及说明的审核。

2. 施工阶段的进度控制

施工阶段是工程实体的形成阶段，对其进行进度控制是整个工程项目进度控制的重点。

（1）确定施工阶段进度控制的原则。

1）为更好地满足进度目标的要求，大型工程项目可根据尽早提供可动用单元的原则，集中力量分期分批建设，从进度上缩短工期，尽快地发挥投资效益。这时应保证每一动用单元要包括交付使用所必需的全部配套项目，以形成完整的生产能力。因此，要处理好前期动用和后期建设的关系、每期工程中主体工程与辅助、附属工程之间的关系、地下工程与地上工程之间的关系、场外工程与场内工程之间的关系等。

2）合理安排土建与设备的综合施工。按它们各自的特点，合理安排土建施工与设备基础、设备安装的先后顺序及搭接、交叉或平行施工方法，明确设备工程对土建的要求和土建为设备提供施工条件。

3）结合本工程项目的特点，参考同类工程项目的经验来确定进度目标。防止只按主观愿望定进度目标的盲目性，保持速度适当，既不拖延，也不抢工。

4）做好资金供应、施工力量配备、材料物资到货与进度需要的平衡，尽力保证进度目标的要求而不使其落空。

5）考虑外部协作条件的配合情况，包括施工中及工程项目竣工动用所需的水、电、汽、通信、道路及其他社会服务项目的满足程度和满足时间，必须与有关项目的进度目标协调。

6）现场所在地区地形、地质、水文、气象等方面的限制，或克服限制可能采取的措施。

7）要全面而细致地分析与工程进展有关的主、客观有利与不利因素，使进度目标定得恰当合理，有助于提高计划的预见性和进度控制的主动性。

（2）施工阶段进度控制目标的分解。根据工程项目进度总目标，从以下不同角度进行层层分解：

1）按项目组成分解。将进度总目标细化，作进一步分解的基础。单项工程的进度目标在工程项目总进度计划和工程建设年度计划中都有体现。它也是确定设计进度、进行施工招标的依据，并列入设计、施工承包合同条款。

2）按承包单位分解。对每个单项工程进度目标按承包单位分解为总包和各分包单位的进度目标，列入分包合同，以便落实分包责任，并根据专业工程交叉施工方案和前后衔接条件明确不同施工单位工作面交接的条件和时间。

3）按任务性质分解。劳动力、材料、构配件、机具和设备供应的品种、规格、数量和日期都要按施工进度的需要落实，其他外部协作条件，如上下水、电、道路等市政管线工程施工及其与现场的衔接，现场拆迁、清障、文物、绿化、平整工程和临时占地审批等方面的进度，要紧密配合施工进度目标，按保证工程需要的原则确定各项工作的进度分目标。

4）按施工阶段分解。土建工程可根据工程特点分为基础、结构、内外装修等阶段或分部工程。大型工程还可先划分为工程区段。专业工程的管线配置、设备安装、调试等阶段的划分等，都要突出各阶段之间的衔接时间。特别是不同单位承包的不同阶段工程之间，更要明确划定时间分界点，以它作为形象进度的控制标志，使单项工程动用目标具体化。

5）按计划期分解。按年度、季度和月（旬）度分解的进度目标，必要时进一步细分为周的进度目标，用计划期内应完成的实物工程量、货币工作量及形象进度表示，以更有利于明确对各承包商的进度要求。同时，还可以据此监督其实施，检查其完成情况。计划期愈短，进度目标愈细，进度跟踪就愈及时，发生进度偏差时也就更能有效地采取措施予以纠正。这样，就能形成有计划有步骤地协调施工、长期目标对短期目标自上而下逐级控制、短期目标自下而上逐级保证逐步趋近进度总目标的局面，最终达到工程项目按期竣工交付使用的目的。

（3）施工阶段进度控制的内容。施工阶段进度控制的主要内容包括事前、事中、事后进度控制。事前进度控制是指项目正式施工前进行的进度控制，其具体内容有：

1）编制施工阶段进度控制工作细则。控制工作细则是针对具体的施工项目来编制的，它是实施进度控制的一个指导性文件，其主要内容应包括：施工阶段进度目标分解图；施工阶段进度控制的主要工作内容和深度；人员的具体分工；与进度控制有关的各项工作的时间安排，总的工作流程；进度控制所采取的具体措施（包括进度检查日期、收集数据方式、进度报表形式、统计分析方法等）；进度控制的方法（包括进度检查日期、收集数据方式、进度报表形式、统计分析方法等）；进度目标实现的风险分析；尚待解决的有关问题。

2）编制或审核施工总进度计划。总进度计划的开竣工日期必须与项目总进度计划的时间要求相一致。要审核承包商编制的总进度计划，审核的内容包括：项目的划分是否合理，有无重项和漏项；进度在总的时间安排上是否符合合同中规定的工期，或是否与项目总进度计划中施工进度分目标的要求一致；施工顺序的安排是否符合逻辑，是否满足分期投产的要求，以及通讯是否符合施工程序的要求；全工地材料物资供应的均衡性是否满足要求；劳动力、材料、机具设备供应计划是否能确保施工总进度计划的实现；施工组织总设计的合理性、全面性和可行性如何；进度安排与建设单位提供资金的能力是否一致。

若在审查过程中发现问题，则需要及时向施工总承包商提出，并协助其修改施工总进度计划。

3）审核工程施工进度计划。通常，施工单位在编制单位工程施工进度计划时，除满足关键控制日期的要求外，大多施工过程的安排具有相当大的灵活性，以协调其本身内部各方面的关系。只要不影响合同规定和关键控制工作的进度目标的实现，业主、监理工程师可不予干涉。业主、监理工程师对施工单位提交的单位工程施工进度计划的审核内容主要包括以下方面：进度安排是否满足合同规定的开竣工日期；施工顺序的安排是否符合逻辑，是否符合施工程序的要求；施工单位的劳动力、材料、机具设备供应计划能否保证进度计划的实现；进度安排是否合理，以防止施工单位利用进度计划的安排造成建设单位违约，并以此向建设单位提出索赔；该进度计划是否与其他施工进度计划协调；进度计划的安排是否满足连续性、均衡性的要求。

4）进度计划系统的综合。业主、监理工程师在对施工单位提交的施工进度计划进行审核以后，往往要把若干个相互联系的处于同一层次或不同层次的施工进度计划综合成一个多阶群体的施工总进度计划，以利于进度总体控制。特别是在项目的实施过程中，当工程的规模较大时，若不将进度计划进行综合，而只是形成若干个独立部分，那么，要想迅速而准确地了解某一局部对另一局部的影响或其对总体的影响是非常困难的。

5）编制年度、季度、月度工程进度计划。进度控制人员应以施工总进度计划为基础编制年度进度计划，安排年度工程投资额，单项工程的项目、形象进度和所需各种资源（包括资金、设备、材料和施工力量），做好综合平衡，相互衔接。年度计划可作为建设单位拨付工程款和备用金的依据。此外，还需编制季度和月度进度计划，作为施工单位近期执行的指令性计划，以保证施工总进度计划的实施。最后适时发布开工令。

事中进度控制是指项目施工过程中进行的进度控制，这是施工进度计划能否付诸实现的关键过程。进度控制人员一旦发现实际进度与目标偏离，必须及时采取措施以纠正这种偏差。事中进度控制的具体内容包括：

A. 建立现场办公室，以保证施工进度的顺利实施；

B. 协助施工单位实施进度计划，随时注意施工进度计划的关键控制点，了解进度实施的动态；

C. 及时检查和审核施工单位提交的进度统计分析资料和进度控制报表；

D. 严格进行检查，为了了解施工进度实际状况，避免承包单位谎报工作量的情况，监理工程师需进行必要的现场跟踪检查，以检查现场工作量的实际完成情况，为进度分析提供可靠的数据资料；

E. 做好工程施工进度记录；

F. 对收集的进度数据进行整理和统计，并将计划与实际进行比较，从中发现是否有进度偏差；

G. 分析进度偏差将带来的影响并进行工程进度预测，从而提出可行的修改措施；

H. 调整进度计划并付诸实施；

I. 定期向建设单位汇报工程实际进展状况，按期提供必要的进度报告；

J. 组织定期和不定期的现场会议，及时分析、通报施工进度状况，并协调施工单位之间的生产活动；

K. 核实已完工程量，签发应付工程进度款。

事后进度控制是指完成整个施工任务后进行的进度控制，具体内容有：

A. 及时组织验收工作；

B. 处理工程索赔；

C. 整理工程进度资料。施工过程中的工程进度资料一方面为业主提供有用信息，另一方面也是处理工程索赔必不可少的资料，必须认真整理，妥善保存。

D. 工程进度资料的归类、编目和建档。施工任务完成后，这些工程进度资料将作为监理人员在今后类似工程项目施工阶段进度控制的有用参考资料，应将其编目和建档。

E. 根据实际施工进度，及时修改和调整验收阶段进度计划及监理工作计划，以保证下一阶段工作的顺利开展。

复习思考题

1. 什么是项目进度管理？项目进度管理的作用是什么？

2. 工程项目进度管理主要方法有哪些？

3. 流水作业的影响因素有哪些？

4. 简述施工阶段进度控制的重点。

第7章 工程项目质量与安全管理

7.1 工程项目质量管理概述

7.1.1 工程项目质量

1. 工程项目质量含义

根据我国国家标准和国际标准，质量的定义是"反映产品或服务满足明确或隐含需要能力的特征和特性的总和"。产品或服务是质量的主体。简单地说，所谓质量，一是必须符合规定要求，二是要能够满足用户期望。

工程项目质量，是指工程项目所固有的特性满足要求的程度，是国家现行的有关法律、法规、规范、规程、技术标准、设计文件及工程合同对工程项目的安全、适用、经济、美观等性能在规定期限内的综合要求。工程项目质量有普遍性和特殊性两个方面，普遍性由国家的相关法律、法规予以规定；特殊性则根据具体的工程项目和业主的要求而定。

具体而言，工程项目质量的内涵主要表现在如下六个方面：

（1）可靠性。工程项目的可靠性是要求每一个工程在规定的时间内、规定的条件下，具有完成人们预定功能的能力。对一个建设工程来说，它必须具有坚实可靠的能力，足以承担它所负载的人和物的重量，风、雨、雪和地层等自然灾害的侵袭，使人们在其内部空间生产和生活活动时具有一定的安全感。这种可靠性，一方面来自设计质量，另一方面来自施工质量，而质量监督的主要内容就是服务于建设工程的可靠性。

（2）安全性。工程项目的安全性，是指工程项目建成以后保证结构安全，保证人身和环境免受危害的可能性。工程项目结构的安全度、抗震、耐久性及防火能力，人民防空工程的抗辐射、抗核污染、抗爆炸等能力是否能达到特定的要求，都是安全性的重要标志。工程项目交付使用后必须保证人身财产、工程整体都能免遭工程结构破坏及外来危险的伤害。

工程项目的组成部件也要保证使用者的安全。无论是阳台的栏杆、楼梯的扶手、窗框及窗玻璃、灯具安装、电气产品的漏电保护、电梯及各类设备的运行等等，都要确保在正常使用情况下不发生对人身的伤害事故。

（3）适用性。工程项目的适用性即工程项目建成后性能必须能够满足使用过程中的各项要求。如民用住宅工程项目是能使居住者安居；工业厂房要能满足生产活动的需要；道路、桥梁、铁路、航道要能通达便捷；防汛墙、防洪堤要能抵御洪水泛滥；港口、码头等各类设施、各类公共建筑、园林、绿化都要能实现其设计和建设意图。

（4）耐久性。工程项目的耐久性即寿命，是指工程项目确保安全并能够正常使用的年限，也是工程项目竣工以后合理使用的寿命周期。由于工程项目的结构类型不一、质量要求不一、施工方法不一、使用性能不一的个性特点。目前国家对建设工程合理使用寿命期还缺乏统一的规定，仅在少数行业标推上提出了明确的要求。如民用建筑主体结构耐久年限分为四级（15～30年、30年、50年、50～100年、100年以上）；公路工程设计年限一般按等级控制在10～20年；城市道路工程视不同道路构成和所用的材料不同，其设计的使用年限也有所不同。

对工程项目的组成部件，也视生产厂家设计的产品性质及工程项目的合理使用寿命而规定不同的耐久年限。如塑料管道一般不超过50年；屋面防水年限可按建筑类别分为5年期、10年期、15年期、25年期不等；卫生洁具一般使用30年；电梯一般使用20年等等。以现代观念来讲，合理的使用寿命正随人们生活节奏的变革而加快节奏。如住宅工程的内外装饰、卫生洁具乃至门窗玻璃以及城市道路的面层都在加快更新周期，以适应使用者追求新潮的需要。

（5）经济性。是指工程项目从规划、勘察、设计、施工，直到整个工程使用寿命期内的成本和消耗。工程项目的经济性具体表现为立项决策成本、设计成本、施工成本、使用成本四者之和，包括从项目建议书、可行性研究、征地、拆迁、勘察、设计、采购（材料、设备）、施工、配套等建设全过程的总投资费用和工程使用阶段的成本如能耗、水耗、维护、保养乃至改建更新的费用。2000年国家建设部颁布了《民用建筑节能管理规定》，作为《建设工程质量管理条例》的配套文件，《规定》明确指出：工程建设单位未按照节能标准进行设计又没按标准修改的，要进行处罚，要依靠科技进步进行"三改"（对墙体、门窗、供暖方式进行改革）。据统计，建筑能耗占全国能耗的25%。其中建筑采暖、空调、照明等占14%、建设建造主要是工程施工能耗占11%。建筑节能不仅能节约能源，对环境保护也很重要，应通过分析比较，判断工程项目是否符合经济性的要求。

（6）美观及与环境的协调性。建设工程质量不仅表现为其使用价值，而且还有观赏价值。俗称建筑是凝固的音乐，建筑物的空间、尺度、线条、造型、装饰、色调等都将形成一定社会的、道德的、文化的、美学的艺术效果。许多公共建筑一旦建成，它将给城市增添特色，成为供人们观赏的标志性建筑或新的旅游景观。因而工程项目具有很强的社会性。工程项目规划、设计、施工质量的好坏，受益和受害的都不仅仅是使用者，而是整个社会。它不仅影响城市的规划，而且将影响社会可持续发展的环境。建设工程可能会给城市带来园林绿化、环境卫生、噪声污染等问题，所以工程立项与实施必须经过环保等部门的审批。

2. 工程项目质量的特点

由于工程项目产品与一般工业产品相比，具有特殊的性质。工程项目的特殊性质决定了工程项目质量的如下特点：

（1）影响因素多。工程项目不仅受工程项目决策、勘察设计、工程施工的影响，还要受到材料、机械、设备的影响。对工程所在地的政治、经济、社会环境以及气候、地理、地质、资源等影响也不能忽视。由此可见，影响工程项目的因素较多。

（2）质量波动大。工程建设因其复杂性、单件性，不像一般工业产品的生产那样有固定的生产流水线、规范化的生产工艺、完善的检测技术、成套的生产设备、稳定的生产环境以及相同系列规格和相同功能的产品，所以其质量波动大。同时，建设项目的周期长，实施过程中情况不断变化，许多新因素不断加入，这就给工程项目质量管理带来难度。

（3）质量存在系统性联动。由于影响工程质量的因素较多，任何因素出现了问题，均会影响到整个工程建设系统的质量。如材料规格、品种使用错误、施工方法不当、操作未按规程进行、机械故障和设计计算失误等等，均会导致工程项目质量的系统性联动，产生工程质量事故。

（4）质量具有隐蔽性。工程项目在施工过程中，由于工序交接多，如果在施工过程中不及时进行监督检查，事后很难发现内在的质量问题。如表面上质量尽管很好，但可能混凝土已经失去了强度，钢筋已经被锈蚀得完全失去了作用。诸如此类的工程质量问题是很难通过肉眼判断出来的，有时即使使用检测工具也不一定能发现问题。工业产品可以进行拆卸和解体，对于不合格的零件可以进行更换，而工程项目不可能将产品拆卸和解体来检查其内在的质量，其终检无法进行项目内在的质量检验、无法发现隐蔽的质量缺陷，更无法进行部件的更换。所以必须加强过程中的监督检查。

7.1.2 工程项目质量管理

1. 工程项目质量管理含义

质量管理（Quality Management）是组织围绕使产品质量满足不断更新的质量要求而开展的策划、组织、计划、实施检查和监督审核等所有管理活动的总和，是企业全部管理职能的一个方面。

工程项目质量管理是工程项目各项管理工作的重要组成部分，是工程项目从施工准备到交付使用的全过程中，为保证和提高工程质量所进行的各项组织管理工作。工程项目质量管理包括为实现工程项目质量目标而制定的总体规划、资源配备及其他与工程项目质量有关的系统活动。与质量有关的活动，通常包括质量方针和质量目标的建立，质量策划，质量控制，质量保证和质量改进。因此，工程项目质量管理可进一步解释为：确定和建立工程项目质量方针、目标和职责，并在质量体系中通过诸如质量策划、质量控制、质量保证和质量改进等手段来实施的全部管理职能的所有活动。

2. 工程项目的全面质量管理

人类在质量管理的发展过程中经历了三个阶段：质量检验阶段、统计质量控制阶段、全面质量管理阶段。在质量检验阶段，企业中设置专职的质量检验部门和人员，通过严格检验来控制保证产品的质量。这对提高产品的质量有显著的效果，但是检验质量管理属于事后把关，不能事先预防废次品的产生和避免所造成的损失；在统计质量控制阶段，人们采用数理统计方法对生产过程中的工序进行质量控制，质量管理由事后检验改为预先控制，但是统计质量管理过分强调数量统计知识而忽视广大生产与管理人员的作用，偏重于工序管理而没有对产品形成过程进行控制；在全面质量管理阶段，人们扩大了质量的概念和重要性，认为产品质量形成于生产的各个阶段，必须拓宽质量管理的工作范围。在今天，全面质量管理的基本观点、基本方法和基本工具在工程项目质量管理和控制中得到广泛的应用。

（1）全面质量管理（Total Quality Management，TQM）的含义。关于全面质量管理在不同的文献中定义也略有不同，ISO 8402—1994《质量管理和质量保证术语》的定义为：一个组织以质量为中心，以全员参与为基础，目的在于通过让顾客满意和本组织所有成员及社会收益而达到长期成功的管理途径。在菲根堡姆的《全面质量管理》一书中则定义为：为了能够在最经济的水平上并考虑到充分满足顾客要求的条件下进行市场研究、设计、制作和售后服务，把企业内各部门的研制质量、维持质量和提高质量的活动构成为一体的一种有效的体系。

综合上述观点，可以给工程项目的全面质量管理下一个定义：以工程项目质量为中心，以全员参与为基础，建立起一整套完整的质量体系，对工程项目全过程进行控制，最终建成适用、经济、可靠、安全的工程。

工程项目的全面质量管理包括以下几个方面：

1）全面的质量管理方法。全面质量管理是相对于广义的质量概念而言的，不仅要对产品本身的质量进行管理，还要对工作质量、服务质量进行管理；不仅要对产品可靠性、安全性进行管理，还要对产品的适用性、经济性、美观性等进行管理。总之，是对各个方面的质量进行管理。

2）全过程的质量管理。产品质量是一个产生、形成、实现的过程。全面质量管理的范围包括从工程项目的立项、设计、采购、施工、竣工验收直到回访保修这一整个过程。也就是说把产品质量形成全过程的各个环节进行系统化的管理，形成一个综合性的质量管理工作体系。每一道工序都有质量标准，严把质量关，防止不合格品进入下一道工序。

3）全员质量管理。提高工程项目质量依赖于上自项目经理下至一般员工的全体人员的共同努力。因此，质量管理必须把项目全体员工的积极性和创造性充分调动起来，人人关心工程项目质量，人人用自己的工作质量来保证工程质量，全员参加质量管理，这是搞好质量管理的基础。全面质量管理强调企业中每个员工明确自身在组织中的职责，通过权限下放，实行各级人员的自主管理，对自己的工作负责，最终实现组织整体效果的最佳化。

（2）全面质量管理的基本方法。全面质量管理的基本方法为 PDCA 循环法。美国智力管理专家戴明博士把全面质量管理活动的全过程划分为计划（Plan）、实施（Do）、检查（Check）、处理（Action）四个阶段。即按计划→实施→检查→处理四个阶段周而复始地进行质量，这四个阶段不断循环下去，故称 PDCA 循环（如图 7-1）。它是提高产品质量的一种科学管理工作方法，还可具体细分为 8 个步骤：

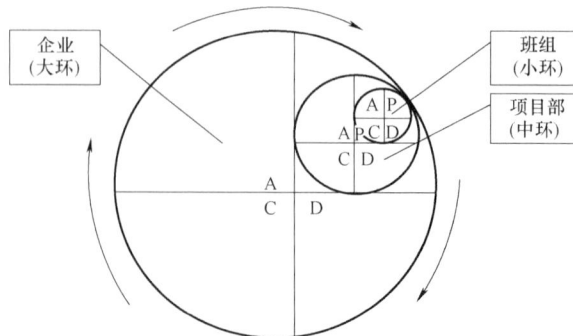

图 7-1　PDCA 循环图

1）计划阶段。主要是按照用户的要求，并根据本企业生产技术条件的实际可能，进行工程施工计划安排和编制施工组织设计。

步骤一：分析现状，找出存在的主要质量问题，并尽可能用数据加以说明。

步骤二：找出产生问题的各种因素，要从组织内部、外部、影响质量的人员、机械、材料、方法（工艺）和环境等多方面因素进行分析。

步骤三：找出影响质量的主要因素。影响质量的因素往往是多方面的，分析时应找出主要影响因素，由此解决质量问题。

步骤四：针对影响质量的主要因素，制订具体明确的活动计划和措施。计划和措施中体现为什么订计划、达到的目标、采用何种手段和谁来执行等具体内容。

2）执行阶段。主要是按照计划阶段制定的计划组织施工生产，并且要全面保证施工的工程质量符合国家标准要求。

步骤五：执行既定的措施、计划。

3）检查阶段。主要是对已施工的工程执行情况进行检查和评定。

步骤六：根据计划的内容和要求，检查实施结果，检查是否达到了预期的效果。

4）处理阶段。主要是按照用户的意见和检查阶段中评定意见进行总结处理，凡属合理部分编成标准，以备将来再次执行。

步骤七：根据检查结果进行总结，把成功的经验和失败的教训都纳入有关的标准、制度和规定之中，实行标准化，巩固已取得的成绩。

步骤八：提出这一循环尚未解决的问题，转入下一个 PDCA 循环中。

PDCA 循环具有以下三个特点：

1）大环套小环，互相促进。整个项目组织是一个大的 PDCA 循环，各部门又有各自的 PDCA 循环，依次划分。上一级 PDCA 循环是下一级 PDCA 循环的根据；下一级 PDCA 循环是上一级 PDCA 循环的贯彻落实、具体化。

2）PDCA 不是简单的循环、而应经过每次循环都上一个台阶，即形成"朱兰螺旋"（见图 7-2），每一次循环都有新内容和目标，都解决了一批问题，提高了质量水平。

3）推动 PDCA 循环，关键在于"总结"阶段，指总结经验、肯定成绩和纠正错误，这是 PDCA 循环上升、前进的关键。

3. 工程项目质量管理原则

在近年来质量管理理论和实践的基础上，在 ISO 9000—2000 标准中提出了八项质量管理原则，是项目组织领导做好质量管理工作必须遵循的准则。八项质量管理原则已经成为改进项目组织业绩的框架，可帮助项目组织实现工程项目质量目标。

（1）以顾客为中心（Customer Focus）。组织依存于其顾客，因此，组织应理解顾客当前的和未来的需求，满足顾客要求并争取超出期望。项目组织是通过完成项目的建设来满足业主（顾客）需求的。因此项目组织应保证工程项目能满足业主的要求。

（2）领导作用（Leadership）。强调领导作用是因为质量管理体系是由最高管理者推

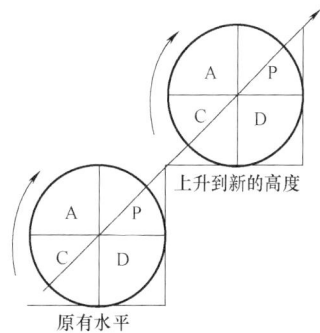

上升到新的高度

原有水平

图 7-2　PDCA 的"朱兰螺旋"

动的，质量方针和质量目标是领导组织策划的，组织机构和职能分配是领导确定的，资源配置和管理是领导决定和安排的，顾客和相关方的要求是领导确认的，质量管理体系改进和提高是领导决策的。项目组织能否通过质量管理体系的建立和实施来贯彻质量方针，实现质量目标，关键在于领导。领导者应将本组织的宗旨、方向和内部环境统一起来，并创造使员工能够充分参与实现组织目标的环境。

（3）全员参与（Involvement of People）。各级人员是组织之本，只有他们的充分参与，才能使他们的才干为组织带来最大的收益。项目组织最重要的资源之一就是全体员工。实施全员参与这一质量管理原则，将会调动全体员工的主动性和创造性，努力工作、勇于负责、持续改进、做出贡献，这对提高质量管理体系的有效性和效率具有极其重要的作用。

（4）过程方法（Process Approach）。将相关的资源和活动作为过程进行管理，可以更高效地得到期望的结果。过程管理体现了 PDCA 循环改进质量活动的思想。

（5）管理的系统方法（System Approach to Management）。是将相互关联的过程作为系统加以识别、理解和管理，有助于提高项目组织实现目标的有效性和效率。系统方法包括系统分析、系统工程和系统管理三大环节，在质量管理中采用系统方法，就是要把质量管理体系作为一个大系统，对组成质量管理体系的各个过程加以识别、理解和管理，以实现质量方针和质量目标。

（6）持续改进（Continual Improvement）。持续改进是组织的一个永恒目标。为了满足业主和其他相关方对质量更高期望，为了赢得竞争的优势，必须不断地改进和提高项目质量。

（7）基于事实的决策方法（Factual Approach to Management）。有效决策建立在数据和信息分析的基础上，即项目组织应收集各种以事实为根据的信息和数据，采用科学的分析方法，得出工程项目质量活动发展的趋势，及时地发现问题、解决问题并预防问题的发生。

（8）互利的供方关系（Mutually Beneficial Supplier Relationships）。供方是项目供应链上的第一个环节，供应的过程是质量形成过程的组成部分。供方的质量直接影响项目质量，在项目组织的质量效益中包含有供方的贡献。通过互利关系，可以增强组织及其供方创造价值的能力。

7.1.3 工程项目质量控制

质量控制（Quality Control）是为满足质量要求所采取的作业技术和活动。所谓工程项目质量控制，是指致力于满足工程质量要求，也就是为了保证工程质量满足工程合同、设计文件、技术规范标准等所规定的质量标准所采取的一系列措施、方法和手段。

工程项目质量的形成是一个系统的过程，在如图 7-3 所示的工程项目控制过程中，任何一个方面出现问题，必然会影响后期的质量控制，进而影响整个工程的质量目标。要控制工程项目的质量就应按照程序依次控制各阶段的工程质量。

根据实际工作的统计，各种原因引起工程项目质量问题的比例如图 7-4。从图中可以看出，设计、施工、材料方面的原因是影响工程项目质量的主要因素。

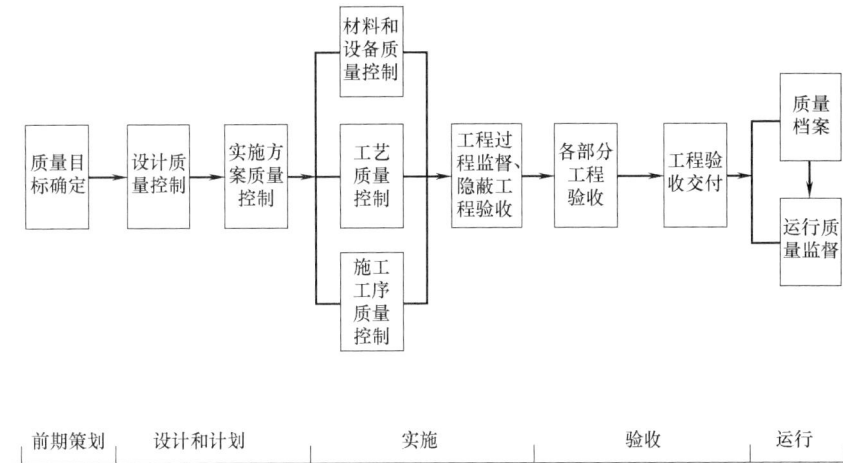

图 7-3 工程项目质量控制过程

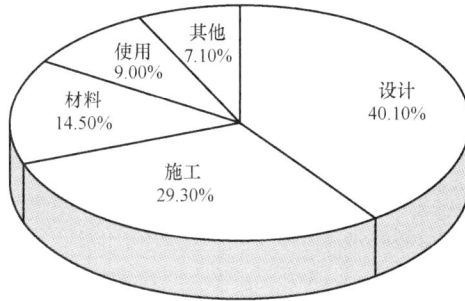

图 7-4 工程项目质量问题原因图

7.2 工程项目质量控制

7.2.1 工程设计质量控制

1. 工程项目设计质量控制概述

工程项目设计质量是指在严格遵守技术标准、法规的基础上，正确处理和协调资金、资源、技术、环境、时间条件的制约，使设计项目能更好地满足业主所需要的功能和使用价值，充分发挥项目投资的经济效益和社会效益。

具体来说，工程项目设计质量的内涵包括以下几个方面：

（1）工程项目功能、使用价值的满足程度；

（2）工程项目设计的安全、可靠性；

（3）工程项目与自然及社会环境的协调性；

（4）工程概（预）算的经济性；

（5）设计进度的时间性；

（6）施工阶段的服务性。

设计质量的诸方面是相互联系的，它们之间既有相互制约的一面，又有相互促进的一面。设计人员应在这些方面取得较好的平衡。

设计质量控制是指为达到设计质量要求所采取的作业技术和活动。在设计过程中要定期地审查设计文件，并将其与设计质量目标进行对照比较，发现不符合要求的就要请设计予以修改。设计质量控制，是要追求设计质量的合理化，亦即在一定投资限额下，能达到业主所需要的最佳功能和质量水平。因此，设计质量的控制要基于对业主投资意图、所需功能和使用价值正确地分析、掌握和理解，正确处理和协调业主所需功能与资金、资源、技术、环境和技术标准、法规之间的关系。

2. 工程项目设计质量控制的要求

设计质量控制总的要求是：在满足业主对工程项目的功能和使用价值需要的情况下，正确处理业主的需要与投资、资源、技术、环境、标准、法规之间的关系，尽量做到适用、经济、美观、安全、节能、节约用地、生态环保和可持续发展等综合协调工作。

设计质量控制的具体要求是：

（1）工程设计必须符合有关工程建设及质量管理方面的法律、法规，例如有关城市规划、建设用地、市政管理、环境保护、污染治理、工程质量等方面的法律、法规；

（2）工程设计必须符合有关工程建设的技术标准和规范，如各种设计规范、规程、标准，设计参数的定额、指标、造价等，必须执行国家规定的强制性要求；

（3）工程设计必须符合经过批准的工程项目建议书、工程项目可行性研究报告、工程项目评估报告及选址报告的内容要求；

（4）工程设计必须能体现业主建设意图的设计规划大纲、设计纲要和设计合同等。设计文件要满足施工要求，不能因设计原因影响工程进度和工程质量；

（5）工程设计应反映工程项目建设过程中和建成后所需要的有关技术、经济、资源、社会协作等方面的协议、数据和资料；

（6）设计图纸要齐全，各方面的计算要准确，技术要求要明确，设计单位有义务帮助施工单位了解和掌握图纸要求和设计意图。

3. 工程项目设计质量控制的内容

工程项目设计质量受到多种因素的影响，不同主体应该从不同方面对工程项目设计质量的影响因素进行控制，形成一股"合力"，切实保障工程项目的设计质量。

（1）政府对工程项目设计质量的控制。国家和地方建设行政主管部门和其他有关部门为维护社会公共利益，保证技术性法规和标准贯彻执行，通过对设计单位资质的审批和管理，对设计市场进行宏观控制和指导，以及对设计方案的审查和初步设计的审批，组织设计质量的年度检查及设计项目评优等工作，来实现对设计质量的控制。政府对设计质量控制的主要依据是有关法律文件和法定技术标准，其特点是外部的、纵向的、强制的控制。

政府方面控制的主要内容包括：工程设计是否遵守城市建设总体规则；工程设计是否达到环境保护的要求；工程设计标准是否达到防灾、抗灾要求，如抗震、人防、消防等；设计单位资质是否符合要求，有无越级设计、无证设计等。

（2）设计单位对工程项目设计质量的控制。为确保设计工作质量，设计单位应着重控制如下环节：

1）协调各专业设计的质量水平相一致。一个设计项目，不管是在设计准备阶段，还是在施工图设计阶段，一般都具有总图、土建、设备、电气、给水排水、动力、暖通、环保等专业设计，不仅单个专业设计质量要保证，各个设计相互之间的协调配合程度对项目的整体质量水平也会产生重要的影响，这是由建筑产品制造的综合性所客观决定的。对于建设项目设计由一家设计单位承担时，应设立一个由总设计师为首的核心领导班子，负责各专业设计间的协调工作，并对整体设计质量负责。当由数个单位共同承担设计时，应指定一个主体设计单位负责组织协调各部分设计单位，并同样承担设计方案的整体质量责任。

2）设计单位应对每一个设计项目编制设计计划，明确划分设计阶段，对设计任务进行分配，规定各阶段质量活动的工作内容，落实有关部门、人员的职责和权限，并提出设计进度。在设计计划中要加强接口的控制，确保各设计阶段之间的衔接和各专业之间衔接。

3）对设计输入进行评审，确保设计输入完整、合理和明确。评审的内容包括设计难点及解决的方法、施工的可能性，需方要求是否符合有关的法规与标准等。

4）严格进行设计方案的选择与审核。设计方案的合理性和先进性是项目设计质量的基础，重要项目的设计方案需认真研究讨论。设计方案包括总体方案和专业设计方案。对生产性建设项目，总体方案特别应注意设计规模、生产工艺及技术水平的审核。专业设计方案的选择与审核，重点是设计参数、设计标准、设备和结构选型、功能和使用价值等方面，是否满足适用、经济、美观、安全、可靠等要求。

5）建立设计质量的内部评审制度。工程项目设计完成后，设计单位应适时对项目设计质量组织评审，总结经验，对存在的质量问题进行分析研究，相互交流、提高。

（3）施工单位对工程项目设计质量的控制。尽管设计质量主要由设计单位负责，但是施工单位可从以下几个方面对设计质量进行控制：

一是积极地参与设计方案的讨论、审订和图纸会审，特别是对于某些有特殊施工工艺要求的工程，参与设计方案的讨论是很重要的。这样做不仅是考虑施工方便，而且可将通过回访得到的用户意见和要求反馈给设计部门。

二是主动向设计单位提供有关本企业的技术装备、施工技术水平和工程质量保证情况等资料，使其设计尽量地考虑施工单位的实际水平。

三是做好施工过程中的技术核定，及时修改不符合现场实际的设计差错或原设计方案。

（4）业主对工程项目设计质量的控制。我国目前实行项目业主责任制，业主对项目的最终质量负有最直接的责任。作为项目建设的甲方，要选择具有相应资质与级别的设计单位。设计单位和人员的选择合适与否对工程项目的设计质量有根本性的影响。如果业主没有足够的重视，甚至贪图一时的方便和省钱而将工程委托给不合格的设计单位，就会给工程项目带来很大的经济损失和质量问题，故应严格选择工程项目设计单位和人员。在选择设计单位过程中，应避免"人情项目"、"领导项目"的出现。除了加强领导自身道德修养之外，尽量不采用由上级主管部门指定或建设单位委托某一设计单位的方式，最好采用公开招标，加强设计招标全过程的透明度。另外，可以建立"招标回避制度"，即当设计招标相关人员与某一投标单位存在利害关系时，应予以回避，以排除各种人为因素的干扰。

此外，现在我国许多设计单位实行承包设计责任制，指标到人、任务到人，并推行提成的方法，鼓励所有人员接受设计任务。这种作法一定程度上降低了设计的质量。更严重的是有些低级别的设计单位挂靠在高级别的设计单位，从而使其能承接设计范围之外的设计任务，加大了工程的质量风险。因此甲方在审查设计单位时情况时应尽可能详细，以免选择失误。审计部门在条件允许的前提下，可在此阶段介入，着重审计中标设计单位的资质与级别。

在设计质量控制方面，业主还应委托并授权监理单位对设计质量进行控制。

（5）审计部门对工程项目设计质量的控制。在国外，对设计工作质量的审计会受到审计部门的高度重视，其目的是为了督促设计部门在进行项目设计时能更多地考虑设计方案的综合效益性。目前我国的审计实务中还没有开展深入的设计质量审计，审计部门通常只是对设计程序的正规性、设计文件的完整性和设计收费的合理性方面进行程式化审计，并未涉及到设计方案本身，不利于及时发现设计方案中存在的隐患。当然，这项工作的开展对审计人员个人综合能力的要求比较高，相关介入制度也需出台，但这将是中国建筑业与国际接轨的必然趋势。

（6）设计监理对工程项目设计质量的控制。设计监理是监理单位受业主的委托和授权对工程设计阶段进行的微观监督管理活动。大力推行设计监理是加强设计质量控制的重要方法。目前，我国的建设监理主要是对项目施工阶段的监理，设计监理做的较少。为了进一步保证工程质量，建设单位应从设计阶段起委托监理单位介入设计质量监督，采取措施加大对设计监理的推广力度。

7.2.2　工程采购质量控制

项目采购管理是工程项目管理的重要组成部分，是工程项目建设的物质基础。一般来说，项目的采购支出约占项目总投资额的 50% 以上，因此，采购能否有效地进行，既影响工程的成本和进度，对工程项目的质量也有着直接的影响。

工程项目采购主要是对建筑材料、建筑构配件、生产设备及各种配套附属设备等的采购，其中设备由于单价高、技术复杂，其质量控制是项目采购质量管理的重点内容。为确保工程建设项目的整体质量，监理工程师也要做好设备质量的控制工作。

采购设备，可采取市场采购、向制造厂商订货或招标采购等方式，采购质量控制主要是采购方案的审查及工作计划中质量要求的明确。

1. 市场采购设备的质量控制

市场采购方式由于局限性大，不易达到设备采购的目的，而且采购的设备质量和花费的设备费用往往受到采购人员的业务经验和工作作风的影响，因而一般只用于小型通用设备的采购。

建设单位直接采购，监理工程师要协助编制设备采购方案；总包单位或设备安装单位采购，监理工程师要对总承包单位或安装单位编制的采购方案进行审查。市场采购设备的质量控制要点如下：

（1）为使采购的设备满足要求，负责设备采购质量控制的监理工程师应熟悉和掌握设计文件中设备的各项要求、技术说明和规范标准。这些要求、说明和标准包括采购设备的名称、型号、规格、数量、技术性能、适用的制造和安装验收标准，要求的交货时间及交货方式与地点，以及其他技术参数、经济指标等各种资料和数据，并对存在的问题通过建设单位向设备设计单位提出意见和建议。

（2）总承包单位或设备安装单位负责设备采购的人员应有设备的专业知识，了解设备的技术要求，市场供货情况，熟悉合同条件及采购程序。

（3）由总包单位或安装单位采购的设备，采购前要向监理工程师提交设备采购方案，经审查同意后方可实施。对设备采购方案的审查，重点应包括以下内容：采购的基本原则，保证设备质量的具体措施，依据的图纸、规范和标准、质量标准，检查及验收程序，质量文件要求等。

2. 向生产厂家订购设备的质量控制

选择一个合格的供货厂商，是向厂家订购设备质量控制工作的首要环节。为此，设备订购前要做好厂商的评审与实地考察。

对供货厂商进行评审的内容可包括以下几项：

（1）供货厂商的资质；

（2）设备供货能力；

（3）近几年供应、生产、制造类似设备的情况；目前正在生产的设备情况、生产制造设备情况、产品质量状况；

（4）过去若干年的资金平衡表和负债表；下一年度财务预测报告；

（5）要另行分包采购的原材料、配套零部件及元器件的情况；

（6）各种检验检测手段及试验室资质；企业的各项生产、质量、技术、管理制度的执行情况。

在初选确定供货厂商名单后，项目监理机构应和建设单位或采购单位一起对供货厂商做进一步现场实地考察调研，提出监理单位的看法，与建设单位一起做出考察结论，选出合格的供货商。

3. 招标采购设备的质量控制

设备招标采购一般用于大型、复杂、关键设备和成套设备及生产线设备的订货。选择合适的设备供应单位是控制设备质量的重要环节。在设备招标采购阶段，监理单位应该当好建设单位的参谋和帮手，把好设备订货合同中技术标准、质量标准的审查关。

（1）掌握设计对设备提出的要求，协助建设单位起草招标文件、审查投标单位的资质情况和投标单位的设备供货能力，做好资格预审工作。

（2）参加对设备供货制造厂商或投标单位的考察，提出建议，与建设单位一起做出考察结论。

（3）参加评标、定标会议，帮助建设单位进行综合比较和确定中标单位。评标时对设备的制造质量、设备的使用寿命和成本、维修的难易及备件的供应、安装调试、投标单位的生产管理、技术管理、质量管理和企业的信誉等几个方面做出评价。

（4）协助建设单位向中标单位或设备供货厂商移交必要的技术文件。

7.2.3 工程施工质量控制

工程施工是使工程设计意图最终实现并形成工程实体的阶段，也是最终形成工程产品质量和工程项目使用价值的重要阶段。因此，施工阶段的质量控制不但是施工监理重要的工作内容，也是工程项目质量控制的重点。施工阶段的质量控制，实质是监理工程师组织各施工单位，按工程合同及设计图纸规定的质量标准进行建设的过程。

1. 施工质量控制的系统过程

施工阶段的质量控制是一个由对投入的资源和条件的质量控制，进而对生产过程及各环节质量进行控制，直到对所完成的工程产出品的质量检验与控制为止的全过程的系统控制过程。

按工程实体质量形成过程的时间阶段划分，施工阶段的质量控制可以分为施工准备控制、施工过程控制和竣工验收控制三个环节。施工准备控制指在各工程对象正式施工活动开始前，对各项准备工作及影响质量的各因素进行控制，这是确保施工质量的先决条件；施工过程控制指在施工过程中对实际投入的生产要素质量及作业技术活动的实施状态和结果所进行的控制，包括作业者发挥技术能力过程的自控行为和来自有关管理者的监控行为；竣工验收控制是指对于通过施工过程所完成的具有独立的功能和使用价值的最终产品（单位工程或整个工程项目）及有关方面（例如质量文档）的质量进行控制。

在工程项目质量控制的系统过程中，无论哪一阶段，都应当对影响工程实体质量的五个重要因素，即对施工有关人员因素、材料（包括半成品、构配件）因素、机械设备因素（生产设备及施工设备）、施工方法（施工方案、方法及工艺）因素以及环境因素等进行全面的控制。

2. 施工阶段质量控制的依据

施工阶段监理工程师进行质量控制的依据，大体上有以下四类：

（1）工程承包合同文件。工程施工承包合同文件规定了参与建设的各方在质量控制方面的权利和义务的条款，有关各方必须履行在合同中规定的有关质量的承诺。监理工程师要履行委托监理合同的条款，督促有关单位履行有关的质量控制条款。

（2）设计文件。工程设计规定了工程质量的固有特性，"按图施工"是施工阶段工作的重要原则，因此，经过批准的设计图纸和技术说明书等设计文件，是质量控制的重要依据。施工单位和监理工程师要全面熟悉图纸，掌握设计意图和质量要求。

（3）法律法规性文件。国家及政府有关部门颁布的有关质量管理方面的法律、法规性文件，如《建筑法》、《建设工程质量管理条例》以及各行业主管部门制定和颁发的有关法规性文件等。

（4）有关质量检验与控制的专门技术法规性文件

主要是有关部门针对不同行业、不同质量控制对象而制定的技术法规性文件，包括各种有关的标准、规范、规程或规定。

除此以外，在施工过程中，工序质量控制及原材料、半成品、构配件的质量控制还须以如下专门技术法规或规定作为控制依据：

1）有关建筑安装作业的操作规程。如电焊操作规程、抹灰操作规程、油漆操作规程等。

2）有关工程施工规程及验收规范。如地基与基础施工及验收规范、钢筋混凝土工程施工及验收规范等。

3）凡采用新材料、新工艺、新技术、新结构的工程，均应事先进行试验，并提交权威技术检验部门关于其技术性能的鉴定书或相应级别的技术鉴定。

4）有关产品的技术标准。

5）有关试验、取样的技术标准。

6）有关材料验收、包装、标志的技术标准。

3. 施工质量全过程控制

如前所述，施工质量控制是一个全过程的系统控制过程，只有严格对施工全过程进行质量控制，才能实现项目质量目标。以下从施工准备阶段、施工阶段、竣工验收阶段这一全过程的施工质量控制。

（1）施工准备阶段的质量控制。

1）审查施工单位的技术资质。虽然对于施工单位的技术资质，已在施工招标中进行了审查。但在施工过程中，还应对整个施工队伍的技术资质进行连续不断的审查和评价。施工单位的资质等级要与承担的工程项目要求相一致，参与施工的人员技术水平要与工程技术要求相适应。发现不合格人员，有权要求施工单位及时换人。

2）对施工组织设计和质量计划进行审查。施工组织设计，包括施工方案、施工方法、进度计划、施工措施、平面图布置等等。施工组织设计是施工准备和施工全过程的指导性文件。对施工组织设计，要着重审查：施工组织设计的编制、审查和批准应符合规定的程序；施工组织设计应符合国家的技术政策，充分考虑承包合同规定的条件、现场条件及法规条件的要求，突出"质量第一、安全第一"的原则；施工组织设计要有较强的针对性；施工组织设计要有可操作性，即切实可行；采用的技术方案和措施先进、适用、成熟；质量管理体系和技术管理体系健全完善；施工现场安全、环保、消防和文明施工符合规定等。

3）对进场的原材料、构配件和设备的监控。进场的原材料、构配件和设备经施工单位自检后，监理工程师对检查合格产品进行审核。凡是不合格的不能进入现场，更不得在施工中使用。

4）对施工机械设备的监督。施工机械设备的选择，应考虑施工机械的技术性能、工作效率、工作质量、可靠性和维修难易、能源消耗，以及安全、灵活等方面对施工质量的影响与保证。还要审查施工机械设备的数量是否足够保证施工质量以及所准备的机械设备是否与咨询（监理）工程师审查认可的施工组织设计或施工计划中所列者相一致、是否处于完好的可用状态等等。

5）组织设计交底会议。工程施工前，由设计单位向施工单位有关人员进行设计交底，其主要内容包括：地形、地貌、水文气象、工程地质及水文地质等自然条件；施工图设计依据，如初步设计文件、规划、环境等要求，设计规范；设计意图，如设计思想、设计方案比较、基础处理方案、结构设计意图、设备安装和调试要求、施工进度安排等；以及各类施工注意事项，如对基础处理的要求，对建筑材料的要求，采用新材料、新工艺的要求，施工组织和技术保证措施等。

交底后，由施工单位提出图纸中的问题和疑点，以及要解决的技术难题。经协商研究，拟定出解决办法。

6）组织图纸审核。图纸审核是设计单位和施工单位进行质量控制的重要手段，也是使施工单位通过审查熟悉设计图纸，了解设计意图和关键部位的工程质量要求，发现和减少设计差错，保证工程质量的重要方法。图纸审核的主要内容包括：设计是否满足抗震、防火、环境卫生等要求；图纸与说明是否齐全；图纸中有无遗漏、差错或相互矛盾之处，图纸表示方法是否清楚并符合标准要求；地质及水文地质等资料是否充分、可靠；所需材料来源有无保证，能否替代；施工图及说明书中涉及的各种标准、图册、规范、规程等。

（2）施工过程的质量控制。

1）对质量控制点跟踪监控。质量控制点一般是指对项目的性能、安全、寿命、可靠性等有影响的关键部位或关键工序，这些点的质量得到控制，工程质量就得到了保证。一般将国家颁布的建筑工程质量检验评定标准中规定应检验的项目，作为质量控制点。质量控制点可划分为 A、B、C 三级，其中，A 级为最重要的质量控制点，其质量必须由施工分包方、总包方质检人员和监理工程师检查确认；B 级为重要的质量控制点，其质量必须由施工分包方、总承包方双方质检人员检查确认；C 级为一般质量控制点，其质量由施工分包方检查确认，总包方质检人员抽查。

2）组织全面的技术交底。按照工程重要程度，单位工程开工前，应由企业或项目技术负责人组织全面的技术交底。工程复杂、工期长的工程可按基础、结构、装修几个阶段分别组织技术交底。各分项工程施工前，应由项目技术负责人向参加该项目施工的所有班组和配合工种进行交底。交底内容包括图纸交底、施工组织设计交底、分项工程技术交底和安全交底等。通过交底明确对轴线、尺寸、标高、预留孔洞、预埋件、材料规格及配合比等要求，明确工序搭接、工种配合、施工方法、进度等施工安排，明确质量、安全、节约措施。交底的形式除书面、口头外，必要时可采用样板、示范操作等。

3）处理设计变更。施工过程中，由于前期勘察设计的原因，或由于自然条件的变化，探明的地下障碍物、管线、文物、地质条件不符，以及施工工艺方面的限制、建设单位要求的改变，均会涉及到设计变更。设计变更要引起工程变更，因此，做好设计变更的控制工作，也是施工作业过程质量控制的一项重要内容。设计变更的要求可能来自建设单位、设计单位或施工承包单位。为确保工程质量，不同情况下，设计变更的实施、设计图纸的澄清、修改，具有不同的工作程序。但不管是由哪方提出，均应由监理部门会同建设单位、设计单位、施工单位协商，经过确认后由设计部门发出相应图纸或说明，并由监理工程师办理签发手续，下发到有关部门付诸实施。

4）做好施工过程中的检查验收工作。对于各工序的产出品和重要的部位，先由施工单位按规定自检，自检合格后，向监理工程师提交"质量验收通知单"，经监理工程师检验确认合格后，才能进入下一道工序施工。

5）工程质量问题和质量事故的处理。质量问题和质量事故是由各种主观和客观原因造成的，工程上出现不合格产品或质量问题往往难以避免。当施工出现质量问题时，应立即向施工单位发出通知，要求其对质量问题进行补救处理。当出现不合格产品时，监理工程师应要求施工单位采取措施予以整改，并跟踪检查，直到合格为止。交工后在质量责任期内出现质量问题时，监理工程师应要求施工单位进行修补或返工，直到业主满意为止。

6）按合同行使质量监督权和质量否决权。在下列情况下，监理工程师有权下达停工令：

A. 在施工中出现异常情况，经提出后施工单位仍不采取措施，或采取改进措施不力，致使质量状况未见好转的；

B. 隐蔽作业未经查验擅自封闭、掩盖的；

C. 对已发生的质量事故未进行处理，或未提出有效补救措施就继续作业的；

D. 擅自变更设计、图纸进行施工的；

E. 使用无技术合格证的工程材料，或擅自变更工程材料的；

F. 未经技术资质审查的人员进入现场上岗施工者。

监理工程师纠正上述情况之后，再下达复工指令。

7）材料配合比的质量控制。施工工程中，均会涉及到材料配合比，不同材料的混合拌制作业。如混凝土工程中，砂、石骨料本身的组分配合比例，混凝土拌制的配合比；交通工程中路基填料的配合比及拌制；路面工程中沥青摊铺料的配合比等。由于不同原材料的配合及拌制后的产品对最终工程质量有重要的影响。因此，监理工程师要做好相关的质量控制工作。

为确保工程质量，要对工程材料、混凝土试块、砂浆试块、受力钢筋等实行取样送检制度。施工单位在取样时，要通知监理工程师，在其监督下完成见证取样的过程，然后将取样送试验室检验。

（3）竣工验收阶段的质量控制。竣工验收阶段的质量控制工作主要是对竣工后的单位工程进行最终质量检验和试验。单位工程质量竣工验收，是建筑工程投入使用前的最后一次验收，也是最重要的一次验收。除了构成单位工程的各分部工程应该合格，并且有关的资料文件应完整以外，还须进行以下三方面的检查：一是涉及安全和使用功能的分部工程应进行检验资料的复查。不仅要全面检查其完整性（不得有漏检缺项），而且对分部工程验收时补充进行的见证抽样检验报告也要复核。这种强化验收的手段体现了对安全和主要使用功能的重视；二是对主要使用功能必须进行抽查。使用功能的检查是对建筑工程和设备安装工程最终质量的综合检验，也是用户最关心的内容。因此，在分项、分部工程验收合格的基础上，竣工验收时再作全面检查。抽查项目是在检查资料文件的基础上由参加验收的各方人员商定，并用计量、计数的抽样方法确定检查部位。检查要求按有关专业工程施工质量验收标准的要求进行；三是必须由参加验收的各方人员共同进行观感质量检查。观感质量验收，往往难以定量，只能以观察、触摸或简单量测的方式进行，并由个人的主观印象判断，检查结果并不给出"合格"或"不合格"的结论，而是综合给出质量评价，最终确定是否通过验收。

7.3 质量分析与改进

质量持续改进是组织的一个永恒目标。在工程项目管理中，应该在质量分析的基础上，不断地发现问题，寻找原因，提出对策，实现工程项目质量的持续改进。

7.3.1 工程项目质量控制的统计分析方法

质量控制的统计分析方法是数理统计的原理和方法在工程质量控制中的应用。使用统计分析方法控制工程质量大致要经过收集、整理和统计分析质量数据三个阶段，并找出施工过程质量变化规律；判断工序或工程产品质量状况，找出存在的质量问题；找出引起质量问题的原因；以及提出改进措施等过程。

用于质量控制的统计分析方法较多，常见的有：直方图、控制图、排列图、因果分析图、相关图、分层法和调查表法等。

1. 直方图

直方图（Histrogram）法是把数据的离散状态分布用竖条在图表上标出，以帮助人们根据显示出的图样变化，在缩小的范围内寻找出现问题的区域，从中得知数据平均水平偏差并判断总体质量分布情况。

直方图的绘制方法如下：

（1）收集整理数据。用随机抽样的方法抽取数据，一般要求数据在 50 个以上。

[例 7-1] 某建筑施工工地浇筑 C30 混凝土，为对其抗压强度进行质量分析，共收集了 150 份抗压强度试验报告单，经整理如表 7-1。

数据整理表（N/mm²）　　　　　　　　　　　　　　表 7-1

抗压强度数据					最大值	最小值
39.8	37.7	33.8	31.5	36.1	39.8	31.5
37.2	38.0	33.1	39.0	36.0	39.0	33.1
35.8	35.2	31.8	37.1	34.0	37.1	31.8
39.9	34.3	33.2	40.4	41.2	41.2	33.2
39.2	35.4	34.4	38.1	40.3	40.3	34.4
42.3	37.5	35.5	39.8	37.8	42.3	35.5
35.9	42.4	41.8	36.3	36.2	42.4	35.9
46.2	37.6	38.3	39.7	38.0	46.2	37.6
36.4	38.3	43.4	38.2	38.0	43.4	36.4
44.4	42.0	37.9	38.4	39.5	44.4	37.9

（2）计算极差 R。极差 R 是数据中最大值和最小值之差，本例中：

$$X_{max} = 46.2 (N/mm^2)$$
$$X_{min} = 31.5 (N/mm^2)$$
$$R = X_{max} - X_{min} = 46.2 - 31.5 = 14.7 (N/mm^2)$$

（3）对数据分组，确定组数、组距和组限。

1）确定组数 k。组数应根据数据多少来确定。组数过少，会掩盖数据的分布规律；组数过多，使数据过于零乱分散，也不能显示出质量分布状况。一般可参考表 7-2 的经验数值确定。

数据分组参考值　　　　　　　　　　　　　　表 7-2

数据总数 n	分组数 k	数据总数 n	分组数 k	数据总数 n	分组数 k
50~100	6~10	100~250	7~12	250 以上	10 以上

本例中取 k=8

2）确定组距 h，组距是组与组之间的间隔，也即一个组的范围。各组距应相等，于是有：

级差≈组距×组数

即

$$R \approx hk$$

本例中： $\qquad$ h＝R/k＝14.7/8＝1.8≈2(N/mm²)

3）确定组限。每组的最大值为上限，最小值为下限，上、下限统称组限。确定组限时应注意使各组之间连续，即较低组上限应为相邻较高组下限，这样才不致使有的数据被遗漏。对恰恰处于组限值上的数据，其解决的办法由二：一是规定每组上（或下）组限不计在该组内，而计入相邻较高（或较低）组内；二是将组限值较原始数据精度提高半个最小测量单位。

本例采取第一种办法划分组限，即每组上限不计入该组内

首先确定第一组下限：

$$X_{min}－h/2＝31.5－2.0/2＝30.5$$

第一组上限：30.5＋h＝30.5＋2＝32.5

第二组下限＝第一组上限＝32.5

第二组上限：32.5＋h＝32.5＋2＝34.5

以下依次类推，最高组限为44.5～46.5，分组结果覆盖了全部数据。

（4）统计各组频数

频数总和应等于全部数据个数。

（5）绘制频数分布直方图（如图7-5）

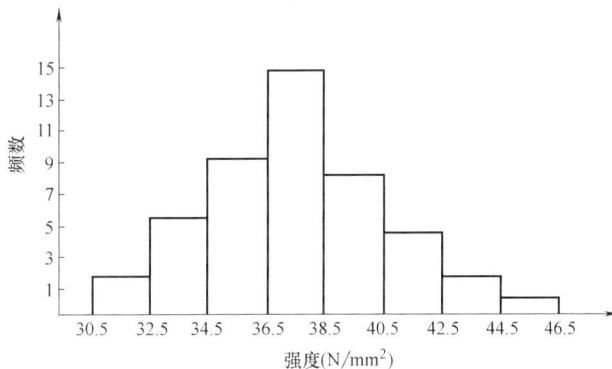

图7-5　混凝土强度分布直方图

作完直方图后，首先要认真观察直方图的整体形状，看其是否是属于正常型直方图。正常型直方图就是中间高，两侧低，左右接近对称的图形。出现非正常型直方图时，表明生产过程或收集数据作图有问题。这就要求进一步分析判断，找出原因，从而采取措施加以纠正。

2. 控制图

控制图（Control Charts）也称管理图。它和直方图一样可用来分析工序是否正常、工序质量是否满足设计要求。但和直方图相比，它是一种动态分析方法，比直方图更有效。借助于控制图提供的质量动态数据，人们可随时了解工序质量状态，发现问题，查明原因，采取措施，使生产处于稳定状态。

控制图的一般模式如图7-6所示。控制图一般有三条线，上控制线（Upper Control Limit，UCL）为控制上限；下控制线（Lower Control Limit，LCL）为控制下限；中心线（Center Limit，CL）标志着质量特性值分布的中心位置，上下控制界限标志着质量特性值允许波动范围。

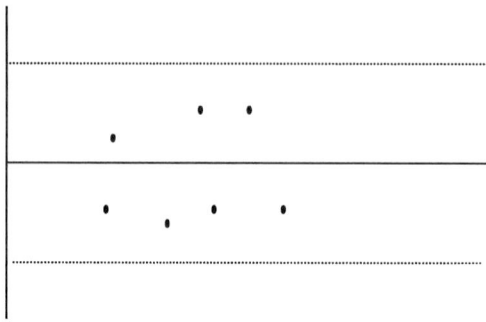

图 7-6 控制图

在生产过程中通过抽样取得数据，把样本统计量描在图上来分析判断生产过程状态。如果点子随机地落在上、下控制界限内，则表明生产过程正常处于稳定状态，不会产生不合格品；如果点子超出控制界限，或点子排列有缺陷，则表明生产条件发生了异常变化，生产过程处于失控状态。

3. 排列图

排列图也称帕累托图（Pareto Diagrams）或主次因素排列图，用于找出影响工程或产品质量的主要问题，帮助人们确定需要改进的关键项目。其模式见图 7-7。

排列图上有一横坐标，两个纵坐标，一条折线和若干条形方块。横坐标上排着影响质量的各种因素，根据影响程度的大小，从左到右顺序排列。左边的一个纵坐标表示对应某种质量因素处的不合格品的频数或件数等；右边的一纵坐标表示某种质量因素造成不合格品的累计频率；一条折线称累计频率曲线，也称帕累托曲线。将累计频率曲线分为三个区：0～80%为 A 区，所对应的因素为主要因素；80%～90%为 B 区，所对应的因素为一般因素；90%～100%为 C 区，所对应的因素为次要因素。

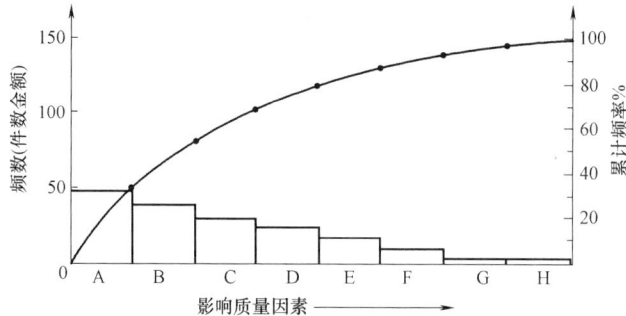

图 7-7 排列图

4. 因果分析图

因果分析图（Cause-and-effect Diagram）也称鱼刺图，是用来表示因果关系的。它是针对某一质量问题，将对其有影响的因素加以分析和分类，并在同一图上用简明线将其关系表示出来。通过整理、归纳、分析和查找原因，将因果关系搞清楚，然后采取措施，解决质量问题。它实质上是一种讲究实效的逻辑判断和推理过程。其模式见图 7-8。

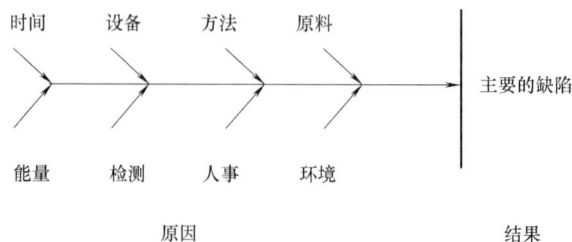

图 7-8 因果分析图

7.3.2 工程项目质量持续改进

按照国际标准化组织（ISO）的定义，质量改进是指为向本组织及用户提供更多的收益，在整个组织内所采取的旨在提高活动和过程的效益和效率的各种措施。为了适应市场的需求，向用户提供价值更高和使他们更满意的产品，进而增强组织的竞争力，本组织获得更大的效益，组织应不断地进行质量改进，不断地使质量达到新的水平。质量改进是组织长期坚持不懈的奋斗目标，因此可以说质量改进是更高层次的质量管理。

工程项目质量持续改进是工程项目质量管理的一项重要原则。我国国家标准GB/T 19001中"持续改进"的含义是："组织应利用质量方针、质量目标、审核结果、数据分析、纠正和预防措施以及管理评审、持续改进质量管理体系的有效性。"

1. 持续改进的方法

（1）通过建立和实施质量目标，营造一个激励改进氛围和环境；

（2）确立质量目标以明确改进方向；

（3）通过数据分析、内部审核不断寻求改进的机会，并作出适当的改进活动安排；

（4）通过纠正和预防措施及其他适用的措施实现改进；

（5）在管理评审中评价改进效果，确定新的改进目标和改进的决定。

2. 持续改进的步骤

（1）分析和评价现状，以识别改进的区域；

（2）确定改进目标；

（3）寻找可能的解决办法以实现这些目标；

（4）评价这些解决办法并做出选择；

（5）实施选定的解决办法；

（6）测量、验证、分析和评价实施的结果以确定这些目标已经实现；

（7）正式采纳更正（即形成正式的规定）；

（8）必要时，对结果进行评审，以确定进一步改进的机会。

7.4 工程项目安全管理

7.4.1 工程项目安全管理的内涵

1. 工程项目安全管理的概念

工程安全包含两个方面的含义：一方面是指工程建筑物本身的安全，即质量是否达到了合同要求、能否在设计规定的年限内安全使用，设计质量和施工质量直接影响到工程本身的安全，二者缺一不可；另一方面则是指在工程施工过程中人员的安全，特别是合同有关各方在现场工作人员的生命安全。工程项目安全管理就是在工程项目的建设过程中，为预防发生人身伤害、设备毁损、工程项目质量缺陷等事故而采取的各种措施的总称。

2. 工程项目安全管理的主体

工程项目安全管理是个系统工程，需要各类主体进行充分协调，合力加强管理，主要包括政府、业主、施工单位（总承包商）、设计单位、监理单位等。

政府作为社会的宏观管理者，可以通过制定法律法规、规范市场、执法监督等一系列手段去营造出一种良好的宏观环境。政府投资的公共工程则更应该以身作则，起到标杆和示范作用。

业主作为工程的投资方，在整个工程项目中的地位举足轻重。业主的安全观念和作为将影响整个项目的整体安全效果。例如其安全思想是否落实在设计方的规划设计中；招投标的过程是否科学合理；项目的进度是否合理；是否拖欠施工企业工程款；是否如实向施工企业提供准确的相关施工资料等。

施工单位是工程项目建设的主体，其行为与态度都将直接反映到工程项目安全管理的最终结果上，如是否建立有效的安全管理机制、对安全管理的态度、是否保证安全管理所需的资金及人员、是否采取适当的保护措施及施工工艺、是否注重安全文化及施工人员的培训等，这些都会对项目的安全与否产生至关重要的影响。

由于设计不当所造成的安全隐患是施工企业难以规避的，所以，设计单位通过安全设计参与到工程项目的安全管理中也是十分必要。

由于监理单位长期从事施工现场管理工作，从而具备了业主无法相比的技术优势及实际经验，对施工现场的各种问题有着较为深刻的认识，监理单位在获得合同利润的同时其应当履行安全管理职责，行使监督权力，并承担相应责任。

3. 工程项目安全管理的原则

（1）系统化管理的原则。主要体现在对工程项目安全问题进行全面、全过程的管理，包含项目安全评估、改进、监测、预警、事故处理和后评价等多个过程。系统化的安全管理可以很大程度上降低工程项目管理的安全风险损失。

（2）制度化管理的原则。规章制度是指国家各主管部门及其地方政府的各种法规性文件，制定的各方面的条例、办法、制度、规程、规则和章程等，它们具有不同的约束力和法律效力。安全管理要制度化，要对项目建设过程中的各种因素进行控制，以预防和减少各种安全事故，这样就必须建立和健全各种安全管理规章制度和规定，实行安全管理责任制，经常化。

（3）预防为主的原则。安全第一，预防为主的原则，是搞好安全工作的准则和关键。只有作好预防工作，才能处于主动。国家颁发的劳动安全法则，上级制订的安全规程、制度和办法，都是贯彻预防为主的方针。贯彻预防为主，首先要端正对生产中不安全因素的认识，端正消除不安全因素的态度，选准消除不安全因素的时机，在安排与布置生产内容的时候，针对施工生产中可能出现的危险因素，采取措施予以消除是最佳选择。在生产活动过程中，经常检查、及时发现不安全因素，采取措施，明确责任，尽快、坚决地予以消除，是安全管理应有的鲜明态度。

（4）全员参与的原则。安全管理、人人有责，安全管理不是少数人和安全机构的事，而是一切与生产有关人员共同的事。直接参加生产的广大职工，最熟悉生产过程，最了解现场情况，最能提出切实可行的安全措施。我们不否定安全管理第一责任人和安全机构的作用，但缺乏全员的参与，安全管理不会成功、不会出现好的管理效果。

7.4.2 工程项目安全管理的内容

1. 勘察设计阶段的安全管理

在工程项目勘察设计阶段，建设单位要与工程项目勘察设计单位就施工现场及毗邻区域的水、电、气、热、邮电通讯等地下管线和地质资料等相关事项签订合同，勘察设计单位要在工程项目建设中提供施工现场全面、准确的地质和水文资料，并按建筑安全标准进行设计，以保证建筑结构的安全和作业人员的安全。

2. 准备阶段的安全管理

工程项目建设单位在编制招标文件时，需要聘请具有扎实理论基础和丰富实践经验的专业安全管理工程师共同参与。在工程项目的招标规范中，需要将承包企业的安全业绩考核纳入到招标标准中，同时由相关的建设项目安全专家来参与安全管理方面的评标工作。对工期的制定需要根据时间和气候等因素进行合理的确定，建设单位需要以施工单位和监督单位进行相关管理合同的签订，确保工程项目安全管理工程能够顺利进行。建设单位在申请施工许可证之前，需要向当地的施工安全监督机构提交工程施工安全管理方案，这其中应当包括：建设单位与施工单位各自的安全责任、该项目的安全风险评估报告、安全生产保证体系及安全生产专项施工措施。

3. 施工阶段的安全管理

工程项目施工方案的安全审查应当纳入到工程项目监理工作的范围中，要做好工程项目安全、质量、工期和投资的同步控制。工程项目施工单位应当建立以安全生产第一责任人为核心的分级负责安全生产机制，设立安全生产管理部门，配备与工程规模相适应的安全工程师；要接受建筑工程安全监督机构的监督管理，分阶段向当地建筑工程安全监督机构申请安全审核；要编制土方开挖工程、模板工程、起重吊装工程、脚手架工程、施工临时用电工程、垂直运输机械安装拆卸工程等专项安全施工方案；还要根据不同施工阶段、周围环境及天气变化，采取相应的安全防护措施。施工单位的项目经理、安全管理人员应当经过上级安全培训、考核合格后，持证上岗。

4. 竣工验收阶段的安全管理

在工程项目施工完成之后，施工单位需要对工程质量进行检测，同时对相关资料进行收集和整理，对项目竣工阶段的各项指标进行安全评价，同时向安全监督机构提交《单位工程竣工施工安全管理资料》，只有提供完备的项目竣工安全管理的相关资料，才能够对施工现场安全管理工作的成效给予客观的评价，施工企业提供的安全管理相关的资料，也是评价建设工程施工过程中是否实现了全过程的安全管理的一个重要依据，同时也是工程监督机构对工程项目成果进行评价和考察的一个参考依据。同时应当注意的是，提交的安全管理资料应当确保其正确性和客观性，该资料的完善程度和准确程度，直接体现了工程项目施工和管理的相关工作是否有效的执行，这其中应当包括：台账、报表、原始记录等，并按有关规定去建立、收集和整理，确定种类、格式；确定安全部门或相关人员，收集、整理包括分包单位在内的各类安全管理资料，进行标识、编目和立卷，并装订成册；安全记录的贮存和保管，要有专人负责，贮存的环境应利于保存和检索。

7.4.3 工程项目施工现场安全管理

施工现场管理则是工程项目管理的核心，也是确保建筑工程质量和安全文明施工的关键。在施工现场，具有多工种立体作业、生产设施的临时性、作业环境多变性、人机的流动性等特点。再者，由于施工受自然环境的影响大，高处作业多，交叉作业多，大型机械多，用电作业多，易燃物多，因此施工生产事故引发点多，安全控制的难点必然大量存在。因此，工程项目的安全管理，必须以工程项目施工现场的安全管理为重点和核心。

1. 加强安全教育，强化安全纪律

安全教育包括安全思想教育和安全技术教育。安全教育可以提高人员的安全施工意识和安全操作技能。组织安全教育和技能训练要做到严肃、严格、严密、严谨，讲求实效。施工现场的管理及操作人员必须具有合法的劳动手续，正式签订劳动合同，对新入场合同工、临时工应完成三级安全教育，并经考试合格方可进入施工现场和劳动岗位。要结合施工生产的变化，不断完善安全教育内容，可结合发生的事故案例进行增强安全意识，也可结合施工作业条件的变化进行教育，其目的在于增强安全意识，控制人的行为，尽快地适应变化，减少人为失误。施工现场在采用新技术，使用新设备、新材料、推行新工艺之前，应对有关人员进行安全知识、技能、意识的全面安全教育，加强施工人员实行安全技能的自觉性。

施工作业人员必须严格遵守以下安全纪律，以防范安全事故的发生：

（1）没有安全技术措施和安全交底不准作业；

（2）安全设施未做到齐全有效不准作业；

（3）危险作业面未采取有效安全措施不准作业；

（4）发现事故隐患未及时排除不准作业；

（5）特种作业人员必须持特种作业操作资格证上岗；

（6）机械电器设备安全防护装置不齐全不准作业；

（7）对机械、设备、工具的性能不熟悉不准使用；

（8）新工人不经培训，或培训考试不合格不准上岗作业；

（9）施工现场各种材料应分类堆放整齐，做到文明施工。

2. 健全安全管理制度，落实安全管理职责

根据国家、行业、地区的各类安全法规，结合施工现场的具体特点，制定本工程施工过程的安全管理制度，并以此为依据，对工程的安全施工进行经常的、制度化和规范化的管理。工程项目安全管理制度主要包括编制安全生产技术措施制度、安全技术交底制度、特殊工种职工实行持证上岗制度、安全检查制度、安全验收制度、安全生产责任制度以及事故处理"四不放过制度"等。

项目部要针对安全生产责任制，制定具体的考核办法，并成立以项目经理为首的考核小组，定期对项目部所有管理人员进行考核。考核内容侧重于本阶段项目成员对安全岗位责任的完成和分解目标的落实情况。对于考核优秀的人员进行必要的奖励，不合格的予以教育、培训、纠正、甚至处罚。对于检查提出的问题，不管是哪一级，项目部都必须按照"三定"原则（定人、定时、定措施）进行整改，并及时向项目经理提交隐患整改报告书。项目经理接到整改报告后，要及时组织安全领导小组进行整改效果的验收。合格后，方可进入正常施工。否则继续整改，直至符合标准规范要求。对于危及生命的重大安全隐患，安全领导小组有权要求其立即停工整改，并派专人监督，直至消除隐患后复工。

3. 加强管理措施的落实，实施责任管理

为使安全管理落到实处、应该建立一个集组织、协调、检查、督促工作于一体的综合管理部门，来负责安全管理制度的建立与落实。应该建立健全公司、项目处、工地以及班组的分级负责安全管理保证体系。同时要建立各级人员的安全生产责任制度，明确各级人员的安全责任，抓好制度和责任的落实工作，定期检查安全责任落实情况，及时报表。项目经理是项目的安全管理第一责任人，各职能部门、人员，在各自业务范围内，对实现安全生产的要求负责。全员承担安全生产责任，建立安全生产责任制，从项目经理到施工人员的生产系统做到纵向到底、一环不漏，各职能部门、人员的安全生产责任做到横向到边，人人负责。一切从事生产管理与操作的人员，依照其从事生产的内容，分别通过企业、施工项目的安全审查，取得安全操作认可证，持证上岗。工程项目管理部门负责施工生产中物的状态审验与认可，承担物的状态及漏验、失控的管理责任，接受由此而出现的经济损失。一切管理、操作人员均需要与项目管理部门签订安全协议，并购买工程意外险，向工程项目做出安全保证。安全生产责任落实情况的检查应认真，详细的记录，作为实施奖惩的资料依据。

4. 做好安全事故预防，完善应急预案

一是要规范劳动安全与作业环境，实现施工生产环境的本质安全。即通过配备相应的安全设施和劳动防护用品，制定完善的预防措施，加强现场危险源的控制管理，从技术层向上最大限度地防止事故发生和产生职业病。

二是要始终坚持"安全第一、预防为主、综合治理"的方针，贯彻预防为主。在生产活动过程中，经常检查，及时发现不安全因素，采取措施，明确责任，尽快的、坚决的予以消除。

复习思考题

1. 简述工程项目质量的内涵。
2. 如何进行工程项目的全面质量管理？
3. 如何保障工程项目的设计和施工质量？
4. 简述直方图的基本原理。
5. 如何做好施工安全管理？

第8章 工程项目费用管理

提高工程项目建设资金的使用效率，加强工程项目费用管理是整个工程项目管理的核心，工程项目费用管理是指确定拟建工程在满足国家规定质量标准和使用功能的前提下所需要的全部建设费用的目标，并为实现这一目标而进行一系列管理活动。

8.1 工程项目费用概念及构成

8.1.1 工程项目费用的概念

工程项目费用通常是指工程项目投资建成后所花费的全部成本与费用，具体讲它是工程项目按照确定的建设内容、建设规模、建设标准、功能要求和使用要求等全部建成并验收合格交付使用所需的全部费用。

工程项目费用对于不同性质的主体内涵不一样，对于承包商而言，工程项目费用是指工程承包合同价和工程竣工结算价；对于建设单位而言，工程项目费除了向承包商支付全部工程价款外，还应包括土地费用、建设单位管理费以及与工程项目建设有关的由建设单位直接支出的各种费用，如设计费、咨询费、检测费等等。因此，工程项目费用管理的重点还是加强工程项目管理中的费用控制，对于建设单位表现为项目的投资控制，对于工程承包方则表现为合同费用目标下的施工成本的控制。

8.1.2 工程项目费用的构成

根据住房城乡建设部、财政部颁布的"关于印发《建筑安装工程费用项目组成》的通知"（建标〔2013〕44号），我国现行工程费用项目按费用构成要素和按造价形式进行划分。

1. 按费用构成要素划分的工程项目费用的构成

按费用构成要素划分的工程项目费用包括：人工费、材料费（包含工程设备）、施工机具使用费、企业管理费、利润、规费和税金。

（1）人工费。它是指按照工资总额构成规定，支付给直接从事工程项目建设施工作业的生产工人和附属生产单位工人的各项费用。计算人工费的基本要素有两个，即人工工日消耗量和人工日工资单价。其计算公式为：

$$人工费 = \sum (工日消耗量 \times 日工资单价) \tag{8-1}$$

（2）材料费。它是指工程施工过程中耗费的各种原材料、辅助材料、构配件、零件、半成品或成品、工程设备的费用。计算材料费的基本要素是材料消耗量和材料单价。

材料消耗量是指在合理使用材料的条件下，生产建筑安装产品（分部分项工程或结构构件）必须消耗的一定品种、规格的原材料、辅助材料、构配件、零件、半成品或成品等的数量。包括材料净用量和材料不可避免的损耗量。

材料单价是指建筑材料从其来源地运到施工工地仓库直至出库形成的综合平均单价，其内容包括材料原价（或供应价格）、材料运杂费、运输损耗费、采购及保管费等。

材料费的计算公式为：

$$材料费＝\sum(材料消耗量×材料单价) \tag{8-2}$$

工程设备是指构成或计划构成永久工程一部分的机电设备、金属结构设备、仪器装备及其他类似的设备和装置。

（3）施工机具使用费。它是指施工作业所发生的施工机械、仪器仪表使用费或其租赁费。

施工机械使用费是指机械作业发生的使用费或租赁费。构成施工机械使用费的基本要素是施工机械台班消耗量和机械台班单价，具体计算公式为：

$$施工机械使用费＝\sum(施工机械台班消耗量×机械台班单价) \tag{8-3}$$

施工机械台班单价通常由折旧费、大修理费、经常修理费、安拆费及场外运输费、人工费、燃料动力费和税费组成。

仪器仪表使用费是指工程施工所需使用的仪器仪表的摊销及维修费用。其计算公式为：

$$仪器仪表使用费＝工程使用的仪器仪表的摊销费＋维修费 \tag{8-4}$$

（4）企业管理费。它是指建筑安装企业组织施工生产和经营管理所需的费用。主要包括管理人员的工资、办公费、差旅交通费、固定资产使用费、工具用具使用费、劳动保险和职工福利费、劳动保护费、检验试验费、工会经费、职工教育经费、财产保险费、财务费、税金和其他费用。

企业管理费一般采用取费基数乘以费率的方法计算，取费基数有三种，分别是：以分部分项工程费为计算基础、以人工费和机械费合计为计算基础及以人工费为计算基础。具体计算公式如下：

1）以分部分项工程费为计算基础。

$$企业管理费费率(\%)＝\frac{生产工人年平均管理费}{年有效施工天数×人工单价}×人工费占分部分项工程费比例(\%)$$
$$\tag{8-5}$$

2）以人工费和机械费合计为计算基础。

$$企业管理费费率(\%)＝\frac{生产工人年平均管理费}{年有效施工天数×(人工单价－每一工日机械使用费)}×100\%$$
$$\tag{8-6}$$

3）以人工费为计算基础

$$企业管理费费率(\%)＝\frac{生产工人年平均管理费}{年有效施工天数×人工单价}×100\% \tag{8-7}$$

（5）利润。利润是指施工企业完成所承包工程获得的盈利，由施工企业根据企业自身需求并结合建筑市场实际自主确定。工程造价管理机构在确定计价定额利润时，应以定额人工费或定额人工费与机械费之和作为计算基数，其费率根据历年积累的工程造价资料，并结合建筑市场实际确定，以单位（单项）工程测算，利润在税前建筑安装工程费的比重可按不低于 5% 且不高于 7% 的费率计算。利润应列入分部分项工程和措施项目费中。

（6）规费。它是指按国家法律、法规规定，由省级政府和省级有关权力部门规定必须缴纳或计取的费用。主要包括社会保险费、住房公积金和工程排污费。其中社会保险费包括养老保险费、失业保险费、医疗保险费、生育保险费、工伤保险费。

社会保险费、住房公积金应以定额人工费为计算基础，根据工程所在地省、自治区、直辖市或待业建设主管部门规定费率计算。计算公式为：

$$社会保险费、住房公积金 = \sum(工程定额人工费 \times 社会保险费和住房公积金费率)$$
$$(8-8)$$

工程排污费应按工程所在地环境保护等部门规定的标准缴纳，按实计取列入。其他应列而未列入的规费，按实际发生计取列入。

（7）税金。它是指国家税法规定的应计入建筑安装工程费用的营业税、城市维护建设税、教育费附加及地方教育费附加。

$$应纳营业税 = 计税营业额 \times 3\% \tag{8-9}$$
$$应纳城市维护建设税 = 应纳营业税额 \times 适用税率 \tag{8-10}$$

城市维护建设税的纳税地点在市区的，其适用税率为营业税 7%；所在地为县镇的，其适用税率为营业税的 5%；所在地为农村的，其适用税率为营业税的 1%；城建税的纳税地点与营业税的纳税地点相同。

教育费附加是按应纳营业税额乘以 3% 确定，计算公式为：

$$应纳税额 = 应纳营业税额 \times 3\% \tag{8-11}$$

地方教育费附加通常是按应纳营业税额乘以 2% 确定，各地方有不同规定的，应遵循其规定，计算公式为：

$$应纳税额 = 应纳营业税额 \times 2\% \tag{8-12}$$

在工程造价的计算过程中，上述税金通常一并计算，即进行税金的综合计算。由于营业税的计税依据是含税营业额，城市维护建设税、教育费附加及地方教育费附加的计税依据是应纳营业税额，而在计算税金时，往往已知条件是税前造价，即人工费、材料费、施工机具使用费、企业管理费、利润、规费之和。因此，税金的计算往往需要将税前造价先转化为含税营业额，再按受益人公式计算缴税金。营业额计算公式为：

$$营业额 = \frac{人工费 + 材料费 + 施工机具使用费 + 企业管理费 + 利润 + 规费}{1 - 营业税率 - 营业税率 \times 城市维护建设税率 - 营业税率 \times 教育附加率 - 营业税率 \times 地方教育附加率}$$
$$(8-13)$$

为了简化计算，可以直接将三种税合并为一个综合税率，计算如下：

$$应纳税额 = 税前造价 \times 综合税率(\%) \tag{8-14}$$

综合税率的计算因纳税地点所在地不同而不同。

1）纳税地点在市区的企业综合税率的计算：

$$税率(\%) = \frac{1}{1 - 3\% - (3\% \times 7\%) - (3\% \times 3\%) - (3\% \times 2\%)} \tag{8-15}$$

2）纳税地点在县城、镇的企业综合税率的计算：

$$税率(\%) = \frac{1}{1 - 3\% - (3\% \times 5\%) - (3\% \times 3\%) - (3\% \times 2\%)} \tag{8-16}$$

3）纳税地点不在市区、县城、镇的企业综合税率的计算：

$$税率(\%) = \frac{1}{1 - 3\% - (3\% \times 1\%) - (3\% \times 3\%) - (3\% \times 2\%)} \qquad (8\text{-}17)$$

4）实行营业税改增值税的，按纳税地点现行税率计算。

2. 按造价形成划分的工程项目费用的构成

工程项目费用按造价形成由分部分项工程费、措施项目费、其他项目费、规费和税金组成。

（1）分部分项工程费。它是指各专业工程的分部分项工程应予列支的各项费用。各类专业工程的分部分项工程划分应遵循现行国家或行业计量规范的规定。分部分项工程费计算公式如下：

$$分部分项工程费 = \sum (分部分项工程量 \times 综合单价) \qquad (8\text{-}18)$$

综合单价包括人工费、材料费、施工机具使用费、企业管理费和利润，以及一定范围的风险费用。

（2）措施项目费。它是指为完成建设工程施工，发生于该工程施工前和施工过程中的技术、生活、安全、环境保护等方面的费用。措施项目及其包含的内容应遵循各类专业工程的现行国家或行业计量规范。以《房屋建筑与装饰工程工程量计算规范》GB 50854—2013 中的规定为例，措施项目费可以归纳为以下几项：

1）安全文明施工费。是指工程施工期间按照国家现行的环境保护、建筑施工安全、施工现场环境与卫生标准和有关规定，购置和更新施工安全防护用具及设施、改善安全生产条件和作业环境所需要的费用。通常由环境保护费、文明施工费、安全施工费和临时设施费组成。环境保护费是指施工现场为达到环保部门要求所需要的各项费用；文明施工费是指施工现场文明施工所需要的各项费用；安全施工费是指施工现场安全施工所需要的各项费用；临时设施费是指施工企业为进行建设工程施工所必须搭设的生活和生产用的临时建筑物、构筑物和其他临时设施费用，包括临时设施的搭设、维修、拆除、清理费或摊销费等。

2）夜间施工增加费。是指因夜间施工所发生的夜班补助费、夜间施工降效、夜间施工照明设备摊销及照明用电等费用。

3）非夜间施工照明费。是指为保证工程施工正常进行，在地下室等特殊施工部位施工时所采用的照明设备的安拆、维护及照明用电等费用。

4）二次搬运费。是指由于施工场地条件限制而发生的材料、成品、半成品等一次运输不能达到堆放地点，必须进行二次或多次的搬运的费用。

5）冬雨季施工增加费。是指在冬季或雨季施工需增加的临时设施、防滑、排除雨雪，人工及施工机械效率降低等费用。

6）地上、地下设施、建筑物的临时保护设施费。是指在工程施工过程中，对已建成的地上、地下设施和建筑物进行的遮盖、封闭、隔离等必要保护措施所发生的费用。

7）已完工程及设备保护费。是指竣工验收前，对已完工程及设备采取的覆盖、包裹、封闭、隔离等必要保护措施所发生的费用。

8）脚手架费。是指施工需要的各种脚手架搭、拆、运输费用以及脚手架购置费的摊销（或租赁）费用。

9）混凝土模板及支架（撑）费。是指混凝土施工过程中需要的各种钢模板、木模板、支架等的支拆、运输费用及模板、支架的摊销（或租赁）费用。

10）垂直运输费。是指现场所用材料、机具从地面运至相应高度以及职工人员上下工作面等所发生的运输费用。

11）超高施工增加费。当单层建筑物檐口高度超过 20M，多层建筑物超过 6 层时，可计算超高施工增加费。超高施工增加费包括以下三个部分：一是建筑物超高引起的人工工效降低以及由于人工工效降低引起的机械降效费用；二是高层施工用水加压水泵的安装、拆除及工作台班费；三是通信联络设备的使用及摊销费。

12）大型机械设备进出场及安拆费。是指机械整体或分体自停放场地运至施工现场或由一个施工地点运至另一个施工地点，所发生的机械进出场运输及转移费用及机械在施工现场进行安装、拆卸所需的人工费、材料费、机械费、试运转费和安装所需的辅助设施的费用。

13）施工排水、降水费。是指将施工期间有碍施工作业和影响工程质量的水排到施工场地以外，以及防止在地下水位较高的地区开挖深基坑出现基坑浸水，地基承载力下降，在动水压力作用下还可能引起流沙、管涌和边坡失稳等现象而必须采取有效的降水和排水措施费用。该费用应由成井和排水、降水两个独立的费用项目组成。

14）其他。根据项目的专业特点或所在地区不同，可能会出现其他的措施项目。如工程定位复测费和特殊地区施工增加费。

措施项目费应按措施项目分为应予计量的措施项目和不宜计量的措施项目进行计算。

一是应予计量的措施项目。基本与分部分项工程费的计算方法相同，公式为：

$$措施项目费＝\sum（措施项目工程量×综合单价）\tag{8-19}$$

不同的措施项目其工程量的计算单位是不同的，分别如下：

A. 脚手架费通常按建筑面积或垂直投影面积按 m² 计算。

B. 混凝土模板及支架（撑）费通常是按照模板与现浇混凝土构件的接触面积以 m² 计算。

C. 垂直运输费可根据需要用两种方法进行计算：①按照建筑面积以 m² 为单位计算。②按照施工工期日历天数以天为单位计算。

D. 超高施工增加费通常按照建筑物超高部分的建筑面积以 m² 为单位计算。

E. 大型机械设备进出场及安拆费通常按照机械设备的使用数量以台次为单位计算。

F. 施工排水、降水费分两个不同的独立部分计算：①成井费用通常按照设计图示尺寸以钻孔深度按 m 计算；②排水、降水费用通常按照排、降水日历天数按昼夜计算。

二是不宜计量的措施项目。对于不宜计量的措施项目，通常用计算基数乘以费率的方法予以计算。

A. 安全文明施工费。计算公式为：

$$安全文明施工费＝计算基数×安全文明施工费费率(\%)\tag{8-20}$$

计算基数应为定额基价（定额分部分项工程费＋定额中可以计量的措施项目费）、定额人工费或定额人工费与机械费之和，其费率由工程造价管理机构根据各专业工程的特点综合确定。

B. 其余不宜计量的措施项目。包括夜间施工增加费，非夜间施工照明费，二次搬运费，冬雨季施工增加费，地上、地下设施、建筑物的临时保护设施费，已完工程及设备保护费等。计算公式为：

$$措施项目费＝计算基数×措施项目费费率(\%) \quad (8-21)$$

公式（8-20）中的计算基数应为定额人工费或定额人工费与定额机械费之和，其费率由工程造价管理机构根据各专业工程特点和调查资料综合分析后确定。

（3）其他项目费。它包括暂列金额、计日工和总承包服务费。

1）暂列金额。是指建设单位在工程量清单中暂定并包括在工程合同价款中的一笔款项。用于施工合同签订时尚未确定或者不可预见的所需材料、工程设备、服务的采购，施工中可能发生的工程变更、合同约定调整因素出现时的工程价款调整以及发生的索赔、现场签证确认等的费用。

暂列金额由建设单位根据工程特点，按有关计价规定估算，施工过程中由建设单位掌握使用、扣除合同价款调整后如有余额，归建设单位。

2）计日工。是指在施工过程中，施工企业完成建设单位提出的施工图纸以外的零星项目或工作所需的费用。

计日工由建设单位和施工企业按施工过程中的签证计价。

3）总承包服务费。是指总承包人为配合、协调建设单位进行的专业工程发包，对建设单位自行采购的材料、工程设备等进行保管以及施工现场管理、竣工资料汇总整理等服务所需的费用。

总承包服务费由建设单位在招标控制价中根据总包服务范围和有关计价规定编制，施工企业投标时自主报价，施工过程中按签约合同价执行。

（4）规费和税金。规费和税金的构成和计算与按费用构成要素划分工程项目费用的组成是相同的。

8.2 工程项目费用的控制

8.2.1 工程项目费用控制基本要求、步骤与原则

1. 基本要求

工程项目费用控制是提高项目管理效率的核心与关键，项目主管部门应采取目标管理方法对项目实施期间的费用发生过程进行有效控制。费用控制的主要依据为费用计划、进度报告及工程变更。具体要求是：费用控制应满足合同的技术、商务要求和费用计划，采取检查、比较、分析、纠正等方法和措施，将费用控制在项目预算以内。

2. 步骤

工程项目费用控制具体步骤是：首先对工程进展进行跟踪和检测，采集相关数据；其次对完成工作的预算费用与实际费用进行比较，发生费用偏差；第三对比较的结果进行分析，确定偏差幅度及偏差产生的原因；第四根据工程的具体情况和偏差分析结果，采取适当的措施，使费用偏差控制在允许的范围内。

3. 原则

工程项目费用控制必须坚持两条基本原则：一是在保证建设项目功能目标、质量目标

和工期控制目标的前提下，合理编制费用控制计划和采取切实有效的措施实行动态控制，决不能用降低功能目标、降低质量水平和拖延施工工期的办法来乱压、乱减投资；二是工程项目费用控制，不仅要考虑项目建设期的资本投入，还要考虑项目建成投产后的经常性开支。也就是说，要从建设项目长期创造效益出发，全面考虑建设项目整个生命周期的总成本费用，决不能为压缩建设投资造成建成投产后经常性营运费用增加，最终导致建设项目投资效益的降低。

8.2.2　工程项目设计阶段的费用控制

工程设计阶段是决定费用控制目标的关键阶段，是正确处理技术与经济关系，确定和控制建设项目投资的重要环节。工程项目设计是指在工程开始施工之前，设计者根据已批准的设计任务书，为具体实现拟建项目的技术、经济要求，拟定建筑、安装及设备制造等所需的规划、图纸、数据等技术文件的工作。技术先进、经济合理的工程设计，可以降低工程费用 $5\%\sim10\%$，有的甚至高达 $10\%\sim20\%$。因此，抓好设计阶段的工程费用控制对控制工程费用、提高整个工程项目的效益有重大意义。设计阶段一般采用限额设计、应用价值工程优化设计、采用标准设计等方式来提高设计质量和控制工程项目的预算费用。

1. 限额设计

（1）限额设计的原理。设计阶段的投资控制，就是编制出满足设计任务书要求、费用受控于投资决策的设计文件。所谓限额设计是指按照批准的可行性研究投资估算，控制初步设计，按照批准的初步设计总概算控制施工图设计，同时各专业在保证达到使用功能的前提下，按照分配的投资限额控制设计，并严格控制设计不合理变更，保证不突破总投资限额的工程设计过程。限额设计通过合理确定设计标准、设计规模和设计原则，合理取定概预算基础资料，通过层层限额设计，来实现对投资限额的控制与管理，同时也实现对设计规模、设计标准、工程数量与概预算指标等各个方面的控制。

（2）限额设计的目标。限额设计的目标在初步设计开始前依据批准的可行性研究报告及其投资估算确定。限额设计指标由设计项目经理或总设计师提出，经主管领导审批下达，其总额度一般只能下达直接工程费的 90%，为项目经理或总设计师留有一定的调节指标，指标用完后必须经批准才能调整。专业与专业之间或专业内部节约下来的单项费用，未经批准，不能相互调用，除直接费外均得由工程造价师协助项目经理或总设计师掌握控制。

（3）限额设计的操作过程。

1）投资分配。投资分配是实行限额设计的有效途径和主要方法。设计任务书获准后，设计单位在设计之前应在设计任务书的总框架内将投资先分解到各专业，然后再分解到各单项工程和单位工程，作为进行初步设计的费用控制目标。这种分配往往不是只凭设计任务书就能办到，而是要进行方案设计，并在此基础上做出决策。

2）限额初步设计。初步设计应严格按分配的费用控制目标进行设计。在初步设计开始之前，项目总设计师应将设计任务书规定的设计原则、建设方针和投资限额向设计人员交底，将投资限额分专业下达到设计人员，发动设计人员认真研究实现投资限额的可能性，切实进行多方案比选，对各个技术经济方案的关键设备、工艺流程、总图方案、总图建筑和各项费用指标进行比较和分析，从中选出既能达到工程要求，又不超过投资限额的方案。如果发现重大设计方案或某项费用指标超出任务书的投资限额，应及时反映，并提出解决问题的方法。不能等到设计概算后才发现投资超限额，再被迫压低费用，减项目、减设备，这样不但影响设计进度，而且造成设计上的不合理，给施工图设计超投资埋下隐患。

3）按批准的设计概算控制施工图设计。已批准的初步设计及初步设计概算是施工图设计的依据，在施工图设计中，无论是建设项目总费用，还是单项工程费用，均不能超过初步设计概算费用。设计单位按照费用控制目标确定施工图设计的构造，选用材料和设备。

施工图设计应把握两个标准：一个是质量标准，一个是费用标准，并应做到两者相互协调、相互制约，即一方面要避免只顾质量而放松经济需求的倾向，另一方面要避免为了实现经济上的限制而消极地降低质量。由此，施工图必须在费用限额的前提下优化设计。在设计过程中，要对设计结果进行技术经济分析，看是否有利于控制费用目标的实现。每个单位工程施工图设计完成后，要做出施工图预算，判别是否满足单位工程费用限额要求，如果不满足，应修改施工图设计，直至满足限额要求。只有施工图预算费用满足施工图设计费用限额时，施工图才能归档。

4）加强设计变更管理，实行限额动态控制。由于受外部条件的制约和人们主观认识的局限，设计变更是不可避免的，但不同阶段的变更，其损失费用也不相同，变更发生得越早，损失越小，反之，损失越大。因此，必须加强对设计变更的管理工作，严格控制变更发生，严禁通过设计变更扩大建设规模、增加建设内容、提高建设标准。对必须发生的变更，应尽量提前实现，尽可能把变更控制在设计阶段，以减少损失。对影响项目工程费用的重大设计变更，要先算账后变更，避免造成重大变更损失，以便有效地控制工程费用。

2. 应用价值工程优化设计

（1）价值工程的基本原理与特点。价值工程是通过各相关领域的协作，对所研究对象的功能与费用关系进行系统分析，不断创新和提高研究对象价值的一种思想方法和管理技术。价值工程活动的目的是以研究对象最低寿命周期成本，可靠地实现使用者所需功能，有效地控制工程费用，节约社会资源，获取最佳综合效益。

价值工程的特点主要体现在以下四个方面：

1）价值工程着眼于寿命周期成本。价值工程强调的是总成本的降低，即整个系统的经济效果。总成本就是指寿命周期成本，包括生产成本和使用成本。

2）功能分析是价值工程的核心。价值工程着重对产品进行功能分析，通过功能分析，明确和保障必要功能、消除过剩和不必要功能，以达到降低成本、提高价值的目的。

3）创新是价值工程的支柱。价值工程强调"突破、创新、求新"，充分发挥人的主观能动作用，发扬首创精神。

4）价值工程强调技术分析与经济分析相结合。价值工程是一种技术经济方法，研究功能和成本的合理匹配，是技术分析与经济分析的有机结合。由此，分析人员必须具备较深的技术和经济方面的知识、紧密合作，做好技术经济分析，提高产品价值。

（2）价值工程的基本内容。价值工程一般分为四个阶段：准备阶段、分析阶段、创新阶段、实施阶段，大致包括八个方面的内容：①价值工程对象选择；②收集资料；③功能分析；④功能评价；⑤提出改进方案；⑥方案的评价与选择；⑦试验证明；⑧决定实施方案。

价值工程主要解决如下七个问题：①价值工程对象是什么？②它有什么作用？③其成

本是多少？④其价值是多少？⑤有无其他方法实现同样的功能？⑥新方案成本是多少？⑦新方案能满足要求吗？

围绕这七个问题，价值工程的一般工作程序如表8-1所示：

价值工程的一般工作程序　　　　　　　　　　　　表8-1

阶　段	步　骤	说　明
准备阶段	1. 对象选择	明确目标、限制条件和分析范围
	2. 组成领导小组	由项目负责人、专业技术人员和工程费用人员组成
	3. 制定工作计划	包括具体执行人、执行日期、工作目标等
分析阶段	4. 收集整理信息资料	此项工作应贯穿于价值工程的全过程
	5. 功能系统分析	明确功能特性要求，并绘制功能系统图
	6. 功能评价	确定功能目标成本，确定功能改进区域
创新阶段	7. 方案创新	提出各种不同的实现功能方案
	8. 方案评价	从技术、经济和社会等方面评价方案可行性
	9. 提案编写	将选出的方案及有关资料编写成册
实施阶段	10. 审批	由主管部门组织进行
	11. 实施与检查	制定实施计划、组织计划、并跟踪检查
	12. 成果鉴定	对实施后取得的技术经济效果进行成果鉴定

（3）价值工程在新建项目设计方案优选中的应用。价值工程在新建项目设计方案优选中的应用基本程序为：

1）功能分析。建筑功能是指建筑产品满足社会需要的各种性能的总和。不同的建筑产品有不同的使用功能，它们通过一系列建筑因素体现出来，反映建筑物的使用要求。建筑产品的功能一般分为社会性功能、适用性功能、技术性功能、物理性功能和美学功能五类。功能分析首先应明确项目各类功能具体有哪些，哪些是主要功能，并对功能进行定义和整理，绘制功能系统图。

2）功能评价。功能评价主要是比较各项功能的重要程度，用0-1评分法、0-4评分法、环比评分法等方法，计算各项功能的功能评价系数，作为该功能重要度权数。

3）方案创新。根据功能分析的结果，提出各种实现功能的方案。

4）方案评价。对第三步方案创新提出的各种方案对各项功能的满足程度打分，然后以功能评价系数作为权数计算各方案的功能评价得分。最后再计算各方案的价值系数，以价值系数最大者为最优。

（4）价值工程在设计阶段工程费用控制中的应用。价值工程在设计阶段工程费用控制中的应用基本程序为：

1）对象选择。在设计阶段应用价值工程控制工程费用，应以对控制费用影响较大的项目作为价值工程的研究对象。因此，可运用ABC分析法，将设计方案的成本分解并分成A、B、C三类，A类成本比重大，品种数量少作为实施价值工程的重点。

2）功能分析。分析研究对象具有哪些功能，各项功能之间的关系如何。

3）功能评价。评价各项功能，确定功能评价系数，并计算实现各项功能的现实成本是多少，从而计算各项功能的价值系数。价值系数小于1的，应该在功能水平不变的条件下降低成本，或在成本不变的条件下，提高功能水平；价值系数大于1的，如果是重要功能的，应该提高成本，保证重要功能的实现。如果不是重要功能的，可以不做改变。

4）分配目标成本。根据限额设计的要求，确定研究对象的目标成本，并以功能评价系数为基础，将目标成本分摊到各项功能上，与各项功能的现实成本对比，确定成本改进期望值，成本改进期望值大的，应重点改进。

5）方案创新及评价。根据价值分析结果及目标成本分配结果的要求，提出各种方案，并用加权评价法选出最优方案，使设计方案更加合理。

3. 采用标准设计

标准化设计又称定型设计、通用设计，是工程建设标准化的组成部分。各类工程建设的构建、配件、零部件、通用的建筑物、构筑物、公用设施等，只要有条件的，都应该实施标准化设计。设计标准规范是重要的技术规范，是进行工程建设、勘察设计施工及验收的重要依据。设计标准规范按其实施范围划分，可以分为全国统一的设计规范及标准设计、行业范围内统一的设计规范及标准设计、省市自治区范围内统一的设计规范及标准设计、企业范围内统一的设计规范及标准设计。随着工程建设和科学技术的发展，设计规范和标准设计必须经常补充，及时修订，不断更新。

广泛采用标准化设计，可以节约建筑材料，降低工程费用。由于标准构配件的生产是在厂内批量生产，便于预制厂统一安排，合理配置资源，发挥规模经济的作用，节约建筑材料。

标准设计是经过多次反复实践加以检验和补充完善的，所以能较好地贯彻国家技术经济政策，密切结合自然条件和技术发展水平，合理利用能源资源，充分考虑施工生产、使用维修的要求，既经济又优质。

8.2.3 工程承发包阶段的费用控制

工程施工承发包是确定项目交易合同价的过程，直接关系承发包双方的利益，因此，为双方所关注。买方和卖方的出发点和行为各不相同，为实现公开、公平和公正的交易过程，必须有良好的市场环境和竞争与约束机制。从这个意义上说，工程费用管理不只是项目管理的行为，它还包括宏观的政策、法规、市场机制和政府的监管职能。

1. 施工合同费用的确立

工程发包承包价格的确定有招标投标定价、议价和直接发包定价三种。

（1）招标投标定价。招标投标定价是《中华人民共和国招标投标法》规定的一种定价方式，是由招标人提出招标文件，投标人进行报价竞争，中标人中标后与招标人通过谈判签订合同，以合同价格为发包承包价格的定价方式，属市场定价。

评标定价时，评价委员会应当按照招标文件确定的标准和方法，对投标文件进行评审和比较，以招标文件和标底为依据，中标人的投标必须能最大限度地满足招标文件中所规定的各项综合评价标准，并且是在不低于成本价且能满足招标文件实质性要求的所有标价中最低的。中标者的报价，成为决标价，即签订合同的价格依据。

所以在招标投标定价过程，招标文件及标底价均可认为是发包人的定价意图；投标报价可认为是承包人定价意图；中标价是双方都可接受的价格。方可在合同中予以确定，合同价更具有法律效力。

（2）议价。议价是通过谈判的方式来确定中标者的价格。主要有以下几种方式：

1）直接邀请议价

选择中标单位不是通过公开或邀请招标，而由招标人或其代理人直接邀请某一承包商进行单独协商，达成协议后签订工程合同。如果与一家协商不成，可以邀请另一家，直到协议达成为止。

2）比价议价

"比价"是兼有邀请招标和协商特点的一种议标方式，一般使用于规模不大，内容简单的工程。通常的做法是由招标人将工程的有关要求送交到选定的几家承包商，要求他们在约定的时间提出报价，招标人经过分析比较，选择报价合理的承包商，就工期、费用、质量、付款、条件等细节进行协商，从而达到协议，签订合同。

3）公开招标，但不公开开标的议价

招标单位在接到各投标单位的标书后，先就技术、管理、资质能力以及工期、费用、质量、付款条件等方面进行调查审核，并在初步认可的基础上，选择一名最有理想的预中标单位并与之商谈，对标书进行调整协商，如能取得一致意见，则可定为中标单位，若不行则再找第二家预中标单位。这样逐次协商，直至双方达成一致意见为止。这种方式使招标单位有更多的灵活性，可以选择到比较理想的承包商。由于中标者是通过谈判产生的，不利于公众监督，容易导致非法交易，因此，要在国家允许的范围内采用这种方式。

（3）直接发包定价。"直接发包定价"与招标承包方式的本质区别是直接发包方式由发包人与指定的承包人直接接触，通过谈判达成协议，签订施工合同，而不需要像招标承包方式那样，通过招标投标确定承包人，然后签订合同。直接发包方式只适用于不宜进行招标的工程，所以直接发包工程就是非竞争性发包工程。

直接发包工程的定价方式是由发包人与承包人协调定价。首先提出协商价格意见的可能是发包人或其委托的中介机构；也可能是承包人提出价格交发包人或其委托中介组织进行审核。无论哪一方提出协商价格意见，都要通过谈判协调，签订承包合同，确定为合同价。

2. 应用招标投标机制控制费用

招标阶段是建设单位和承包商进行交易的阶段，合同价格将在这个阶段确定。建设单位在招标阶段的工程费用控制，主要是通过制定招标文件和标底，组织招标、评标，保证中标价格的合理性。

（1）标底价格。标底价格也即标底，指招标人根据招标项目的具体情况编制的完成招标项目所需的全部费用，是依据国家规定的计价依据和计价办法计算出来的工程费用，是招标人用以反映拟建工程的预期价格，而不是实际的交易价格。标底是由成本、利润、税金组成，应该控制在批准的总概算和投资包干之内。招标人以标底价格作为衡量投标人的投标价格的一个尺度，是招标人控制投资的重要手段。

我国目前的《招标投标法》没有明确规定招标工程必须设置标底价格，招标人可根据工程的实际情况决定是否编制标底价格。显然，即使使用无标底招标方式招标，招标人在招标时也需要对工程的建造费用作出估计，以判断报价的合理性。

（2）投标报价。投标报价即投标人为了得到工程施工承包的资格，按照招标人在招标文件中的要求进行估价，然后根据投标策略确定投标价格，以争取中标并通过工程实施取得经济效益，因此投标报价是投标人即卖方的要价。如果设有标底，投标报价时要研究招标人评标时如何使用标底；如果是越靠近标底得分越高，则投标报价就不应追求最低标底；如果标底只作为招标人的参考价，仍要求低价中标，这时投标人就要努力使标价最具竞争力，既保证报价最低也保证报价不低于其成本，以获得既定的利润。这种情况下，投标人的报价必需有雄厚的技术、管理实力作为后盾，编制出有竞争力、又能盈利的投标报价。编制投标报价的依据应是企业定额，该定额由企业根据自身技术水平和管理能力进行编制。企业定额应具有计量方法和基础价格，报价时还要以询价的办法了解相关价格信息，对企业定额中的基础价格进行调整后使用。

（3）评标。评标就是指招标人根据招标文件中规定的评标标准和办法对投标人的投标文件进行评价审核以确定中标单位的活动。《招标投标法》第四十条规定："评标委员会应当按照招标文件确定的评标标准和方法，对投标文件进行评审和比较。设有标底的，应当参考标底"。所以评标的依据一是招标文件，二是标底（如果设有标底时）。《招标投标法》第四十一条规定：中标人的投标应符合下列两个条件之一：一是"最大限度地满足招标文件中规定的各项综合评价标准"，该评价标准中当然包含投标报价；二是"能够满足招标文件的实质性要求，并且经评审的投标价格最低，但是投标价格低于成本除外"。这两个条件其实就是评标的两种不同的标准。因此评标是招标投标阶段控制费用的一个重要环节。

招标投标实质上既是工程价格形成的方式也是承包合同形成的方式。招标人所发放的招标文件可以认为是要约邀请，投标人的投标文件是正式的要约，中标通知书是正式的承诺。所以根据我国的《合同法》，中标通知书一旦发放即意味着双方的承包合同正式成立。

8.3 工程施工项目成本核算与控制

8.3.1 工程施工项目成本核算的范围

成本核算是成本运行控制的一种手段，工程项目成本核算主要在施工阶段，是指通过实际成本计算，并与计划成本进行比较，从中发现是否存在偏差。因此，成本的核算职能不可避免地和成本的计划职能、控制职能、分析预测职能等产生有机的联系，有时强调施工项目的成本核算管理，实质上包含了全过程成本管理的含义。

工程施工项目成本核算的范围，原则上说，就是在施工合同所界定的施工任务范围内，作为施工项目经理的责任目标成本。工程项目成本一般是以单位或单项工程为核算对象，具体内容包括工程直接费和间接费范围内的各项成本费用。

1. 直接费成本核算

直接费成本主要包括人工费、材料费、周转材料费、结构件费和施工机械使用费等。实践中对成本核算没有统一的模式，各个施工企业根据各自制订的核算制度与方法进行核算。

（1）人工费核算。人工费包括两种情况，即内包人工费和外包人工费。内包人工费是指两层分开后企业所属的劳务分公司（内部劳务市场自有劳务）与项目经理部签订的劳务合同结算的全部工程价款。适用于类似外包工式的合同定额结算支付办法，按月结算计入项目单位工程成本。

外包人工费是按项目经理部与劳务基地（内部劳务市场外来劳务）或直接与单位施工队伍签订的包清工合同，以当月验收完成的工程实物量，计算出定额工日数乘以合同人工单价确定人工费。并按月凭项目经济员提供的"包清工工程款月度成本汇总表"（分外包单位和单位工程）预提计入项目单位工程成本。

（2）材料费核算。工程耗用的材料，根据限额领料单、退料单、报损报耗单，大堆材料耗用计算单等，由项目料具员按单位工程编制"材料耗用汇总表"，据以计入项目成本。

（3）周转材料费核算。

1）周转材料实行内部租赁制，以租费的形式反映其消耗情况，按"谁租用谁负担"的原则，进行核算并计入项目成本。

2）按周转材料租赁办法和租赁合同，由出租方与项目经理部按月结算租赁费。租赁费按租用的数量、时间和内部租赁单价计算计入项目成本。

3）周转材料在调入移出时，项目经理部都必须加强计量验收制度，如有短缺、损坏，一律按原价赔偿，计入项目成本（缺损数＝进场数－退场数）。

4）租用周转材料的进退场运费，按其实际发生数，由调入项目负担。

5）对U型卡、脚手扣件等零件除执行项目租赁制外，考虑到其比较容易散失的因素，故按规定实行定额预提摊耗，摊耗数计入项目成本。单位工程竣工，必须进行盘点，盘点后的实物数与前期逐月按控制定额摊耗后的数量差，按实调整清算计入成本。

6）实行租赁制的周转材料，一般不再分配负担周转材料差价。退场后发生的修复整理费用，应由出租单位作出租成本核算，不再向项目另行收费。

（4）结构件费核算。

1）项目结构件的使用必须要有领发手续，并根据这些手段，按照单位工程使用对象编制"结构件耗用月报表"。

2）项目结构件的单价，以项目经理部与外加工单位签订的合同为准，计算耗用金额计入成本。

3）根据实际施工形象进度、已完施工产值的统计、各类实际成本报耗三者在月度时点上的三同步原则（配比原则的引伸与应用），结构件耗用的品种和数量应与施工产值相对应。结构件数量金额账的结存数，应与项目成本员的账面余额相符。

4）结构件的高进高出价差核算同材料费的高进高出价差核算一致。结构件内三材数量、单价、金额均按报价书核定，或按竣工结算单的数量按实结算。

5）部位分项分包，如铝合金门窗、卷帘门等，按照企业通常采用的类似结构件管理和核算办法，项目经济员必须做好月度已完工程部分验收记录，正确计报部位分项分包产值，并书面通知项目成本员及时、正确、足额计入成本。预算成本的测算、归类可与实际成本的出账保持同口径。分包合同价可包括制作费和安装费等有关费用，工程竣工按部位分包合同结算书，据以按实调整成本。

（5）机械使用费核算。

1）机械设备实行内部租赁制，以租赁费形式反映其消耗情况，按"谁租用谁负责"的原则核算其项目的成本。

2）按机械设备租赁办法和租赁合同，由企业内部机械设备租赁市场与项目经理部按月结算。租赁费根据机械使用台班、停置台班和内部租赁单价计算，计入项目成本。

3）机械进出场费，按规定由承租项目负责。

4）项目经理部租赁的各类大小、中小型机械，其租赁费全额计入项目机械费成本。

5）根据内部机械设备租赁市场运行规则要求，结算原始凭证由项目指定专人签证开班和停班数，据以结算费用。向外单位租赁机械，按当月租赁费用全额计入项目机械费成本。

（6）其他直接费核算。项目施工生产过程中实际发生的其他直接费，有时并不"直接"，凡能分清受益对象的，应直接计入受益成本核算对象的工程施工——"其他直接费"，如与若干个成本核算有关的，可先归集到项目经理部的"其他直接费"账科目（自行设置），再按规定的方法分配计入有关成本核算对象的工程施工——"其他直接费"成本项目内。

1）施工过程中的材料二次搬运费，按项目经理部向劳务分公司汽车队托运汽车包天或包月租费结算，或以运输公司的汽车运费计算。

2）临时设施摊销费按项目经理部搭建的临时设施总价（包括活动房）除以项目合同工期求出每月应摊销额，临时设施使用一个月摊销一个月，摊销完为止。项目竣工搭拆差额（盈亏）据实调整实际成本。

3）生产工具用具使用费。大型机动工具、用具等可以套用类似内部机械租赁办法以租费形式计入成本，也可按购置费用一次摊销法计入项目成本，并做好在用工具实物借用记录，以便反复利用。工用具的修理费按实际发生数计入成本。

4）除上述以外的其他直接内容，均应按实际发生的有效结算凭证计入项目成本。

2. 间接费成本核算

为了明确项目经理部的经济责任，正确合理地反映项目管理的经济效益，对施工发生在项目与项目之间的间接费严格遵循"谁受益、谁负担，多受益、多负担，少受益、少负担，不受益、不负担"的原则。组织的管理费用、财务费用作为期间费用，不再构成项目成本，组织与项目在费用上分开核算。凡属于项目发生的可控费用均下沉到项目去核算，组织不再硬性将公司本部发生费用向下分摊。

（1）要求以项目经理部为单位编制工资单和奖金单列支工作人员薪金。项目经理部工资总额每月必须正确核算，以此计提职工福利费、工会经费、教育经费、劳保统筹费等。

（2）劳务分公司所提供的炊事人员代办食堂承包、服务、警卫人员提供区域岗点承包服务以及其他代办服务费用等计入施工间接费。

（3）内部银行的存贷利息，计入"内部利息"（新增明细子科目）。

（4）施工间接费，先在项目"施工间接费"总账归集，再按一定的分配标准计入受益成本核算对象（单位工程）"工程施工——间接成本"。

3. 分包费成本核算

建设工程项目总承包方或其施工总承包方，根据工程项目施工需要或出于风险管理的考虑，在建设法规许可的前提下，可将单位工程中的某些专业工程、专项工程，以及群体建设工程项目的某些单位或单项工程进行分发包，此时，总分包人之间所签订的分包合同价款及其实际结算成本金额，应列入总承包方相应工程的成本核算范围。分包合同价款与分包工程计划成本比较，反映分包费成本的实际控制效果。必须指出，分包工程的实际成本由分包方进行核算，总承包方不可能也没有必要掌握分包方的真实的实际成本。

在工程项目成本管理的实践中，施工分包的方式除了按部位分包外，还有施工劳务分包即包清工、机械作业分包等，即使按部位分包也有包清工和包工包料之分。对于各类分包费用的核算，要根据分包合同价款并对分包单位领用、租用、借用总包方的物资、工具、设备、人工等费用，根据项目经理部管理人员开具的且经分包单位指定专人签字认可的专用结算单据，如"分包单位领用物资结算单"及"分包单位租用工器具设备结算单"等结算依据，入账抵作已付分包工程款，进行核算。

8.3.2 工程施工项目成本控制的基本任务

执行有关的成本开支范围、费用开支标准、工程预算定额等，制定积极的、合理的计划成本和降低成本的措施，严格、准确地控制和核算施工过程中发生的各项成本，及时地提供可靠的成本分析报告和有关资料，并与计划成本相对比，对项目进行经济责任承包的考核，以期改善经营管理，降低成本，提高经济效益。最终目标是经济效益最优化。成本控制的一切工作都是为了效益，建筑产品的价格一旦确定，成本便是最终效益的决定因素，只有控制住成本，利润空间才能打开。

8.3.3 工程施工项目成本控制的原则

工程项目在施工的过程中必须遵循以下原则进行成本控制：

1. 节约原则

节约就是项目施工用人力、物力和财力的节省，是成本控制的基本原则。节约绝对不是消极的限制与监督，而是要积极创造条件，要着眼于成本的事前监督和过程控制，在实施过程中经常检查是否出偏差，优化施工方案，从提高项目的科学管理水平入手来达到节约的目的。

2. 全面控制原则

全面控制原则包括两个涵义，即全员控制和全过程控制。

（1）项目全员控制。成本控制涉及项目组织中的所有部门、班组和员工的工作，并与每一个员工的切身利益有关，因此应充分调动每个部门、班组和每一个员工控制成本、关心成本的积极性，真正树立起全员控制的观念，形成人人、事事、时时都按目标成本来约束自己的行为。

（2）项目全过程成本控制。项目成本的发生涉及项目的整个周期，即项目成本形成的全过程，从施工准备开始，经施工过程至竣工移交后的保修期结束。因此，成本控制工作要伴随项目施工的每一阶段，如在施工准备阶段制定最佳的施工方案，按照设计要求和施工规范施工，充分利用现有的资源，减少施工成本支出，并确保工程质量，减少工程返工费和工程移交后的保修费用。工程验收移交阶段，要及时追加合同价款办理工程结算，使工程成本自始至终处于有效控制之下。

3. 目标控制原则

目标管理是管理活动的基本技术和方法。它是把计划的方针、任务、目标和措施等加以逐一分解落实。在实施目标管理的过程中，目标的设定应切实可行，越具体越好，要落实到部门、班组甚至个人；目标的责任要全面，既要有工作责任，更要有成本责任；做到责、权、利相结合，对责任部门（人）的业绩进行检查和考评，并同其工资、奖金挂钩，做到奖罚分明。

4. 动态控制原则

成本控制是在不断变化的环境下进行的管理活动，所以必须坚持动态控制的原则，所谓动态控制就是将工、料、机投入到施工过程中，收集成本发生的实际值，将其与目标值相比较，检查有无偏差，若无偏差，则继续进行，否则要找出具体原因，采取相应措施。实施成本控制过程应遵循"例外"管理方法，所谓"例外"是指在工程项目建设活动中那些不经常出现的问题，且是关键性问题，这些问题对成本目标的顺利完成影响重大，必须予以高度重视。

5. 经济原则

经济原则是指因推行成本控制而发生的成本不应超过因缺少控制而丧失的收益。任何管理活动都是有成本的，为建立一项控制所花费的人力物力财力不能超过这项控制所能节约的成本。由此，经济原则在一定程度上要求项目只能在重要领域选择关键的因素进行控制，并且在成本控制中对例外情况要特别关注。对那些次要的开支采取简化的控制措施。

8.3.4 工程施工项目成本控制的方法

根据工程项目成本发生的情况，控制的方法主要包括工程项目成本的事先预控和工程项目成本的运行控制。

1. 工程项目成本的事先预控

工程项目成本的事先预控是指通过科学合理地确定各类计划成本目标和相应的控制措施，并论证其可行性，进而具体编制成本计划文件，按成本计划的安排和要求，采购和使用各种生产资料。事前预控实质上是伴随着成本计划阶段的技术经济活动的全过程。具体控制内容如下：

（1）工程投标估算成本的预控。对于施工总承包项目而言，工程投标阶段的成本估算，是以业主招标文件中的合同条款、技术规范、设计图纸与工程量表和工程的性质与范围、价格条件说明和投标须知等为基础，结合调研和现场考察所得的情况，根据施工企业的定额、市场价格信息和有关规定，计算和确定承包该项工程的估算成本和投标报价。由于处于工程项目的投标阶段，能否中标还未定，成本控制包含两层意思：一是做好成本预测与估算，编制有竞争力的投标书；二是一旦中标获得合同授予权，对合同条件的确定必须坚持有利于工程成本得到合理补偿的原则，如不可抗力损害的费用承担办法；施工过程第三方损害的费用承担办法；工程变更、中止等造成损失的费用承担办法等。

对于工程总承包项目而言，投标阶段则是综合估算工程项目的总承包价格，而项目的施工计划成本是在设计过程和设计完成后、施工之前，由总承包企业确定。施工组织投标报价时的成本估算，首先应依据反映本组织技术水平和管理水平的企业定额，计算确定完成拟投标工程的全部生产费用，即建筑产品的完全成本，以此为基础按照规定的方法计算建筑产品的投标价格。

投标阶段工程项目成本估算步骤：

1）熟悉和研究招标文件。成本估算要广泛搜集、熟悉各种资料、工程技术文件，包括招标文件、施工图纸、市场价格信息等。在准备、掌握资料的同时，要审核其是否齐全和有无错误等。

2）进行施工技术和组织方案的策划。施工技术和组织方案是决定施工成本的基础。成本估算，首先要根据拟投标项目，对项目的施工组织进行策划，拟定管理组织结构形式、管理工作流程；对项目的施工流程、施工顺序、施工方法进行策划，确定施工方案。

3）确定施工项目分解结构。对整个施工项目按子项或分部分项进行施工任务分解，分解时应结合施工方法的要求，全面系统，不出现重复项目和遗漏项目。

4）计算工程量，编制投标书报价表。根据项目施工图纸、有关技术资料和工程量规则进行工程量的计算。为了准确地估算项目施工成本，应充分考虑项目施工组织设计、施工规划或施工方案等的技术组织措施。

（2）确定项目经理责任目标成本的预控。每个工程项目，在实施项目管理之前，首先由企业与项目经理协商，将合同预算的全部费用分为现场施工费用（制造成本）和组织管理费用两部分。其中，现场施工费用核定的总额，作为施工项目成本控制和核算的界定范围，也是确定项目经理部责任成本目标的依据。

责任目标成本是施工组织对项目经理部提出的指令成本目标，也是对项目经理部进行详细施工组织设计，优化施工方案，制定降低成本对策和管理措施提出的要求。

责任目标成本确定的过程和方法如下：

1）在投标报价时所编制的工程估价单中，各项单价由企业内部价格构成，就形成直接费中的材料费、人工费的目标成本。

2）以施工组织设计为依据，确定机械台班和周转设计材料的使用量。

3）其他直接费中的各子项目均按具体情况或内部价格来确定。

4）现场施工管理费，也按各子项目视项目的具体情况加以确定。

5）投标中压价让利的部分，原则上由企业统一承担，不列入施工责任目标成本。

总之，确定施工项目经理责任目标成本并非仅是施加压力的权宜之计，而是体现了工程成本控制的三层意思：一是体现了工程成本目标的分解和责任的落实，即将现场可控部分的成本作为施工经理的责任目标进行控制，界定了组织和项目的成本管理责任范围；二是在确定项目经理责任成本的同时，组织各职能部门作为赢利计划中心，对施工项目成本控制，从方法、途径、措施等方面进行共同指导，体现了施工项目管理依托组织技术和管理的综合优势，谋求降低成本提高效益的努力；三是体现了以施工项目经理为核心的施工成本责任制，为施工项目成本控制建立了运行机制。

（3）编制现场目标成本计划时的预控。项目经理部在接受组织法定代表人委托后，应通过主持编制项目管理实施规划，寻求降低成本的途径，组织编制施工预算，确定项目的计划目标成本。

施工预算是项目经理部根据下达目标，在详细编制施工组织设计过程中，不断优化施工技术方案和合理配置生产要素的基础上，通过工料消耗分析和制定节约成本措施后确定计划成本，也称现场目标成本。一般情况下，施工预算总额应控制在责任成本目标的范围内，并留有一定余地。在特殊情况下，项目经理部经过反复挖潜，不能把施工预算总额控制在责任成本目标的范围内，应与组织进一步协商修正责任成本目标或共同探索进一步降低成本的措施，以使施工预算建立在切实可行的基础上。

（4）目标成本分解落实过程的预控。施工项目的成本控制，不仅仅是专业成本员的责任，所有的项目管理人员，特别是项目经理，都要按照自己的业务分工各负其责。为了保证项目成本控制工作的顺利进行，需要把所有参加项目建设的人员组织起来，对计划目标成本进行了解和交底，使项目经理部的所有成员和各个单位和部门明确自己的成本责任，并按照自己的分工开展工作。这里所说的成本管理责任制，是指各项目管理人员在处理日常业务中对成本应尽的责任，要联系实际，整理成文，并作为一种制度加以贯彻。

2. 工程项目成本的运行控制

工程项目成本的控制包括设计阶段成本控制和施工阶段成本控制，对于承包商而言，设计阶段成本控制是指控制工程项目的设计费用，它有别于业主方项目管理在设计阶段的投资控制。设计阶段是投资挖掘的中心环节，工程总承包方担负着重要责任，控制投资和控制项目设计成本是两项既有区别又有联系的工作目标。

施工阶段是工程项目成本运行控制的主要阶段，它通过确定成本并按计划成本进行施工资源配置、用工用料和劳动作业效率管理等，对施工现场正在发生或将要发生的各项成本进行有效控制。

（1）人工费的控制。人工费的控制采取与材料费控制相同的原则，实行"量价分离"。人工用工数通过项目经理与施工劳务承包人的承包合同，按照企业内部施工图预算、钢筋翻样单或模板量计算出定额人工工日，并将安全生产、文明施工及零星用工按定额工日的一定比例（一般为15%～25%）综合确定用工数量与单价，通过劳务合同管理进行控制。

（2）材料费控制。材料费控制同样按照"量价分离"原则，控制材料用量和材料价格。

1）材料用量控制。在保证符合设计规格和质量标准的前提下，合理使用材料和材料价格，通过定额管理、计量管理等手段以及施工质量控制，避免返工等，有效控制材料物资的消耗，具体方法有：

A. 定额控制。对于有消耗定额的材料，项目以消耗定额为依据，实行限额发料制度。在规定限额内分期分批领用，需要超过限额领用的材料，必须先查明原因，经过一定审批手续方可领料。

B. 指标控制。对于没有消耗定额的材料，则实行计划管理和按指标控制的办法。根据长期实际耗用，结合具体施工内容和节约要求，制定领用材料指示，据以控制发料。超过指标的材料，必须经过一定的审批报告方可领用。

C. 计量控制。为准确核算项目实际材料成本，保证材料消耗准确，在各种材料进场时，项目材料员必须准确计量，查明是否发生损耗或短缺，如有发生，要查明原因，明确责任。

D. 以钱代物，包干控制。在材料使用过程中，对部分小型及零星材料（如铁钉、铁丝等）根据工程量计算出的所需材料，将其折算成费用，每月结算时发给施工班组，一次包死，班组需要用料时，再从项目材料员购买，超支部分由班组自负，节约部分归班组所得。

2）材料价格的控制。材料价格主要由材料采购部门在采购中加以控制。由于材料价格是由买价、运杂费、运输中的合理损耗等组成，因此控制材料价格，主要是通过市场信息、询价，应用竞争机制和经济合同手段等控制材料、设备、工程用品的采购价格，包括买价、运费和耗损等。

施工项目的材料物资，包括构成工程实体的主要材料和结构件，以及有助于工程实体形成的周转使用材料和低值易耗品。从价值角度看，材料物资的价值，约占工程总费用的

70%以上，其重要程度自然是不言而喻的。由于材料物资的供应渠道和管理方式各不相同，所以控制的内容和所采取的控制方法也将有所不同。

（3）机械使用费控制。合理选择施工机械设备，合理使用施工机械设备对工程项目的施工及其成本控制具有十分重要的意义，尤其是高层建筑施工。据某些工程实例统计，高层建筑地面以上部分的总费用中，垂直运输机械费用约占 6%～10%。

由于不同的起重运输机械各有不同的用途和特点，因此，在选择起重运输机械时，首先应根据工程特点和施工条件确定采取不同的起重运输机械的组合方式。在确定采用何种组合方式时，把满足施工需要放在首位，同时还要考虑到费用的高低和是否有较好的综合经济效益。

机械费用主要由台班数量和台班单价两方面决定，为有效控制台班费支出，主要从以下几个方面控制：

1）合理安排施工生产，加强设备租赁计划管理，减少因安排不当引起的设备闲置。

2）加强机械设备的调度工作，尽量避免窝工，提高现场设备利用率。

3）加强现场设备的维修保养，避免因不正当使用造成机械设备的停置。

4）做好机上人员与辅助生产人员的协调与配合，提高施工机械台班产量。

（4）施工管理费的控制。现场施工管理费在项目成本中占有一定比例，项目在使用和开支时弹性较大，可采取以下措施：

1）根据现场施工管理费占施工项目计划总成本的比重，确定施工项目经理部施工管理费总额。

2）在施工项目经理的领导下，编制项目经理部施工管理费总额预算和各管理部门、条线的施工管理费预算，作为现场施工管理费的控制根据。

3）制定施工项目管理开支标准和范围，落实各部门、条线和岗位的控制责任。

4）制定并严格执行施工项目经理部的施工管理费作用的审批、报销程序。

（5）临时设施费用的控制。施工现场临时设施费用是施工项目成本的构成部分。在施工项目管理中，降低施工成本方面，有硬手段与软手段两个途径。硬手段主要是指优化施工技术方案，应用价值工程方法，结合施工方法对设计提出改进意见，以及合理配置施工现场临时设施，控制施工规模，降低固定施工成本开支；软手段主要是指通过加强管理、克服浪费、提高效率等来降低单位建筑产品物化劳动和活劳动的消耗。工程项目一般施工规模大，集中程度高，虽然可以缩短施工工期，但所需要的施工临时设施数量也多，势必导致施工成本增加。合理确定施工规模或集中度，在满足计划工期目标的前提下，做到各类临时设施的数量尽可能最少。

（6）施工分包费用的控制。项目施工中，一般会有部分工程内容需委托其他施工单位，即分包单位完成。分包工程价格的高低，必然对项目经理部的施工项目成本产生一定的影响。因此，施工项目成本控制的重要工作之一是对分包价格的控制。

项目经理部应在确定施工方案的初期就确定需要分包的工程范围。这一范围的控制因素主要是考虑工程的专业性和项目规模。

对分包费用的控制，主要是抓好建立稳定的分包商关系网络、做好分包询价、订立互利平等的分包合同、施工验收和分包结算工作等。

（7）工程变更的控制。工程变更是指在工程施工过程中，由于种种原因发生了事先没有预料到的情况，使得工程施工的实际条件与规划条件出现较大的差异，需要采取一定措施作相应的处理。工程变更常常涉及额外费用损失的承担责任问题，因此，进行项目成本控制必须能够识别各种各样的工程变更情况，并且了解发生变更后的相应处理对策，最大限度地减少由于变更带来的损失。

工程变更情况主要以下几种情况：施工条件变更、工程内容变更或停工、延长工期或者缩短工期、物价变动、天灾或其他不可抗拒的因素。

当工程变更超过合同规定的限度时，常常会对项目的施工成本产生很大的影响，如不进行相应的处理，就会影响企业在该项目上的经济效益。工程变更处理就是要明确各方的责任和经济负担。

在处理工程变更问题时，要根据变更的内容和原因，明确承担责任者；如果承包合同有明确的规定，则按承包合同执行；如果合同没有明确规定的，则应查明原因，根据相应仲裁或法律判明责任和损失的承担者。通常由于建设单位原因造成的工程变更，损失由建设单位负担；由于客观条件影响造成的工程变更的，在合同规定的范围内，按合同规定处理，否则由双方协商解决；如属于不可预见费用的支付范畴的，则由承包单位解决。

另外，还要精确地统计已造成的损失和预测变更后的可能带来的损失，经双方协商同意的工程变更，必须做好记录，并形成书面材料，由双方代表签字后生效。这些材料将成为工程款结算的合同依据。

（8）施工索赔管理。施工索赔是指合同的实施过程中，合同的一方因对方不履行或未能正确履行合同所规定的义务而受损失，向对方提出赔偿要求。对施工组织来说，一般只要不是组织自身责任，而由于外界干扰造成工期延长和成本增加，都有可能提出索赔。造成索赔的原因有两个方面：

1）业主违约，未履行合同。如未按合同规定及时交付设计图纸造成工期拖延，未及时支付工程款，施工企业可就此提出赔偿要求。

2）业主未违反合同，而由于其他原因，如业主行使合同赋予的权力指令变更工程；工程环境出现事先未能预料到的情况或变化，如恶劣的气候条件、与勘探报告不同的地质情况、国家法令的修改、物价上涨、汇率变化等。由此造成的损失，施工企业可提出补偿的要求。

施工项目管理人员，应十分熟悉该工程项目的工程以及施工成本的各个组成部分，对施工项目的各项主要开支要心中有数，对超出合同项目工作范围的工作，要及时发现，并及时提出索赔要求。在计算索赔款额时，亦应准确地提出所发生的新增成本，或者是额外成本。只要这些成本超出投标报价范围的工程成本就可以提出索赔。

8.4 工程项目成本分析与考核

8.4.1 工程项目成本的偏差分析

在工程项目成本计划阶段的事前成本预控，或在工程施工期间的成本核算过程，对所反映的实际成本与目标成本的偏差，应全面地进行原因分析，以便有针对性地采取对策措施，控制实际成本的偏差，保持计划或目标成本的受控。工程项目成本偏差的分析，主要是在施工准备和施工展开阶段，包括成本偏差的性质与数量分析、偏差的对象与原因分析以及成本变动趋势的预测分析等。

1. 成本偏差的性质与数量分析

施工项目成本偏差的数量分析，就是通过实际成本与预算成本（设计预算、合同预算）、计划成本的相互对比中，反映成本的偏差性质与大小。根据动态控制原理，成本偏差是成本的实际值与计划值进行比较的结果。通常情况下，总是按照成本运行过程，将成本的前后两种状态进行比较，前者为计划值，后者为实际值。因此，成本数量偏差可按其性质分为计划偏差和实际偏差。

（1）计划偏差。即计划成本与预算成本相比的差额反映了成本事前预控的状况，计算公式如下：

$$计划偏差＝计划成本－预算成本 \tag{8-22}$$

预算成本包括施工图预算成本、投标书合同预算成本和项目管理责任目标成本三个层次的预算成本。

计划成本是指现场目标成本，即施工预算。两者的计划偏差也分别反映了计划成本与社会平均成本的差异；计划成本与竞争性标价成本的差异；计划成本与组织预期目标成本的差异。如果计划偏差是负值，反映成本预控的计划效益，也是反映管理者在计划过程智慧和经验投入的结果。如果偏差为正值，则情况相反。

（2）实际偏差。实际偏差是指实际成本与计划成本相比较的差额，反映施工项目实际成本控制的效果和业绩，计算方法如下：

$$实际偏差＝实际成本－计划成本 \tag{8-23}$$

分析实际偏差的目的，在于检查计划成本的执行情况。偏差为正值时，反映对实际成本发生过程的控制存在缺点和问题，需通过挖掘成本控制的潜力来缩小和纠正实际偏差，保证计划目标的实现。

2. 成本偏差的构成与影响分析

成本偏差的性质与数量分析，只是从总体上认识核算对象成本的运行状况、超支或节约的数量大小。在此基础上，管理者还必须进一步了解造成这些成本偏差的构成因素及其影响情况。构成核算对象成本偏差不外乎以下几方面因素分别或共同影响的结果。

（1）工程实物量的增减；

（2）物资资源定额消耗量的节超；

（3）生产要素价格的变动。

因此，通常情况下可采用连环替代方法，分别计算出构成相应核算对象的工程量、消耗量、价格等各因素对成本的影响情况与大小。

3. 成本偏差的要素与原因分析

在明确各构成因素的影响及其后果的情况下，还必须从生产要素的角度，分别分析其成本偏差的情况，以便进一步改善施工生产要素的采购、配置、组织和使用管理，控制工程成本。

（1）人工费偏差。人工费偏差同样可分为计划偏差和实际偏差，正值为超支、负值为节约。

$$人工费计划偏差＝计划人工费－预算定额人工费 \tag{8-24}$$

$$人工费实际偏差＝实际人工费－计划人工费 \tag{8-25}$$

实行施工项目管理后，工程施工的用工一般采用发包形式，其特点为：

1）按承包的实物工程量和预算定额计算定额人工，作为计算劳务费用的基础；

2）人工费单价，由发承包双方协商确定，一般按技工、普通工或技术等级分别规定工资单价；

3）定额人工以外的钟点工，有的按定额人工的一定比例一次包死，有的按实计算，钟点工单价由双方协商确定；

4）对在进度、质量上做出特殊贡献的班组和个人，进行相应奖励，由项目经理根据实际情况具体掌握。

（2）材料费偏差。材料费包括主要材料费、结构件成本和周转材料费。同样可采用以上方法进行偏差分析。但由于材料的种类繁多，一般情况下应按主要材料费、结构件成本、周转材料费等分别进行偏差分析。

（3）机械使用费偏差。影响机械使用费的因素主要是机械利用率。造成机械利用率不高的因素，则是机械调度不当和机械完好率不高。因此，在机械设备的使用过程中，必须充分发挥机械的效用，加强机械设备的平衡调度，做好机械设备平时的维修保养工作，提高机械的完好率，严格设备的交接班制度，保证机械的正常运转。

机械完好率与机械利用率的计算公式如下：

$$机械完好率＝\frac{报告期机械完好台班数＋加班台数}{报告期制度台班数＋加班台数}\times100\% \tag{8-26}$$

$$机械利用率＝\frac{报告期机械实际工作台班数＋加班台数}{报告期制度台班数＋加班台数} \tag{8-27}$$

完好台班数是指机械处于完好状况下的台班数，它包括修理不满一天的机械，但不包括待修、在修、送修在途的机械。在计算完好台班数时，只考虑是否完好，不考虑是否在工作。制度台班数是指本期内全部机械台班数与制度工作天数的乘积，不考虑机械的技术状态和是否工作。

（4）施工间接费偏差。施工间接费就是施工项目经理部为管理施工而发生的现场经费。因此，进行施工间接费分析，需要应用计划与实际对比的方法。施工间接费实际发生数的资料来源为工程项目的施工间接费明细账。在具体核算中，如果是以单位工程作为成本核算对象的群体工程项目，应将所发生的施工间接费采取"先集合、后分配"的方法，合理分配给有关单位工程。

引起成本偏差的原因，既有客观的自然因素、社会因素，也有主观的人为因素，为了对可能导致成本偏差的原因进行分析，可采用的分析方法有因果分析法、因素分析法、ABC分类法、相关分析法、层次分析法。

8.4.2 工程项目成本的变动预测

施工项目后期成本的变动趋势预测，就是在施工项目的实施过程中，运用数量分析方法对未完工部分的施工成本进行预测与判断，从而为项目经理部择优决策，确定后期施工成本目标，为编制或调整后期施工成本计划提供依据。这种预测主要是根据当前的成本核算资料，应用挣得值方法（又称赢得值）分析项目总成本或某核算对象的累计成本偏差状况，测算后期尚需的成本数额以及最终成本的节超情况。

1. 挣得值法的原理及其应用

挣得值法（又称赢得值法）实际上是一种分析目标实施与目标期望之间差异的方法。所以也称为偏差分析法。挣得值法通过测量和计算已完成的工作的预算费用与完成工作的实际费用和计划工作的预算费用得到有关计划实施的进度和费用偏差，而达到判断项目预算费用和进度计划执行情况的目的。其基本思想是：

（1）在初始施工进度网络计划的基础上，可以在两维坐标上画出一条工程成本累计曲线，称之为"控制性计划的累计预算成本曲线"，用 BCWS（BCWS，Budgeted Cost of Work Scheduled）来表示。

（2）由于施工总进度计划采取按月、旬作业计划滚动实施的方式，因此月、旬作业计划的施工内容，在基本遵循初始网络计划施工顺序要求的情况下，通常要根据实际情况进行必要的调整，这就是作业计划对总进度计划的局部修正，跟踪施工作业计划的全过程，我们同样可以画出一条"执行计划的累计预算成本曲线"，用 BCWP（BCWP，Budgeted Cost of Work Performed）表示，BCWP 也反映施工累计成本是项目进展时间的函数，为执行计划的计划成本累计值而非实际值。

（3）按初始施工总进度计划分解、调整或修正的作业计划，实际执行结果，可以画出一条实际成本累计曲线（已完工作实际成本），用 ACWP（Actual Cost of Work Performed）表示。

（4）将以上三条曲线画在同一坐标中，就可以进行实际进度偏差和成本偏差的分析与计算，如图 8-1 和表 8-2 所示。

1）实际进度偏差 SV（Schedule Variance）

$$SV = BCWP - BCWS \tag{8-28}$$

2）实际成本偏差 CV（Cost Variance）

$$CV = BCWP - ACWP \tag{8-29}$$

3）进度实施指数 SPI（Schedule Performance Index）

$$SPI = BCWP/BCWS \tag{8-30}$$

4）成本实际指数 CPI（Cost Performance Index）

$$CPI = BCWP/ACWP \tag{8-31}$$

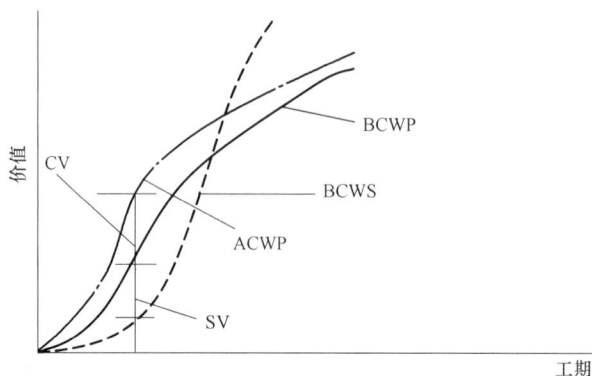

图 8-1 挣得值法分析图

序号	图　型	三参数关系	分　析	措　施
1	BCWS ACWP BCWP	ACWP＞BCWS＞BCWP SV＜0，CV＜0	效率低，进度较慢，投入超前	用高效率人员替换低效率人员
2	BCWP BCWS ACWP	BCWP＞BCWS＞ACWP SV＞0，CV＞0	效率高，进度较快，投入延后	如果偏离不大，可以维持原状
3	BCWP ACWP BCWS	BCWP＞ACWP＞BCWS SV＞0，CV＞0	效率较高，进度快，投入超前	抽出部分人员，放慢进度
4	ACWP BCWP BCWS	ACWP＞BCWP＞BCWS SV＞0，CV＜0	效率较低，进度较快，投入超前	抽出部分人员，增加少量骨干力量
5	BCWS ACWP BCWP	BCWS＞ACWP＞BCWP SV＜0，CV＜0	效率较低，进度慢，投入延后	增加高效人员的投入
6	BCWS BCWP ACWP	BCWS＞BCWP＞ACWP SV＜0，CV＞0	效率较高，进度较慢，投入延后	迅速增加人员投入

2. 施工项目竣工总成本预测

在施工成本控制过程的每一时点上，关注目标竣工时的总成本是项目经理最终责任目标成本所不可忽视的，因此在进行每月成本核算时，有必要对总成本进行预测。有条件时，组织也可以按年、月、周、日等进行预测。项目竣工总成本预测值 EAC，计算方法有以下几种：

（1）EAC＝目前实际成本＋(项目剩余部分的计划成本×实际执行情况系数) （8-32）

实际执行情况系数一般是指成本实施指数。这种方法假定现在的偏差代表将来的偏差。

（2）　　　　EAC＝目前的实际成本＋所有剩余工作的新估算成本　　　　（8-33）

即对所有剩余的工作重新估算成本值。

（3）　　　　EAC＝目前的实际成本＋项目剩余部分的预算成本　　　　（8-34）

这种方法假定现有的所有偏差都是不正常的，才产生项目实际施工成本与计划施工成本的偏差，而估计将来不会发生类似的偏差，因而不需要重新估计剩余工程的成本。

8.4.3　工程项目成本报告的编制

项目经理部应在跟踪核算分析的基础上，编制月度（周、日）项目成本报告，上报组织成本主管部门进行指导检查和考核。

1. 工程成本月报表

工程成本月报表是针对每一个施工项目设立的。该报表的资料数据很多都来自工程成本分类账。工程成本月报表有助于项目经理评价本工程中的各个分项工程的成本支出情况。有条件时，也可以按周、日编制报表。

2. 工程项目成本分析月报表

工程成本分析月报表将施工项目的分部分项工程成本资料和结算资料汇于一表，使得项目经理能够纵观全局。工程成本分析月报表的资料来源于施工项目的成本日记账和成本分类账，以及应收款分类账，起到报告工程成本现状的作用。

有条件时，也可以进行项目成本的周、日的分析，并形成相应的报表。

8.4.4 项目成本管理考评的要求

项目成本管理的绩效评价与考核，是贯彻项目成本管理责任制和激励机制的重要措施，这种评价与考核既是对项目成本管理过程所进行的经验与教训总结，也是对项目成本管理的绩效所进行的审查与确认，对于调动各级项目管理者的积极性、责任性，以及进行项目成本管理的持续改进，将产生积极的推动作用。要做好项目成本管理的绩效考评工作，组织必须有一套相关的健全制度、考评指标和工作方法。

1. 组织应建立和健全项目成本考评制度，对考核的目的、范围、时间、对象、方式、依据、指标、组织领导、评价与奖惩原则等做出规定。

2. 组织应以项目成本降低额和项目成本降低率作为成本考核主要指标。项目经理部应设置成本降低额和成本降低率等考核指标。

3. 组织应对项目经理部的成本和效益进行全面审核、审计、评价、考核与奖惩。

8.4.5 项目成本管理绩效考评的内容与依据

工程项目成本管理的绩效考评是工程项目管理总体绩效考评的重要组成部分，也是贯彻项目经理责任制和评价项目管理组织工作业绩的重要环节。因此，项目成本管理的绩效考评，通常是与工程项目管理业绩的综合评价一起进行，评价方式，根据需要可分为阶段性考评和项目终结考评。

1. 项目成本管理绩效考评的内容：

（1）项目经理责任目标成本完成情况。可使用企业组织审计核定确认的实际总成本与责任目标总成本进行比较，反映项目经理责任目标总成本的降低额或降低率。

（2）项目经理部计划成本目标的完成情况。即使用经组织审计核定确认的各项成本实际值与计划值进行比较，反映项目经理部计划成本的实际降低额或降低率。

（3）工程进度款结算、竣工结算及工程款的回收情况。

（4）项目经理部对企业所提出的项目成本管理的各项技术组织措施贯彻执行情况及其效果，在增收节支、克服浪费等方面的具体贡献。

（5）成本失控、效益流失、财务纪律等方面存在的问题。

（6）是否正确处理项目成本管理与项目其他目标管理的关系，即成本管理绩效应与项目质量、安全、进度等相联系进行评价。

2. 项目成本管理绩效考评的依据

（1）项目施工合同或工程总承包合同文件；

（2）项目经理目标责任书；

（3）项目管理实施规划及项目施工组织设计文件；

（4）项目成本计划文件；

（5）项目成本核算资料与成本报告文件。

8.4.6 项目成本管理绩效考评的方式与程序

1. 项目成本管理绩效考评的方式

项目成本管理考评，无论是阶段性的考评还是项目终结考评，一般均可采用当事人自评和组织考评相结合的方式进行。具体说就是在项目经理部自评的基础上再由组织的有关职能部门进行考评。

2. 项目成本管理绩效考评的程序

（1）组织主管领导或部门发出考评通知书，说明考评的范围、具体时间和要求；

（2）项目经理部按考评通知书的要求，做好相关范围成本管理情况的总结和数据资料的汇总，提出自评报告；

（3）组织主管领导签发项目经理部的自评报告，交送相关职能部门和人员进行审阅评议；

（4）及时进行项目审计，对项目整体的综合效益作出评估；

（5）按规定时间召开组织考评会议，进行集体评价与审查并形成考评结论。

复习思考题

1. 什么是工程项目费用？其费用构成包括哪些？

2. 工程项目费用控制的步骤与原则是什么？

3. 简述限额设计的目标及操作过程。

4. 简述价值工程的基本原理与特点。

5. 试分析工程施工项目成本核算的范围。

6. 工程施工项目成本控制的原则是什么？

7. 如何控制工程施工项目成本？

8. 如何分析工程项目成本的偏差？

9. 项目成本管理绩效考评的内容与依据。

10. 项目成本管理绩效考评的方式与程序。

第9章 工程项目风险管理

现代工程项目规模越来越大，技术越来越复杂，风险同样也在增大。如何识别风险、分析风险，对风险进行防范措施和处理，已成为许多大中型工程建设项目管理中的重要内容之一。本章主要介绍工程项目在生命周期中，项目风险因素识别与分析、风险估计与评价、风险应对计划、风险控制、工程担保与保险等内容。

9.1 工程项目风险管理概述

9.1.1 风险

1. 风险的定义

"风险"一词的由来，最为普遍的一种说法是，在远古时期，以打鱼捕捞为生的渔民们，在长期的捕捞实践中认识到，在出海捕捞打鱼的生活中，"风"即意味着"险"，因此有了"风险"一词的由来。

现代意义上的风险一词，已经大大超越了"遇到风险"的狭义含义，且随着人类活动的复杂性和深刻性而逐步深化，并被赋予了从哲学、经济学、社会学到统计学甚至文化艺术领域的更广泛更深层次的含义。在工程项目管理中，我们一般将"风险"定义为：风险是指发生某种损失的不确定性。一般来说，风险具备下列要素：①事件（不希望发生的变化）。②事件发生的概率（实践发生具有不确定性）。③事件的影响（后果）。④风险的原因。

2. 风险的属性

（1）风险的客观性。风险不以人的意愿为转移，无论当事人是否认识、察觉或采取控制、预防措施，风险发生总是客观存在。

（2）风险的不确定性。是指风险于何时、何地发生，风险发生的形式、损失程度等，均不能事先确定。

（3）风险的相对性。风险是相对于事件主体而言的。同样的不确定事件对不同的主体有不同的影响。人们对于风险事件都有一定的承受能力，但是这种能力因活动、人和时间的不同而不同。

（4）风险的可变性。在一定条件下，当引起风险的因素发生变化时，必然会导致风险的变化。风险的可变性表现在：风险性质的变化；风险后果的变化；出现了新的风险或风险因素已经消除。

3. 风险的分类

对风险进行科学分类，便于防范风险。

（1）按风险造成的后果划分，分为纯粹风险和投机风险。纯粹风险是指只会带来损失，不会带来收益的风险，如自然灾害等；投机风险是指既可能造成损失，又可能带来收益的风险，如买彩票等。

（2）按风险的来源划分，分为自然风险和认为风险。自然风险是指由于自然力的作用，造成财产损失、人员伤亡的风险；人为风险是指由于人的活动而产生的风险。人为风险通常包括行为风险、经济风险、技术风险、政治风险和组织风险等。

（3）按风险影响范围划分，分为局部风险和总体风险。局部风险指其发生的结果只影响到项目局部的风险；总体风险时指其发生的结果可影响到项目总体的风险。

（4）按风险的对象划分，分为财产风险、人身风险和责任风险。财产风险是指财产所遭受损害、破坏或贬值的风险；人身风险是指由于疾病、伤残、死亡所引起的风险；责任风险是由于法人或自然人的行为违背了法律、合同或道义上的规定，给他人造成财产损失或人身伤害。

（5）按风险对工程项目目标的影响划分，分为工期风险、费用风险和质量风险。工期风险是指造成工程的局部（工程的活动、分项工程）或整个工程的工期延长，不能按计划正常移交后续工程施工或按时交付使用等形成的风险；费用风险包括财务风险、成本超支、投资追加、报价风险、投资回收期延长或无法回收等；质量风险包括：材料、工艺、工程不能通过验收、工程试生产不合格、工程质量经过评价未达到要求等。

9.1.2 工程项目风险

1. 工程项目风险的定义

工程项目风险是指项目在设计、施工和竣工验收等各个阶段可能遭到的风险。可将其定义为：在工程项目目标规定的条件下，该目标不能实现的可能性。工程项目不同阶段有不同的风险，工程项目风险大多数会随着项目的进展而变化，不同阶段项目的风险性质、风险后果也不一样。项目大量的风险存在于项目早期，而早期决策对项目后续阶段和项目目标的实现影响也非常大。

2. 工程项目风险的类别

工程项目风险根据不同分类标准可以划分为很多种类，这里我们按工程项目风险后果的承担者来划分，主要有以下几类风险。

（1）工程项目业主/法人面临的风险。这类风险由于风险来源的不同又可以划分为自然风险、社会风险、经济风险和项目组织实施的风险等，后三者属于人为风险。

（2）工程项目承包商面临的风险。工程项目承包商作为工程承包合同的一方当事人，是业主的合作者。根据合同规定，双方各有其权利和义务，每一方的行为都可能侵害到对方的利益，从而为对方带来风险。承包商面临的风险主要有工程承包决策失误风险、签约和履约风险、责任风险等。

（3）工程项目监理人面临的风险。首先，在工程项目中，业主可能会对工程提出过分的、不切实际的要求或对本应由监理工程师决定的事情乱加干预。如对工程标准提得过高、对施工进度定得太快、干预工程量的增减、工程成本的变化等。而监理工程师却要为这些事情造成的不良后果负责。其次，由承包商的一些缺乏诚信的行为造成的后果，也有可能使监理工程师遭遇责任风险。如，施工过程中以不当手段进行工程变更、工程索赔、对工程项目不进行自检、弄虚作假等。再其次，工程项目是一项综合性的、复杂的活动，因而工程项目的监理工作需要一定的监理知识、相关监理经验以及沟通能力，这其中任何一方面的欠缺或疏忽都会给监理工程师带来风险。综上所述，监理工程师主要面临着来自业主，承包商及其自身三个方面的风险。

（4）工程项目咨询人面临的风险。工程项目咨询人主要面临着来自业主行为的风险和来源于自身能力及态度的风险。如，业主对工程标准提出不当要求、对可行性研究施加不当要求、工程项目咨询人信息掌握不全面、责任心不强等。

（5）工程项目设计人面临的风险。与上述情况类似，工程项目设计人主要面临着来自业主的某些行为和来源于自身的能力及态度造成的风险。

（6）工程项目贷款人面临的风险。工程项目贷款人主要面临的是贷款不能按时收回或者根本无法收回的风险。

9.1.3 工程项目风险管理

1. 工程项目风险管理的定义

工程项目风险管理是指项目主体通过风险识别、风险估计和风险评价等来分析工程项目的风险，并以此为基础，使用多种方法和手段对项目活动涉及的风险实行有效的控制，尽量扩大风险事件的有利结果，妥善地处理风险事件造成的不利后果的全过程的总称。

2. 工程项目风险管理的目标

风险管理是一种有目的的管理活动。只有目标明确，才可能起到有效作用。否则，风险管理形同虚设，毫无意义，也无法评价其成败与否。

一般地，风险管理目标的确定要满足以下条件：

（1）风险管理目标与风险管理主体（如企业或建设工程的业主）总体目标的一致性。

（2）目标的现实性，即确定目标要充分考虑其实现的客观可能性。

（3）目标的明确性，以便于正确选择和实施各种方案，并对其效果进行客观的评价。

（4）目标的层次性，从总体目标出发，根据目标的重要程度，区分风险管理目标的主次与提高风险管理的综合效果。

风险管理的具体目标还需要与风险事件的发生联系起来。就工程项目而言，在风险事件发生前，风险管理的首要目标是使潜在损失最小。这一目标要通过最佳的风险对策组合来实现；其次，是减少忧虑及相应的忧虑价值。忧虑价值是比较难以定量化的，但由于对风险的忧虑分散和耗用工程决策者的精力和时间，却是不争的事实；第三，是满足外部的附加义务。例如，政府明令禁止的某些行为、法律规定的强制性保险等。在风险事件发生后，风险管理的首要目标是将实际损失减少到最低程度。要实现这一目标，不仅取决于风险对策的最佳组合，而且还取决于具体的风险对策计划和措施；第四，是保证工程实施的正常进行，按原定计划建成工程。必要时还要承担社会责任。

根据风险管理目标与风险管理主体总体目标一致性的原则，风险管理的目标可定义为：通过对项目风险的识别，将其定量化，进行分析和评价，选择风险管理措施，以避免大风险的发生，或在风险发生后，使得损失量降到最低程度，从而实现项目的总体目标：

（1）实际费用不超过计划费用；

（2）实际工期不超过计划工期；

（3）实际质量达到建设要求；

（4）建设过程安全。

3. 工程项目风险管理的重点

工程项目风险管理贯穿在工程项目的整个寿命周期，而且是一个连续不断的过程，但也有其重点。

（1）从时间角度考查，下列时间点工程项目风险要特别引起关注：

1）工程项目进展过程中出现未曾预料的新情况时；

2）工程项目有一些特别的目标必须实现时，例如道路工程一定要在九月底通车；

3）工程项目进展出现转折点，或提出变更时。

（2）项目无论大与小、简单与复杂，都可对其进行风险分析和风险管理，但是下面一些类型的项目或活动应该特别进行风险分析和风险管理：

1）创新或使用新技术的工程项目；

2）投资数额大的工程项目；

3）实行边设计、边施工、边科研的工程项目；

4）打断目前生产经营，对目前收入影响特别大的工程项目；

5）涉及敏感问题（环境、搬迁）的工程项目；

6）受到法律、法规、安全等方面严格要求的工程项目；

7）具有重要政治、经济和社会意义，财务影响很大的工程项目；

8）签署不平常协议（法律、保险或合同）的工程项目。

（3）对于工程建设项目，在下述阶段进行风险分析和风险管理可以获得特别好的效果：

1）可行性研究阶段。这一阶段，项目变动的灵活性最大。这时若做出减少项目风险的变更，代价小，而且有助于选择项目的最优方案。

2）审批阶段。此时项目业主可以通过风险分析了解项目可能会遇到的风险，并检查是否采取了所有可能的步骤来减少和管理这些风险。在定量风险分析之后，项目业主还能够知道有多大的可能性实现项目的各种目标，例如费用、时间和功能。

3）招标投标阶段。承包商可以通过风险分析明确承包中的所有风险，有助于确定应付风险的预备费数额，或者核查自己受到风险威胁的程度。

4）招标后。这时，项目业主通过风险分析可以查明承包商是否已经认识到项目可能会遇到的风险，是否能够按照合同要求如期完成项目。

5）项目实施期间。定期进行风险分析，切实地进行风险管理，可增加项目按照预算和进度计划完成的可能性。

4. 风险管理同工程项目管理的关系

风险管理是工程项目管理的一部分，目的是保证项目总目标的实现。风险管理与项目管理的关系如下：

（1）从项目的成本、时间和质量目标来看，风险管理与项目管理目标一致。只有通过风险管理降低项目的风险成本，项目的总成本才能降下来。项目风险管理把风险导致的各种不利后果减少到最低程度，这正符合各项目有关方在时间和质量方面的要求。

（2）从项目范围管理来看，风险管理是项目范围管理主要内容之一，是审查项目和项目变更所必需的。一个项目被批准并付诸实施，无非是市场和社会对项目的产品和服务的需求。风险管理通过风险分析，对这种需求进行预测，指出市场和社会需求的可能变动范围，并计算出需求变动时项目的盈亏大小。这就为项目的财务可行性研究提供了重要依据。项目在进行过程中，各种各样的变更是不可避免的。变更之后，会带来某些新的不确定性。风险管理正是通过风险分析来识别、估计和评价这些不确定性，向项目范围管理提出任务。

（3）从项目管理的计划职能来看，风险管理为项目计划的制定提供了依据。项目计划考虑的是未来，而未来充满着不确定因素。项目风险管理的职能之一恰恰是减少项目在整个过程中的不确定性。

（4）从项目的成本管理职能来看，项目风险管理通过风险分析，指出有哪些可能的意外费用，并估计出意外费用的多少。对于不能避免但能够接受的损失也计算出数量，列为一项成本。这就为在项目预算中列入必要的应急费用提供了重要依据。从而增强了项目成本预算的准确性和现实性，能够避免因项目超支而造成项目各有关方面临风险。由此，风险管理是项目成本管理的一部分。

（5）从项目的实施过程来看，许多风险都在项目实施过程中由潜在变成现实。无论是机会还是威胁，都在实施中见分晓。风险管理就是在认真分析风险的基础上，拟定各种具体的风险应对措施，以备风险事件发生时采用，从而及时对风险实行有效的控制。

9.2 工程项目风险识别与分析

风险识别（Risk Identification）是工程项目风险管理的第一步，也是工程项目风险管理的基础。

9.2.1 工程项目风险识别过程

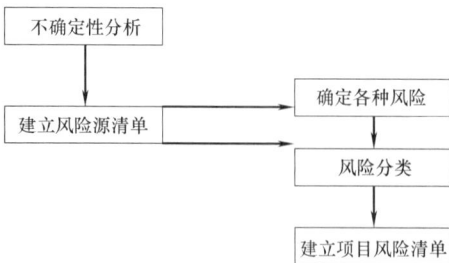

图 9-1 工程项目风险识别过程图

识别风险的过程包括对所有可能的风险事件来源和结果进行客观的调查分析，最后形成项目风险清单，一般按以下步骤进行，如图9-1所示。

1. 工程项目不确定性分析

影响工程项目的因素很多，且许多是不确定的。风险管理首先是要对这些不确定因素进行分析，识别其中有哪些不确定因素会使工程项目发生风险，分析潜在损失的类型或危险的类型。

2. 建立初步风险源清单

在项目不确定性分析的基础上，将不确定因素及其可能引发的损失类型或危险性类型列入清单，作为进一步分析的基础。对每一种风险来源均要作文字说明。说明主要包括风险事件的可能后果、风险发生时间的估计和风险事件预期发生次数的估计等内容。

3. 确定各种风险事件和潜在结果

根据风险源清单中各风险源，推测可能发生的风险事件以及相应风险事件可能出现的损失。

4. 进行风险分类或分组

根据工程项目的特点，按风险的性质和可能的结果及彼此间可能发生的关系对风险进行分类。在工程项目的实施阶段，其风险可作如表 9-1 分类。

施工实施阶段风险分类表　　　　　　　　　　　　　　　　表 9-1

业主风险	承包商风险
征地 现场条件 及时提供完整的设计文件 现场出入道路 建设许可证和其他有关条例 政府法律规章的变化 建设资金及时到位 工程变更	工人和施工设备的生产率 施工质量 人力、材料和施工设备的及时供应 施工安全 材料质量 技术和管理水平 材料涨价 实际工程量 劳资纠纷
业主和承包商共担风险	未定风险
财务收支 变更谈判 保障对方不承担责任 合同延误	不可抗力 第三方延误

对风险进行分类的目的在于：一方面是为加深对风险的认识和理解；另一方面是为了进一步识别风险的性质，从而有助于制定风险管理的目标和措施。

5. 建立工程项目风险清单

按工程项目风险的大小将风险事件列成清单，不仅给人们展示出工程项目面临总体风险的情况，而且能把全体项目管理人员统一起来，使个人不仅考虑到自己管理范围内所面临的风险，而且也使他了解到其他管理人员所面临的风险以及风险之间的联系和可能的连锁反应。工程项目风险清单的编制一般应在风险分类分组的基础上进行，并对风险事件的来源、发生时间、发生的后果和预期发生的次数作出说明。

9.2.2　风险识别方法

原则上，风险识别可以从原因查结果，也可以从结果反过来找原因。在具体识别风险时，还可以利用核对表、经验数据、流程图等工具或方法。

1. 核对表法

人们考虑问题有联想习惯，在过去经验的启示下，思想常常变得很活跃，浮想联翩。风险识别实际是关于将来风险事件的设想，是一种预测。如果把人们经历过的风险事件及其来源罗列出来，写成一张核对表，那么，项目管理人员看了就容易开阔思路，容易想到本项目会有哪些潜在风险。核对表可以包含多种内容，例如以前项目成功或失败的原因、项目其他方面规划的结果（范围、成本、质量、进度、采购与合同、人力资源与沟通等计划成果）、项目产品或服务的说明书、项目班子成员的技能、项目可用的资源等等。还可以到保险公司索取资料，认真研究其中的保险例外，这些东西能够提醒还有哪些风险尚未考虑到。

例 9-1. 工程项目管理成功与失败原因的核对表，见表 9-2。

工程项目管理成功与失败原因核对表　　　　　　　　　　　　表 9-2

工程项目管理成功原因
(1)项目目标清楚,对风险采取了现实可行的措施
(2)从项目一开始就让参与项目以后各阶段的有关方面参与决策
(3)项目各有关方的责任和应当承担的风险划分明确
(4)在项目设备订货和施工之前,对所有可能的设计方案都进行了细致的分析和比较
(5)在项目规划阶段,组织和签约中可能出现的问题都已事先预计
(6)项目经理有献身精神,拥有所有应该有的权限
(7)项目班子全体成员工作勤奋,对可能遇到的大风险都已集体讨论过
(8)对外部环境的变化都采取了及时的应对行动
(9)进行了班子建设,表彰与奖励及时且有度
(10)对项目班子成员进行了培训

工程项目管理失败原因
(1)项目业主不积极、缺少推动力
(2)沟通不够,决策者远离项目现场,项目各有关方责任不明确,合同上未写明
(3)规划工作做得不细,或缺少灵活性
(4)把工作交给了能力不行的人,又缺少检查、指导
(5)仓促进行各种变更,更换负责人,改变责任、项目范围或项目计划
(6)决策时不征求各方面意见
(7)未能对经验教训进行分析
(8)其他错误

2. 经验数据法

经验数据法也称为统计资料法，即根据已建各类工程项目与风险有关的统计资料来识别拟建工程的风险。由于这些不同的风险管理主体的角度不同、数据或资料来源不同，其各自的初始风险清单存在不同程度上的差异。但是，工程项目风险本身是客观事实，有客观的规律性，当经验数据或统计资料足够多时，这种差异性就会大大减小。这种基于经验数据或统计资料的初始风险清单可以满足对工程项目风险识别的需要。

3. 流程图（Flow Diagram）法

将一工程项目的活动按步骤或阶段顺序以若干模块形式组成一个流程图子列。每个模块中都标出各种潜在的风险或利弊因素，结合项目的具体情况，对可能风险进行识别，从而给决策者一个清晰的总体印象。

4. 初始清单法

建立工程项目的初始风险清单有两种途径：

（1）常规途径是采用保险公司或风险管理学会（或协会）公布的潜在损失一览表，即任何企业或工程都可能发生的所有损失一览表。

（2）通过适当的风险分解方式来识别风险是建立工程项目初始风险清单的有效途径。对于大型、复杂的工程项目，首先将其按单项工程、单位工程分解，再对各单项工程、单位工程分别从时间维、目标维和因素维进行分解，可以较容易地识别出工程项目主要的、常见的风险。从初始风险清单的作用来看，因素维仅分解到各种不同的风险因素是不够的，还应进一步将各风险因素分解到风险事件中。参照同类工程项目风险的经验数据（若无现成的资料，则要多方收集）或针对具体建设工程的特点进行风险调查。

5. 试验或实验法

试验或实验法即利用试验或实验的结果识别风险因素，这里的试验或实验通常包括数学模型、计算机模拟实验、市场调查及文献调查等方法。

6. 财务数据法

财务数据法可以反映工程项目的基本状况，风险管理人员可以通过分析有关财务报表以及将其与财务预算和财务预测相结合发现项目风险。这种风险识别方法局限性较大，风险识别往往不全面，所以在应用中应当在拥有财务信息的基础上同时搜集其他信息资料以及辅之以其他手段、方法来进行风险识别，而不是只局限于独立使用财务数据法。另外，利用此方法时必须保证财务数据的可靠性。

7. 风险调查法

风险调查法应当从分析具体工程项目的特点入手，一方面对通过其他方法已识别出的风险（如初始风险清单所列出的风险）进行鉴别和确认，另一方面，通过风险调查有可能发现此前尚未识别出的重要的工程风险。通常，风险调查可以从组织、技术、自然及环境、经济、合同等方面分析拟建工程项目的特点以及相应的潜在风险。

风险调查并不是一次性的。由于风险管理是一个系统的、完整的循环过程，因而风险调查也应该在工程项目实施全过程中不断地进行，这样才能了解不断变化的条件对工程风险状态的影响。当然，随着工程实施的进展，不确定性因素越来越少，风险调查的内容亦将相应减少，风险调查的重点有可能不同。

对于工程项目的风险识别来说，仅仅采用一种风险识别方法是远远不够的，一般都应综合采用两种或多种风险识别方法，才能取得较为满意的结果。而且，不论采用何种风险识别方法组合，都必须包含风险调查法。从某种意义上讲，前六种风险识别方法的主要作用在于建立初始风险清单，而风险调查法的作用则在于建立最终的风险清单。

9.2.3 风险分析

风险分析是风险识别和风险管理之间联系的纽带，可是管理者更准确地认识风险和影响以及相互作用，常用的方法有简单估计法、敏感性分析法、概率树法和蒙特卡洛法。

1. 简单估计法

包括专家评估法和风险因素取值评定法。专家评估法也叫德尔菲法，是以发函、开会或向专家咨询对项目存在的风险因素及其进行评定，每位专家凭借经验独立对风险因素和风险影响程度作出正确的判断，找出各种潜在的风险并对其后果做出分析和估计。风险因素取值评定法是估计风险因素的最乐观、最悲观和最可能值，计算出期望值，将期望值的平均值与目标值相比较，计算出两者的偏差值和偏差程度，据以判断风险程度的方法。简单估计法只能就单个风险因素判定风险程度，准确度低，容易产生偏差。

2. 敏感性分析法

包括敏感性分析和盈亏平衡分析。其中盈亏平衡分析是一种最简单的风险评价方法，重点关注产量、成本和利润三者之间的变化关系，通过测算项目的盈亏平衡点，来分析投资项目在不亏损的情况下对高度敏感的产量、售价、成本和利润等因素进行分析，方法简单，是一种广泛采用的风险分析方法。

3. 概率树法

是指在构造概率树的基础上，运用概率论和数理统计原理，计算出所有可能变化组合净现值的期望值和净现值大于零的概率，再画出其概率分布图。从而判断风险因素可能发生的概率。

4. 蒙特卡罗法

是目前风险分析方法中较为经典方法，又叫随机模拟或统计实验法，是通过对随机变量的统计实验、随机模拟来估计经济风险和工程风险的数学方法。该方法在实际应用过程中由于过程较为繁琐，应用的不是很多。

在工程建设项目中，风险的估计与分析方法很多，每种方法不是孤立应用的，可以根据具体情况组合使用。但必须根据具体情况来正确选择使用，才能得到可信的分析结果，否则，分析结果与实际将不吻合。

9.3 工程项目风险估计与评价

工程项目风险识别解决了风险的存在性问题，让我们清楚了项目中有哪些风险，它们存在于什么环节，以及何时发生等。但是，风险识别并未回答以下问题：每个风险发生的概率是多大？项目风险造成的损失有多大？风险何时发生？不同风险之间的相关性如何？他们对工程项目会造成什么样的综合后果或总体影响？项目主体能否接受这些风险？要解决这些问题，就应当在工程项目识别的基础上进行风险估计和评价。

9.3.1 工程项目风险估计

所谓工程项目风险估计就是借助概率论和数理统计的方法，在风险识别和对过去损失资料分析的基础上，对已识别的风险的发生概率（或分布）、造成后果的严重程度、可能发生的事件、影响范围的大小等方面进行估计的过程。

由以上概念可以看出，工程项目风险估计至少包括以下四个方面的主要内容。

1. 对项目风险发生概率及其分布的估计

这是工程项目风险估计的第一项任务，在确定某项风险的概率及其概率分布时，需要搜集与其相关或相似的风险的数据资料，运用这些风险发生的概率作为风险估计的参考。但是，项目是具有独特性的工作，很难找到两个非常相似的项目，另外，概率的估算也需要由同时具备项目管理经验和数理知识的人员来完成，再加上项目所处的风险环境不断发生变化，所有这些因素都导致风险概率的估计是一项比较困难的工作。尽管如此，概率估计却是风险估计中最为重要的一项任务。当发现有些风险发生概率较大（接近1）时，就应引起相关人员的特别重视。

2. 对风险后果严重程度的估计

风险后果即风险的发生对项目中造成的损失，对这种损失大小的估计是风险估计的第二项任务。风险对工程项目造成的损失主要有工程项目工期拖延、费用超支、质量或技术性能不达标及安全事故等几个方面。有些风险发生的概率可能很小，但一旦发生，造成的损失就很大，对这类风险应引起足够的重视。

3. 对风险发生时影响范围的估计

风险影响范围即风险发生时影响到项目的哪些工作或方面，对这种范围的估计是风险估计的第三项任务。有些风险其发生的概率及造成的直接损失可能都不大，但一旦发生影响范围就很大或对一些关键工作造成影响，对这类风险有必要进行严格控制。

4. 对风险发生时间的估计

对风险发生时间的估计是风险估计的第四项任务，这项工作的出色完成对风险管理也有很重要的作用，这是因为，当在知道各种风险何时发生的情况下，管理人员就可以适时采取风险应对措施，既可降低风险管理成本，又可防患于未然。

9.3.2 工程项目风险评价

风险估计只对工程项目各阶段单个风险分别进行估计和量化，没有考虑到各单个风险综合起来的总体效果，也没有考虑到这些风险是否能被项目主体所接受。这些问题需要通过项目风险评价去解决。

1. 工程项目风险评价的目的

（1）对项目诸风险进行比较和评价，确定它们的先后顺序；

（2）从项目整体出发，弄清各风险事件之间确切的因果关系，为制定风险管理计划提供基础；

（3）考虑各种不同风险之间相互转化的条件，研究如何才能化风险为机会；

（4）进一步量化已识别风险的发生概率和后果，减少风险发生概率和后果估计中的不确定性。

2. 风险评价的方法

常见的风险分析方法有 8 种：即调查和专家打分法（Checklist）、层次分析法（AHP）、模糊数学法（Fuzzy Set）、统计和概率法（Statistics）、敏感性分析法（Sensitive Analysis）、蒙特卡罗方法（Monte Carlo，MC）、CIM 模型、影响图法（Influence Diagram）。其中前两种方法侧重于定性分析，中间三种侧重于定量分析，而后三种则侧重于综合分析。限于篇幅，本书主要介绍 Checklist、AHP 和 MC 三种方法。

（1）调查和专家打分法。调查和专家打分法是一种最常用、最简单、易于应用的分析方法。它的应用由两步组成：首先，识别出某一种特定工程项目可能遇到的所有风险，列出风险调查表（Checklist）；其次，利用专家经验，对可能的风险因素的重要性进行评价，综合成整个项目风险，具体步骤如下：

1）确定每个风险因素的权重，以表征其对项目风险的影响程度。

2）确定每个风险因素的等级值，按可能性很大、比较大、中等、不大、较小这五个等级，分别以 1.0、0.8、0.6、0.4 和 0.2 打分。

3）将每个风险因素的权数与等级值相乘，求出该项风险因素的得分，再求出此工程项目风险因素的总分。显然，总分越高说明风险越大。

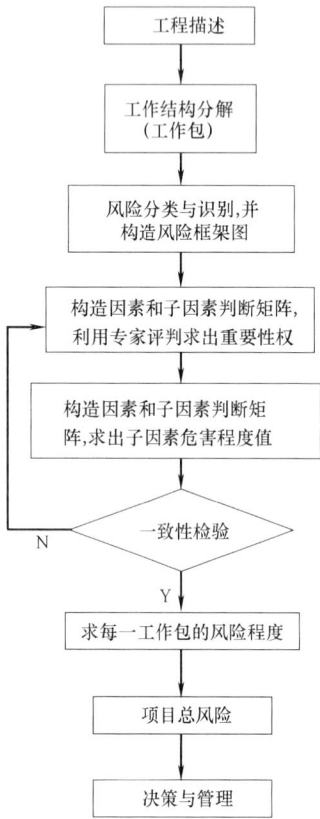

图 9-2 层次分析法投标风险分解过程

该方法适用于决策前期。这个时期往往缺乏项目具体的数据资料，主要依据专家经验和决策者的意向，得出的结论也不要求是资金方面的具体值，而是一种大致的程度值，它只能是进一步分析的基础。

（2）层次分析法

在工程风险分析中，层次分析法提供了一种灵活的、易于理解的工程风险评价方法，承包商在工程项目投标阶段使用 AHP 法来评价投标工程风险，以便其在投标前就对拟建项目的风险情况有一个全面认识。判断出工程项目的风险程度，并进行投标决策。

应用层次分析法进行投标风险分解过程如图 9-2，具体可分下列 8 个步骤。

1）工作结构分解。通过工作分解结构（WBS），按工作性质相似原则把整个项目分解成可管理的工作包，然后对每一工作包做风险分析。

2）风险识别。首先，对每一个特定的工作包进行风险分类和识别，常用的方法是专家调查法，如德尔菲法（Delphi）；然后，构造出该工作包的风险框架图。图 9-3 是某国际工程的风险框架图。

3）构造因素和子因素判断矩阵。请专家按照表 9-3 所示的规则对因素层和子因素层间各元素的相对重要性给出评判，可求出各元素的权重值。

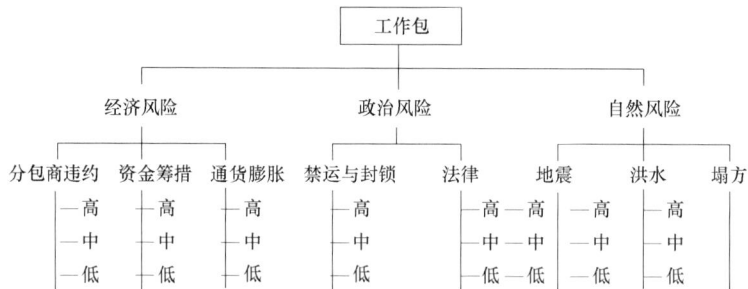

图 9-3 层次分析法投标风险分析框架

评判准则表 表 9-3

标度	含 义
1	表示两因素相比，具有同样重要性
3	表示两因素相比，一个因素比另一因素稍微重要
5	表示两因素相比，一个因素比另一因素明显重要
7	表示两因素相比，一个因素比另一因素强烈重要
9	表示两因素相比，一个因素比另一因素极端重要
2,4,6,8	上述两相邻判断中间值，如 2 为属于同样重要和稍微重要之间

162

4）构造反映各个风险因素危害的严重程度的矩阵。严重程度通常用高、中、低风险三个概念表示，求出各个风险因素相对危害程度值。

5）一致性检验。由于（3）、（4）中，均采用专家凭经验、直觉的主观判断，那么就要对专家主观判断的一致性加以检验。一般检验不通过，就要让专家做重新的评价，调整其评价值，然后再检验，直至通过为止。一般一致性检验指标 C_I 不超过 0.1 即可，C_I 的计算公式如下：

$$C_I = \frac{\lambda_{max} - n}{n - 1} \tag{9-1}$$

上式中，n——判断矩阵阶数；

λ_{max}——判断矩阵阶数的最大特征值。

6）求风险度。把所求出的各子因素相对危害程度值统一起来，就可求出该工作包风险处于高、中、低各等级的概率值大小，由此可判断该工作包的风险程度。

7）求总风险水平。把组成项目的所有工作包都如此分析评价，并把各工作包的风险程度统一起来，就可得出项目总的风险水平。

8）决策与管理。根据分析评估结果制定相应的决策并实行有效的管理。

（3）蒙特卡罗（MC）方法。

1）MC方法基本原理和应用步骤。蒙特卡罗（MC）方法，又称随机抽样统计试验方法。这种方法计算风险的实质是在计算机上做抽样试验，然后用具体的风险模型进行计算，最后用统计分析方法得到所求的风险值。它是估计经济风险和工程风险常用的一种方法。使用 MC 方法分析工程风险的基本过程如下：

① 编制风险清单。通过结构化方式，把已识别出的影响项目目标的重要风险因素构造成一份标准化的风险清单。在这份清单中能充分反映风险分类的结构和层次性；

② 采用专家调查法确定风险因素的概率分布和特征值；

③ 根据具体问题，建立风险的数学表达公式；

④ 产生伪随机数，并对每一风险因素进行抽样；

⑤ 计算风险的数学表达公式；

⑥ 重复第四步、第五步 N 次；

⑦ 对 N 个计算值进行统计分析，进而求出具体的风险值。

应用 MC 方法可以直接处理每一个风险因素的不确定性，但其要求每一个风险因素是独立的。这种方法的计算工作量很大，在计算机技术发展的今天，这已不再是困难的事。可以编制计算机软件来对模拟过程进行处理，大大节约计算时间。该方法的难点在于对风险因素相关性的识别与评价。但总体而言，该方法无论在理论上，还是在操作上都较前几种方法有所进步，目前已广泛应用于工程项目管理领域。

2）MC方法在工程进度风险分析计算中的应用。在工程建设中，一般活动（或工序）、子项目的施工先后的逻辑关系一般是确定的，但完成每一活动或子项目所需要的时间（或称工序持续时间）是不确定的。因此，在工期规定的条件下，工程进度就存在风险。下面介绍一个用 MC 方法计算工程进度风险的案例。

某工程施工进度每一环节的时间估计如表 9-4。

活动 i, j	乐观 估计工期(a)	最可能 估计工期(m)	悲观 估计工期(b)	活动 i, j	乐观 估计工期(a)	最可能 估计工期(m)	悲观 估计工期(b)
1,2	8	10	12	10,14	2	4	5
1,3	4	5	6	11,14	2	7	9
1,4	4	7	9	12,14	7	9	10
1,5	4	5	6	12,15	8	9	10
2,3	4	5	7	13,14	13	15	17
2,6	16	18	20	13,15	2	3	4
3,4	2	4	5	13,16	2	4	5
3,7	3	6	9	14,15	7	9	11
4,7	2	3	5	15,16	8	10	12
5,7	7	8	9	15,17	2	5	8
5,8	7	9	10	15,18	3	7	12
6,7	14	16	18	15,19	4	5	6
6,8	2	3	5	16,17	2	5	6
6,9	3	4	5	16,20	16	18	20
7,8	6	9	11	17,18	3	4	6
8,9	9	11	13	17,21	3	6	9
8,10	3	5	8	18,21	2	3	5
8,11	2	7	12	19,21	7	8	9
8,12	3	5	6	19,22	7	9	10
9,10	3	5	7	20,21	14	16	18
9,13	17	19	21	20,22	2	3	5
10,11	2	4	6	21,22	8	10	12

用 MC 方法计算该工程的进度风险步骤如下：

① 估计工序持续时间，计算工序的期望持续时间和方差；

② 确定模拟仿真次数 N，设定工序持续时间的分布，如选 β 分布或正态分布；

③ 产生伪随机数 r_i，并进行抽样计算，当工序持续时间为正态分布时，其抽样公式为：

$$f_i = D_{ij} + \sigma_{ij} \sum_{i=1}^{12} (r_i - 6) \tag{9-2}$$

上式中，f_i——工序随机抽样时间

　　　　D_{ij}——工序 (i, j) 期望持续时间

　　　　σ_{ij}——工序 (i, j) 持续时间标准差

　　　　r_i——伪随机数

④ 由 f_i，计算第 k 次模拟仿真的计算工期 T_k；

⑤ 当仿真 N 次后，得到计算工期的集合 $\{T_k\}$；

⑥ 由 $\langle T_k \rangle$，分别由下列两式推算计算工期的期望值 $\overline{T}$ 和标准差 S：

$$\overline{T} = \frac{1}{N} \sum_{k=1}^{N} T_k \qquad (9\text{-}3)$$

$$S = \sqrt{\frac{1}{N-1} \sum_{k=1}^{N} (T_k - \overline{T})^2} \qquad (9\text{-}4)$$

其中，N——仿真次数

T_k——第 k 次模拟仿真的计算工期 T_k

⑦ 当网络的工序较多时，工期服从正态分布，并由计算工期的期望值 $\overline{T}$ 和标准差 S，即可计算工程进度的风险。

在本案例中，在计算机上仿真 10000 次，得到计算期望工期为 159.40 天，标准差为 1.35 天，当规定工期为 160 天时，其不能按时完工的进度风险为 32.9%。

9.4 工程项目风险控制

9.4.1 风险分配

在一个工程项目的实施过程中，不可避免地存在各种各样的自然和社会风险，这些风险都必须在项目参与者之间进行分配。合理地风险分配，可以充分发挥各方的积极性，降低工程成本，提高投资效益，达到双赢的结果。

1. 风险分配的原则

对工程风险的分配，业主起主导作用。作为买方的业主，通常由其组织起草招标文件、选择合同条件。而承包商或供应商一般处于从属地位。当然，业主一般不能随心所欲，不顾主客观条件，把风险全部推给对方，而对自己免责。风险分配应遵循下列原则：

(1) 风险分配应能有利于降低工程造价和有利于履行合同。

(2) 合同双方中，谁能更有效地防止和控制某种风险或减少该风险引起的损失，就由谁承担该风险。

(3) 风险分配应能有助于调动承担方的积极性，认真做好风险管理工作，从而降低成本，节约投资。

从上述原则出发，施工承包合同中的风险分配通常是双方各自承担自己责任范围内的风险，对于双方均无法控制的自然和社会因素引起的风险则由业主承担，因为承包商很难将这些风险事先估入合同价格中，若由承包商承担这些风险时，则承包商势必只能将风险在投标报价中体现，即增加其投标报价。因此，在这种情况下，当风险不发生时，相对而言会增加业主/项目法人的工程造价；当然，当风险估计不足时，则会造成承包商亏损，且难以保证工程的顺利进行。

9.4.2 风险控制策略和措施

任何项目都存在不同的风险，风险的承担者应对不同的风险有着不同的准备和对策，并把它列入计划中的一部分。只有在项目的运营过程中，对产生的不同风险采取相应的风险对策，才能进行良好的风险控制，尽可能地减小风险可能产生的危害，以确保效益。一般控制风险的策略和措施有：回避、转移、自留、预防、减轻和后备措施等六种。

1. 回避风险

风险回避，主要是中断风险来源，使其不发生或遏制其发展。风险回避是在考虑到某项目的风险及其所致损失都很大时，主动放弃或终止该项目以避免产生风险和损失的一种处置风险的方式，它是从根本上放弃使用有风险的资源、技术、施工方案等从而避开风险，是一种最彻底的风险处置技术。它在风险事件发生之前将风险因素完全消除，从而完全消除了这些风险可能造成的各种损失。企业对那些可能明显导致失败的项目选择放弃，对那些超过组织承受能力的风险或者超过收益限度，并且成功把握也不太大的项目也应该尽量回避。风险回避包括主动预防和全面放弃两种状况。主动预防是指从风险源着手，从风险发生的来源彻底消除。如，建筑基础施工时，为防止对周边建筑物造成损坏，除了在基坑四周打支护桩及在坑内加设支撑外，还在此支护桩外围采取压密灌浆等措施，以彻底消除风险产生的因素。全面回避风险是一种最彻底的防范措施，如，不承接某一风险较大的工程项目等。

风险回避虽可彻底消除实施该项目可能造成的损失和可能产生的恐惧心理，但它是一种消极的风险处置方法，有很大的局限性，如果一味地回避风险，一味地追求保险，那么必然同时失去实施项目可能带来的收益，所以要具体情况具体分析，总体权衡利弊后再做决策。

2. 风险转移

风险转移是指项目组将风险有意识地转给与其有相互经济利益关系的另一方承担的风险处置方式。这是风险管理中应用最广泛、最有效的应对措施之一。在这种方式下风险本身并没有减少，只是风险承担者发生了变化。它的目的不是降低风险发生的概率和不利后果的大小，而是通过合理有效的措施，人为地将风险部分或全部转移到第三方身上，使大家共同分担风险。如将工程项目中专业技术要求很强而自己缺乏相应技术的工程分包给专业分包商，或者资源出现困难时将合同转让。实施风险转移策略应注意两方面的问题，首先必须让承担风险者得到相应的回报，这样才能调动各方的积极性，保证工程高效益、高质量地完成。其次，对于具体的风险，谁最具有管理能力就转移给谁。由于不同管理者所了解的信息、拥有的资源、采用的方法不一致，因此不同的风险对于不同的管理者所产生的后果也不一致，谁最具有管理能力就转移给谁就可能将风险损失减少到比较低的水平，有利于各方效益的实现。风险转移最常见的方式有分包、保险和担保。

（1）分包。即承包人将其所包工程的一部分向其他承包商发包。分包有时能起到较好的转移风险作用。如某一承包人，在某堤防加固工程投标中中标，而该标包括的内容有：护坡、堤身加高宽和堤防渗灌浆。而对于该承包人而言，在防渗灌浆施工方面并不擅长，对工程施工的质量和成本控制有较大的风险。若该承包人将防渗灌浆施工分包给有经验的施工队伍，就不会有任何风险。

（2）保险与担保。保险是转移风险最常用的一种方法。项目管理者只要向保险公司交纳一定数额的保险费，当风险事件发生时，就能获得保险公司的补偿，从而将风险转移给保险公司。在国际工程中，不但项目业主自己为工程建设项目施工中的风险向保险公司投保，而且还要求承包商也向保险公司投保。除了保险，也常用担保来转移风险。所谓担保，指为他人的债务、违约或失误负间接责任的一种承诺。在工程项目管理上常是指银行、保险公司或其他非银行金融机构为项目风险负间接责任的一种承诺。

3. 风险自留

有时候项目管理者可以把工程项目风险事件的不利后果资源承担下来，就是风险自留。风险自留在实践过程中有主动自留和被动自留之分。主动自留即计划性自留，是指在对项目风险进行预测、识别、评估和分析的基础上，明确风险的性质及其后果，进行主动的、有意识地、有计划的选择性的风险对策。如，在水电工程施工导流设计中，对可能出现的超标准洪水都有一定的对策措施，当这种超标准洪水出现的时候，采取相应的措施就可以消除风险。被动自留即非计划性自留，则是指未能准确识别和评估风险及损失后果的情况下，被迫采取自身承担后果的风险处置方式。被动自留是一种被动的、无意识的处置方式。有选择地对部分风险采取自留方式，有利于项目组获利更多，但自留哪些风险，是风险管理者应认真研究的问题，如自留风险不当可能会造成更大的损失。

4. 风险预防

风险预防是一种主动的风险管理策略，通常有有形和无形两种手段。

（1）有形手段。工程法的一种有形的手段，此法以工程技术为手段，消除物质性风险威胁。如为了防止山区区段山体滑坡危害高速公路过往车辆和公路自身，可采用岩锚技术锚住松动的山体，增加因为开挖而破坏了山体的稳定性。工程法预防风险有多种措施：

① 防止风险因素出现。在项目活动开始之前，采取一定措施，减少风险因素。例如，在山地、海岛或岸边建设，为了减少滑坡威胁，可在建筑物周围大范围内植树栽草，同排水渠网、挡土墙和护坡等措施结合起来，防止雨水破坏主体稳定，这样就能根除滑坡这一风险因素。

② 减少已存在的风险因素。施工现场若发现各种用电机械和设备日益增多，及时果断的换用大容量的变压器就可以减少其烧毁的风险。

③ 将风险因素同人、财、物在时间和空间上隔离。风险事件发生时，造成财产毁损和人员伤亡是因为人、财、物于同一时间处于破坏力作用范围之内。因此，可以把人、财、物与风险源在空间上隔离，在时间上错开，以达到减少损失和伤亡的目的。

（2）无形手段。包括教育法和程序法。

① 教育法。项目管理人员和所有其他有关各方的行为不当可构成项目风险因素。因此，要减轻与不当行为有关的风险，就必须对有关人员进行风险和风险管理教育。教育内容应该包括有关安全、投资、城市规划、土地管理及其他方面的法规、规章、标准和操作规程、风险知识、安全技能及安全态度等。风险和风险管理教育的目的，是要让有关人员充分了解项目所面临的种种风险，了解和掌握控制这些风险的方法，使他们深深地认识到个人的任何疏忽或错误行为，都可能给项目造成巨大损失。

② 程序法。工程法和教育法处理的是物质和人的因素，但是，项目活动的客观规律若被破坏也会给项目造成损失。程序法指以制度化的方式从事项目活动，减少不必要的损失。项目管理组织制定的各种管理计划、方针和监督检查制度一般都能反映项目活动的客观规律性。因此，项目管理人员一定要认真执行。我国长期坚持的基本建设程序反映了固定资产投资活动的基本规律。实践表明，不按此程序办事，就会造成浪费和损失，所以要从战略上减轻项目风险，就必须遵循基本程序，那种图省事、走捷径、抱侥幸心理甚至弄

虚作假的想法和做法都是项目风险的根源。

合理地设计项目组织形式也能有效地预防风险。项目发起单位如果在财力、经验、技术、管理、人力或其他资源方面无力完成项目，可以同其他单位组成营体，预防自身不能克服的风险。

5.减轻风险

减轻风险是指在风险损失已经不可避免的情况下，通过各种措施以降低所发生损失的严重程度或遏制风险继续恶化的做法，是一种被动但具有积极意义的风险处理手段，通常在损失幅度大且风险又无法避免和转嫁的情况下采用的方法。

（1）应急措施。应急措施的目的是使风险产生的损失最小化，是在损失发生时起作用的。实际工作中并不需要对每一个风险都要采取应急措施，使采取的应急措施所花的代价大于风险造成的损失或预后不良的风险才采用应急措施。如：工程项目建设过程中，出现火灾、坍塌及人员伤亡等重大事故时，就需要采取应急措施。在制定工程项目风险管理规划时应事先制定出这类应急措施的方案。

（2）挽救措施。挽救的目的是将风险发生后造成的损失修复到最高的可接受的程度。由于风险发生之前一般不可能知道发生风险的部位和程度，所以在制定工程项目风险管理规划时一般不可能事先制定出风险挽救措施的方案，但应事先确定出风险后执行挽救措施工作的工作程序和责任人员。

6.后备措施

有些风险要求事先制定后备措施。一旦实际进展情况与计划不同，就动用后备措施。后备措施常包括：

（1）预算应急费。是一笔事先准备好的资金，用于补偿差错、疏漏及其他不确定性对工程项目费用估计精确性的影响。

（2）技术后备措施。是专门为应付工程项目的技术风险而预先准备好的时间或一笔资金。准备好的时间主要是为应付技术风险造成的进度拖延；准备好的一笔资金主要是为对付技术风险提供的费用支持。

9.5 工程担保与保险

工程担保，全称工程保证担保，是指保证人作为第三方，对建设工程中一系列合同的履行进行监督并对违约承担责任，是一种促使参与工程建设各方守信履约的风险管理机制。工程担保最早起源于美国。为了解决个人担保存在的局限性，1894年美国国会通过了"赫德法案"，要求所有公共工程必须事先取得工程担保，并以专业担保公司取代了个人信用担保。到了1942年，美国有许多州议会通过了"小米勒法案"。该法案规定，凡州政府投资兴建的公共工程项目均需事先取得工程担保。从此，公共工程保证担保制度开始并广泛实行。

9.5.1 实行工程保证担保制度的作用

实行工程保证担保制度的作用体现在：

1. 有利于建立优胜劣汰的市场机制

利用信用保证和利益制约手段建立一种守信用、讲信誉、重信义的内在动力机制，增强建设市场主体自我约束和自我监督的能力，建立优胜劣汰的市场机制。

2. 有利于促进招投标体系和质量保证体系健康、平衡地运行

完善政府和业主管理监督工程建设、工程质量的方式。用市场经济的办法规范工程建设中各方主体的行为，形成有效的调控机制和保障体系；用信用保证办法实现工程建设主体之间的联系，形成一种连带责任链；保证参与工程建设各方的正当权益，健全和完善一个开放的、具有竞争力的建设市场，促进招投标体系和质量保证体系健康、平衡地运行。

3. 有利于实现经济、社会、环境三个效益的统一

通过精心组织、管理，可以促使当事人提高自身素质和管理水平，注重自身信誉，提高工程质量。有利于解决目前大量存在的工程质量低劣和工程款拖欠的问题，实现经济、社会、环境三个效益的统一，产生综合效益。

9.5.2　工程保证担保的形式

归纳起来，担保形式主要有 5 种：保证人、违约金、定金、留置权和抵押权。

1. 保证人

保证人是保证当事人一方履行合同的第三人。被保证的当事人不履行合同时，保证人和被保证人一起承担连带责任；保证人有两人以上的，应当共同承担连带责任。

保证作为合同的担保形式，在我国的合同签订中所占比例还不高，然而在涉外合同中，一般双方都要求提供保证或其他担保形式。从司法实践来看，保证的形式还是很有必要的，对项目合同也是非常必要的。

2. 违约金

违约金是缔结合同的一方不履行合同或不适合履行合同时，必须付给对方一定数额的货币。违约金是一种担保形式，因此主要有一方不履行合同的行为，即使对方没有遭到损失，也要按照法律和合同的约定支付违约金。

违约金与赔偿损失是不同的。只要违约，不管是否有损失都要负担违约金。赔偿损失只是由于当事人一方的过错使对方造成损失时，才负赔偿责任。违约金可起到督促对方当事人认真履行合同，严肃合同纪律的重要作用。

3. 定金

定金是指签订合同的一方为了证明合同的成立和保证合同的履行向对方支付一定数额的货币。定金的作用有以下几点：

（1）定金是合同成立的证明。签订合同时，合同当事人一方担心对方毁约而给付的定金，借以保证和维护合同关系。因此，给付和收受定金的事实是合同成立的法律依据。

（2）定金是一种担保形式。定金也是一种法律关系，按照这种关系的要求，给付定金者违约而不履行合同时，无权请求返还定金；接受定金的一方不履行时，应双倍返还定金。双方当事人为了避免定金罚则的制裁，只能认真履行合同，体现定金保证作用。

（3）定金是一种预先给付。签订合同时，当事人在合同规定的应给付的金额中先行给付若干数额的货币作为担保。这种先行给付实质上具有预付款性质。

4. 留置权

留置权是一种法律关系。当事人根据合同规定，保管对方的财务或接受来料加工，在对方不按期或不如数给付保管费或加工费时，有权留置其财务。根据法律规定，不履行合同超过一定期限的，保管人或加工人可在法律许可的范围内，变卖留置的财务，从价款中优先得到清偿，不足部分可继续向对方要求承担赔偿责任。

5. 抵押

抵押是当事人一方或者第三人为履行合同向对方提供的财产保证。负有义务的一方不履行义务时，抵押权人在法律法规许可的范围内，可以从变卖抵押物所得的价款中优先得到清偿；变卖抵押物的价款不足给付应当清偿的数额的，抵押权人有权要求负有清偿义务的一方请求给付不足部分。但是，国家法律、法令禁止流通和强制执行的财物，不得作为抵押物。经双方当事人同意，抵押物可以由抵押权人保管，也可以由提供抵押物的人自己保管。抵押权人由于保管不善造成抵押物损坏或遗失的，应当承担赔偿责任。

9.5.3 工程保证担保的一般程序

工程保证担保的一般程序为：

1. 客户申请担保，填写委托担保承诺书，如为银行保函客户同时要向银行出具"开立保函申请"，项目经理受理业务收集资料（按清单要求提供），填写项目处理表；一般来说，资料清单有：营业执照复印件、公章确认证明；资质证书复印件、贷款卡、代码证复印件；法人代表证明书、身份证复印件；法人代表授权委托书；招标文件、公司章程；经办人身份证复印件等。

2. 项目经理初审后将上述资料提交部门经理签字；

3. 部门经理审查后将上述资料提交给风险管理部审查员审核；

4. 审查员审核后将资料提交风险管理部负责人审批，审查员将资料和保函提交公司总经理审批，将保函签字、盖章；

5. 审查员将《缴费通知单》交财务部开具收据，收取相关费用；

6. 审查员将保函交项目经理送达客户在协议上签字，其余资料退还项目经理，公司出具保函或银行审核签字后出具银行保函；

7. 项目经理整理项目资料，移交审查员存档备查；

8. 保后管理：代偿和追偿（如有）；担保项目总结。

9.5.4 工程保险

工程保险是指通过保险公司以收取保险费的方式建立保险基金，一旦发生自然灾害或意外事故，造成参加保险者的财产损失或人身伤亡时，即用保险金给予补偿的一种制度。它的好处是，参加者付出一定的小量保险费，换得遭受大量损失时得到补偿的保障，从而增强抵御风险的能力。

1. 引入工程保险机制的重要意义

第一，能够合理地运用风险转移机制，保证建设项目按时、按质完成。项目业主和承包商可以将项目建设过程中的大部分风险转移给保险公司，特别是发生重大自然灾害等毁坏性很强的风险时，可以从保险公司及时得到物质补偿，很快恢复施工，减少了资金方面的追加投入，保证建设项目的按时按质完成。

第二，有助于加强对施工单位的风险管理，减少风险和损失的发生。由于保险公司在工程施工方面存在着利益因素，同时，根据保险合同规定的权利义务，保险公司主动地对工程施工实施必要的监督。尤其是在工程施工的安全管理等方面，通过保险公司对工程施工的风险检查和提出隐患整改意见，有助于加强项目业主和施工单位的风险管理，减少风险和损失发生的可能。

第三，有利于保障投资人和贷款人的资产安全。投资人和贷款人的资产安全和效益往往与建设项目能否按时按质完成有密切的关系。在以往情况下，投资人和贷款人不得不承担因工程发生意外情况受损或停工而导致的投资、贷款损失或由于追加资金而导致的资金收益降低。引入了工程保险机制后，这种损失的大部分将转嫁给保险公司。在一定条件下贷款人还有直接收回部分贷款资金的可能。

第四，工程保险的引入是我国工程建设体制与国际接轨的重要环节。按照国际工程建设的惯例和要求，每一工程项目都需要办理工程保险。我国的工程建设在与国际接轨的过程中，必然要引入工程保险机制。

第五，工程保险是建设项目风险管理体系的重要组成部分。工程建设所面临的风险是多方面的，引入风险管理相关配套机制，采取风险共担和利益相关的方法，建立科学合理的工程风险管理体系是工程建设的必然要求。工程保险作为对工程风险分散和控制的一种重要手段，在工程风险管理体系中占有重要的地位，是不可或缺的部分。

2. 工程保险的分类

工程保险按适用对象，可以分类建筑工程（一切）险和安装工程（一切）险。区分的主要依据工程项目中土建和安装部分投资所占比例，通常以 25% 为界限，即在建筑工程中，如果安装项目的投资比重在 25% 以下，采用建筑工程（一切）险；同样在安装工程中，如果建筑项目的投资比重在 25% 以下，采用安装工程（一切）险；如果土建、安装工程投资都超过 25% 时，则应当采用不同的保险分别承保。

为使工程保险市场的产品满足不同类型建设项目和消费者需要，经中国保险监督管理委员会批准的《建筑、安装工程保险条款》（列明风险条款）是针对一些中、小型项目工程保险的产品，其特点是责任范围相对较窄，操作简单。

（1）建筑工程一切险的内容。建筑工程一切险的内容包括如下几点：

① 工程本身。是指由总承包商和分包商为履行合同而实施的全部工程。包括预备工程、临时工程、全部存放于工地的为施工所必要的材料等。

② 施工用设施和设备。包括活动房、存料库、搅拌站、脚手架、水电供应及其他类似设施。

③ 施工机具。包括大型陆上运输和施工机械、吊车及不能在公路上行驶的工地用车辆，不管这些机具属承包商所有还是租赁物。

④ 场地清理费。是指在发生灾害事故后场地上产生了大量的残砾，为清理工地现场而必须支付的一笔费用。

⑤ 第三者责任。是指在保险期内对因工程意外事故造成的依法应由被保险人负责的工地上及邻近地区的第三者人身伤亡、疾病或财产损失以及被保险人因此而支付的诉讼费用和事先经保险公司书面同意支付的其他费用等赔偿责任。

⑥ 工地内现有的建筑物。包括不在承保的工程范围内的、业主或承包人所有的工地内已有的建筑物或财产。

⑦ 由被保险人看管或监护的停放于工地的财产。

（2）安装工程一切险的内容。安装工程一切属于技术险种。这种保险的目的在于为各种机器的安装及钢结构工程的实施提供尽可能全面的专门的保险。安装工程一切险主要适用于安装各种工厂用的机器、设备、储油罐、钢结构、起重机、吊车以及包含机械工程因素的各种建造工程。

3. 办理保险合同

在保险合同的办理过程中，应认真做好以下几方面的工作：

（1）如实填报保险公司的调查报表。在办理保险手续时，保险公司为确定风险大小，要求承包商填报工程情况。这是一件严肃认真的事情，决不能为了争取降低保险金费率而隐瞒真实情况。例如，调查表中有一栏为"工程是否使用爆炸方法"、"工地是否存储易燃化学物品"等。应当如实填报。否则，一旦发生这类事故，保险公司将全部或部分推卸其赔偿责任。

（2）分析研究保险合同条款。一般保险公司出具的保险单都会有保险条款，规定了保险范围、除外的责任、保险期、保险金额、免赔额、赔偿限额、保险费、被保险人义务、索赔、赔款、争议和仲裁等。这些条款是保险公司于承包人之间的保险合同，双方都要签字认可才正式生效。在合同条款方面的任何争议必须在签约之前澄清，逐条修改或补充，取得共同一致的意见。

（3）重视保险内容的变化和改变手续。任何保险内容的变化应当及时通知保险公司。如果认为必要，应办保险变更手续签署补充文件，或由保险公司对变更内容予以书面确定。

4. 工程担保与保险的区别

工程担保和工程保险虽然都是工程风险管理的重要手段，但是两者有着本质的区别。

（1）两者所针对的风险不同。工程保险着重解决"非预见的意外情况"，包括自然灾害或意外事故造成的物质损失或人身伤亡；工程担保则针对信用风险，着重解决"可为而不为者"，如承建商拖延工期、拖欠工人和供货商货款、保修期内不尽保修义务和设计人迟延交付图纸及业主拖欠工程款等，这些问题属"人祸"而非"天灾"，只靠工程保险解决不了，而必须借助工程担保。

（2）两者对风险的管理方式不同。工程保险是一种风险的转移，即通过投保人向保险人转移风险来保证被保险人的利益，而工程担保并不是风险的转移，它只是风险的抵押，即通过委托人向担保人进行风险抵押，来保证权利人利益，而风险的最终承担者仍是委托人自己。

（3）两者对风险的管理目标不同。工程保险是通过建立互助机制来实现个体风险的有效转移，但社会总体的风险并未降低，所以保险业对于风险损失是有预期的，但工程担保则是通过促进建筑市场上信用机制的形成，来最大限度地降低个体和社会总体的风险。在市场经济成熟的国家，保证担保公司客观上起到了市场规范者和行业堡垒的作用。承包商在安全生产与优质生产上投入成本多，就可在担保市场中获得优惠的认可，能够较为容易地进入建设市场，而购买不到保证担保的承包商无法进入建设市场，用高费率买到担保的承包商在投标中也处于劣势。因此，在这种环境下，建设市场的总体信用风险便大大降低。

复习思考题

1. 工程项目风险具有哪些属性？
2. 简述工程项目风险的分类。
3. 承包商的风险主要体现在哪些方面？
4. 工程项目风险识别的方法一般有哪些？
5. 如何进行风险事件后果的估计？
6. 工程项目风险控制策略和措施主要有哪些？
7. 什么是工程担保？常见的工程担保有哪些种类？
8. 什么是工程保险？工程保险有哪些险种？
9. 工程保险和担保有什么区别？

第 10 章 工程项目竣工验收

工程竣工验收是我国建设工程的一项基本法律制度。工程项目按照批准的设计文件和合同约定完成全部建设内容，即为工程竣工。工程竣工验收是由建设单位组织或约请设计、施工、监理等工程建设相关单位及工程质量监督机构、公安消防和环境保护等管理部门，以批准的设计文件、签订的工程合同及国家（或主管部门）颁发的施工验收规范和质量检验标准为依据，按照一定的手续和程序，在项目建成后对其进行的总体检验和鉴定活动。

10.1　工程竣工验收概述

10.1.1　项目竣工验收的作用

工程竣工验收是对项目管理过程的系统检验，其作用主要有以下几点：

1. 全面考核工程项目质量

工程竣工验收阶段通过对设计、施工、安装等工程建设活动进行的综合检查和试验，可以全面考察工程项目的设计和施工质量，及时发现和解决存在的问题，保证项目达到设计要求和质量标准。

2. 促进项目尽快发挥作用

项目完成后，建设单位及时组织竣工验收，判断工程建设各相关单位是否按照合同约定完成任务，并及时与相关单位办理竣工结算和工程移交手续，有利于项目尽快投入使用，发挥投资效益。

3. 有利提高项目管理水平

工程竣工验收也是全面考核工程建设成果，检验项目决策、设计和施工水平，总结项目管理经验的重要环节。工程建设及其相关各方通过验收吸取经验和教训，有利提高项目决策和管理水平。

工程项目经过竣工验收，即由承包单位交付建设单位使用，并办理各项移交手续，标志着项目建设过程的完结。

10.1.2　项目竣工验收的依据

1. 批准的设计文件

包括批准的设计任务书或可行性研究报告；用地、征地、拆迁文件；地质勘察报告；施工图纸及设计说明等；

2. 签订的施工合同

施工合同是建设单位与施工单位为完成约定的工程内容，明确双方责任、权利、义务的协议。工程竣工验收时，依照合同可以检查双方履约情况。

3. 设备合格证明和技术说明书

设备技术说明书是进行设备安装调试、检验、试车、验收和处理设备质量、技术等问题的重要依据。

4. 设计变更通知书

设计变更通知书是施工图的补充和修改记录，原则上应由设计单位技术负责人签发，并经建设单位认可签章后由施工单位执行。施工企业不得擅自修改设计。

5. 现行的施工验收规范及质量检验标准

我国建筑工程施工质量验收统一标准、规范体系由《建筑工程施工质量验收统一标准》GB 50300—2013和各专业验收规范共同组成。验收建筑工程施工质量时，应依据上述统一标准和相应的专业验收规范规定的程序、方法、内容和质量标准进行。不按强制性标准施工，质量达不到合格标准的，不得进行竣工验收。各专业验收规范主要包括：

（1）《建筑地基基础工程施工质量验收规范》GB 50202—2002；

（2）《砌体结构工程施工质量验收规范》GB 50203—2011；

（3）《混凝土结构工程施工质量验收规范》GB 50204—2015；

（4）《钢结构工程施工质量验收规范》GB 50205—2001；

（5）《木结构工程施工质量验收规范》GB 50206—2012；

（6）《屋面工程质量验收规范》GB 50207—2012；

（7）《地下防水工程质量验收规范》GB 50208—2011；

（8）《建筑地面工程施工质量验收规范》GB 50209—2010；

（9）《建筑装饰装修工程质量验收规范》GB 502010—2001；

（10）《给水排水及采暖工程施工质量验收规范》GB 50242—2002；

（11）《通风与空调工程施工质量验收规范》GB 502043—2002；

（12）《建筑电气工程施工质量验收规范》GB 50303—2002；

（13）《电梯工程施工质量验收规范》GB 50310—2002；

（14）《智能建筑工程质量验收规范》GB 50339—2013；

（15）《建筑节能工程施工质量验收规范》GB 50411—2007。

6. 外资工程应依据我国有关规定提交竣工验收文件

国家规定，凡有引进技术和引进设备的建设项目，要做好引进技术和引进设备的图纸、文件的收集、整理工作，无论通过何种渠道得到的与引进技术或引进设备有关的档案资料，均应交档案部门统一管理。

10.1.3 项目竣工验收应具备的条件

《建设工程质量管理条例》规定，工程竣工验收应具备的条件是：

1. 完成设计文件和合同约定的各项施工内容

（1）民用建筑工程（包括单体工程和群体工程）完工后，承包单位按照施工验收规范和质量检验标准进行自检，不合格的应自行返修或整改，达到验收标准。水、电、气及其设备等经过试验，符合使用要求。

（2）生产性工程及其辅助设施、生活设施的室内、外工程全部完工，建筑物、构筑物周围 2m 以内的场地平整，无障碍，给水排水、动力、照明、通信线路畅通，达到竣工条件。

（3）工业项目的各种管道设备、电气、空调、仪表、通信等专业施工内容全部安装完毕，已做完清洗、试压、吹扫、油漆、保温等使用准备工作，并经过试运转，达到工业设备安装施工质量验收规范的要求。

（4）其他专业工程已按设计要求和合同约定完成全部施工内容，符合相关专业质量验收规范，达到交工条件。

2. 有完整并经核定的工程竣工资料

按照合同要求，施工单位提交的全套竣工资料应包括工程开工/复工报审表、施工组织设计（方案）报审表、工程材料/构配件/设备报审表、工程款支付申请表、监理工程师通知回复单、工程竣工报验单等，均应经专业监理工程师审查，并在确认无误后由总监理工程师签署认可意见。

3. 有工程使用的主要建筑材料、构配件和设备进场证明及试验报告

（1）现场使用的主要建筑材料（水泥、钢材、砂等）应有材质合格证，有符合国家标准、规范要求的抽样试验报告。水泥、钢材等尚应注明主要使用部位。

（2）混凝土预制构件、钢构件、塑钢门窗等应有生产单位的出厂合格证，必要时，应附主要建筑材料的材质证明。

（3）混凝土、砂浆等施工试验报告应按结构部位和楼层区分，取样数应符合施工验收规范和设计要求，并列表注明。

（4）设备进场必须开箱检验，有出厂合格证，并应如实做好各种进场设备的检查验收记录。

4. 有勘察、设计、施工、监理等单位签署确认的工程质量合格文件

工程施工完毕后，勘察、设计、施工、监理等单位应按照《建设工程质量管理条例》及各自的质量责任和义务，签署工程质量合格文件。

5. 有施工单位签署的工程质量保修书

《建筑法》规定，在我国境内新建、扩建、改建的各类房屋建筑工程（包括装修工程）实行质量保修制度。《建设工程质量管理条例》规定，建设工程实行质量保修制度，承包单位在向建设单位提交工程竣工验收报告时，应同时出具质量保修书。质量保修书应明确建设工程的保修范围、保修期限和保修责任等。

10.1.4 项目竣工验收的标准

工程竣工验收必须按照工程建设强制标准、设计文件和施工合同进行，具体包括：

1. 合同约定的工程质量标准

《建设工程施工合同（示范文本）》规定："工程质量应达到协议书约定的质量标准，质量标准的评定以国家或行业的质量检验评定标准为依据。因承包人原因工程质量达不到约定的质量标准，承包人承担违约责任"。"双方对工程质量有争议，由双方同意的工程质量检测机构鉴定，所需费用和因此造成的损失，由责任方承担。双方均有责任，由双方根据其责任分别承担。"

工程合同规定了承发包双方的质量责任和义务，其约定的质量标准具有强制性，承包人必须确保工程质量达到验收标准，不合格不得交付验收和使用。

2. 单位工程竣工验收的合格标准

项目竣工验收分为单位工程（或专业工程）竣工验收、单项工程竣工验收和全部工程竣工验收三种。全部工程的竣工验收一般是在单位工程、单项工程竣工验收的基础上进行。对已交付竣工验收，并已办理移交手续的单位工程或单项工程，原则上不再重复办理验收手续，但应将其竣工验收报告作为全部工程竣工验收的附件加以说明。《建筑工程施工质量验收统一标准》GB 50300—2013 对单位（子单位）工程质量验收的合格标准规定如下：

（1）单位（子单位）工程所含分部（子分部）工程的质量均应验收合格；

（2）质量控制资料应完整；

（3）单位（子单位）工程所含分部工程中有关安全、节能、环保和主要使用功能的检验资料应完整；

（4）主要使用功能的抽查结果应符合相关专业质量验收规范的规定；

（5）观感质量应符合要求。

合格标准是工程验收的最低标准，不合格不得交付使用。其他专业工程的竣工验收标准，也必须符合各专业工程质量验收规范的规定。

10.2 工程竣工验收的程序及内容

工程竣工验收是国家通过立法规范工程建设活动行为的一项基本制度，包括竣工预验、竣工验收报验、竣工验收、竣工验收备案等主要程序及其有关内容。

10.2.1 项目竣工预验

承包单位在完成设计文件和施工合同规定的各项工程内容后，其项目经理部应首先对竣工条件进行自检，待自检合格后报企业进行复检。承包单位进行竣工条件自检（或复检）的内容一般包括：

1. 设计文件和合同约定的各项内容完成情况；

2. 工程技术档案和施工管理资料整理；

3. 工程所用主要建筑材料、构配件和设备进场的试验报告；

4. 涉及工程结构安全的试块、试件及有关材料的试（检）验报告；

5. 地基与基础、主体结构等重要部位的质量验收报告签证；

6. 建设行政主管部门、质量监督机构或其他有关部门责令整改的执行情况；

7. 工程质量自评情况；

8. 工程质量保修书；

9. 工程款支付情况等。

承包单位应在竣工验收准备阶段完成各项竣工条件的自检工作，并报企业进行复检。

当存在分包单位时，分包单位应负责按规定的验收标准对所承包的工程项目进行检查评定，总包单位应派人参加。分包工程完成后，分包单位应将有关资料交于总包单位。

10.2.2　竣工验收报验

承包单位完成项目竣工自检后，应及时递交《工程竣工报验单》，进行竣工验收报验。项目竣工验收报验的程序是：

1. 承包单位向监理单位递交《工程竣工报验单》

《建设工程监理规范》对竣工验收阶段总监理工程师的职责作了明确规定：审核签认分部工程和单位工程的质量检验评定材料，审查承包单位的竣工申请，组织监理人员对待验收项目进行质量检查，进行竣工预验收，作出评估报告，并最终参与项目的竣工验收。承包单位递交的《工程竣工报验单》必须由总监理工程师签署。

《工程竣工报验单》所附的竣工资料应齐全，足以说明工程项目已按设计要求及合同约定完成全部内容并符合竣工验收条件。

2. 监理单位组织竣工资料审查和工程质量验收

总监理工程师组织各专业监理工程师对承包单位报送的竣工资料进行审查，并对工程质量进行竣工预验收。对不符合要求的部位或项目应责成承包单位及时整改。整改完毕，总监理工程师签署《工程竣工报验单》，提出工程质量评估报告。

监理单位工程质量评估报告的主要内容包括：工程项目建设情况概述，参加单位的名称、负责人；工程检验批、分项工程、分部工程、单位工程的划分情况；工程质量验收标准，各检验批、分项工程、分部工程的质量验收情况；地基与基础分部工程中，涉及桩基工程的质量检测结论，地基承载力检测结论；涉及结构安全及使用功能的质量事故及处理情况、验收结论；施工过程中出现的质量事故及处理情况、验收结论；综合验收结论，即本单位工程是否满足设计要求、是否符合合同约定、是否达到国家强制标准等。

3. 承包单位向业主（建设单位）递交竣工验收申请函

承包单位根据监理单位签署的《工程竣工报验单》及质量评估结论，向业主（建设单位）递交竣工验收申请函，具体约定工程竣工验收的时间及会议地点等事宜。

10.2.3　项目竣工验收

建设单位（业主）在收到承包单位递交的预约工程竣工验收的申请后，应及时成立竣工验收组织，履行竣工验收职责。

竣工验收组织应根据建设工程的重要程度、规模大小、隶属关系、承发包关系、项目管理方式等具体情况而定。重点工程、大型项目或技术较复杂的工程，应成立验收委员会，一般中小型的项目，组成验收小组即可。业主是竣工验收工作的组织者，主要参加单位应包括勘察、设计、施工、监理等工程建设相关单位，主要参与人员包括主持竣工验收工作的业主代表、勘察和设计负责人、承包单位负责人、项目经理及技术负责人等、总监理工程师和各专业监理工程师以及政府建设管理部门的人员。政府建设管理部门可委托工程质量监督机构对竣工验收的组织形式、验收程序、执行情况等实施监督。竣工验收组织的具体职责是：听取各有关单位的情况报告；审查工程竣工资料；对工程质量进行评估、鉴定；形成竣工验收会议纪要；签署《工程竣工验收报告》；对遗漏问题作出处理决定。

经竣工验收组织审查并确认达到工程竣工验收各项条件的项目，竣工验收组织应形成竣工验收会议纪要和《工程竣工验收报告》。参加验收的各有关单位负责人应在竣工验收报告上签字并加盖公章。

10.2.4 竣工验收备案

根据住建部《房屋建筑工程市政基础设施工程竣工验收备案管理暂行办法》，项目竣工验收实施备案制度。业主应自工程竣工验收合格之日起 15 日内，向工程所在地县级以上地方人民政府建设行政主管部门（即备案机关）进行工程竣工验收备案。办理工程竣工验收备案应提供下列文件资料：

1. 工程竣工验收备案表，包括建设单位名称、备案日期、工程名称、工程地点、建筑面积、结构类型、工程用途、开工日期、竣工验收日期；施工许可证号；施工图审查意见；勘察、设计、施工、监理单位名称及资质等级；工程质量监督机构名称；各单位竣工验收意见及单位（项目）负责人的签名和公章；竣工验收备案文件目录；备案意见及公章、备案机关负责人和备案经手人的签名等。

2. 工程竣工验收报告；

3. 规划、公安消防、环保等部门出具的认可文件或准许使用文件；

4. 施工单位签署的工程质量保修书；

5. 法律、法规规定和备案机关要求提供的其他文件资料；

上述工程竣工验收内容主要是针对工程施工质量的竣工验收，广义的工程竣工验收不仅包括施工质量竣工验收，还包括规划验收、公安消防验收、环境保护验收及法律法规规定的其他内容。由于这些验收内容由不同的政府管理部门负责验收审查，因此，业主在办理项目竣工验收备案手续之前，应先办理上述各单项验收手续。

10.2.5 工程档案的验收与移交

工程档案是指在工程建设活动中形成的具有归档保存价值，反映工程建设各阶段、各方面真实情况的历史记录，包括文字、图表、声像等各种形式的信息载体。工程档案的验收与移交是项目交付竣工验收的重要内容。

1. 工程档案的验收

工程档案验收应符合《建设工程文件归档整理规范》GB/T 50328—2001 和国家档案局《建设项目（工程）档案验收办法》及其他规范、文件的规定，由业主组织进行。属于向地方城建档案管理部门报送档案资料的项目，还应会同地方城建档案管理部门共同验收。此外，国家、省、市重点项目或一些大型项目的预验收和验收，必须有地方城建档案管理部门参加。

列入城建档案管理部门档案接收范围的工程，业主在组织工程竣工验收前，应提请地方城建档案管理部门对工程所有文件档案进行预验收。验收的主要内容包括：工程档案立卷分类正确、系统完整；工程档案内容真实、准确，与工程实际相符；工程档案的整理立卷符合规范要求；竣工图的绘制及图式、规格符合要求；要求单位或个人签章的部分，签章手续完备；文件的材质、幅面、书写、绘图、用墨及托裱等符合要求。

为确保工程档案质量，各编制单位、城建档案管理部门和政府建设管理部门等应严格开展工程档案验收工作。对不符合验收要求的工程档案，一律退回编制单位进行改正、补齐，并重新报送验收。未取得城建档案管理部门对工程档案验收认可文件的项目，业主不得组织竣工验收。

2. 工程档案的移交

工程档案资料管理涉及业主、施工单位、监理单位及地方城建档案管理部门。其归档移交程序包括三个层次和方面：一是建设、勘察、设计、施工、监理等单位将本单位在工程建设过程中形成的文件资料向本单位档案管理机构移交；二是勘察、设计、施工、监理等单位将本单位在工程建设过程中形成的文件资料向建设单位档案管理机构移交；三是业主将汇总的工程文件档案向地方城建档案管理部门移交。一般地，施工、监理等有关单位应在项目竣工验收前，将工程档案按合同或协议规定的时间和套数移交给业主，进行工程档案验收。列入城建档案管理部门档案接收范围的工程，业主应在工程竣工验收合格后3个月内，向城建档案管理部门移交一套符合规范要求的工程档案，并办理移交手续，填写工程档案移交记录，双方签字并盖章。

对改建、扩建和维修工程，业主应组织设计、施工、监理等单位据实修改、补充和完善工程档案。对改变部位应重新编写档案文件，并在工程竣工验收合格后3个月内，向城建档案管理部门移交。停建、缓建项目的工程档案，暂由业主保管。

10.3 工程项目竣工结算与决算

10.3.1 项目竣工结算

项目竣工结算是承包人向业主结清工程价款的依据，是发包人编制项目竣工决算的基础资料。通过竣工结算，承发包双方可以结清相互之间的合同关系和经济责任。

1. 竣工结算的编制与审查

《建设工程项目管理规范》规定："项目竣工结算应由承包人编制，发包人审查，双方最终确定"。"承包人编制项目竣工结算可依据下列资料：合同文件；竣工图和工程变更文件；施工技术核准资料和材料代用核准资料；工程计价文件、工程量清单、取费标准及有关调价规定；双方确认的有关签证和工程索赔资料。"

项目竣工结算按单位工程编制，一般内容包括：

（1）封面。竣工结算书封面形式同施工图预算，要求填写工程名称、结构类型、建筑面积、结算造价等内容。

（2）编制说明。主要说明施工合同及有关文件关于竣工结算的有关规定。

（3）结算造价汇总计算表。竣工结算计算表形式同施工图预算。

（4）汇总表附表，包括工程增减变更表、材料价差表等。

（5）工程竣工资料，包括竣工图、设计变更通知书、工程量增补核定单及各类经济签证等。

承包人编制的项目竣工结算应经企业主管部门审定，加盖单位公章和工程造价执业资格专用章后，及时递交发包人或其委托的咨询机构审查。

发包人（或业主）对承包人编制的项目竣工结算进行审查的主要内容是：

（1）结算资料是否真实、完整；

（2）计价方式是否符合合同约定；

（3）工程量计算是否符合统一规则，计算结果是否准确；

（4）工程量调整、单价调整及人、材、机的换算是否有依据；

（5）主要材料消耗量计算是否准确；

（6）材料价格是否与报价相符、调整是否有依据；

（7）自供材料的品种、数量和价格是否正确；

（8）各项费用的计算及取费标准是否符合规定；

（9）结算造价汇总计算程序和计算结果是否正确；

（10）实际工期与合同工期比较，差异原因和责任；

（11）索赔理由是否符合规定，证据是否真实、充分，计算是否正确。

2. 办理竣工结算的有关规定

承包人和发包人应按国家有关规定进行工程价款的最终结算。《建设工程施工合同（示范文本）》对竣工结算作了如下详细规定：

（1）工程竣工验收报告经发包人认可后 28 天内，承包人向发包人递交竣工结算报告及完整的结算资料，双方按照协议约定的合同价款及专用条款约定的合同价款调整内容，进行工程竣工结算。

（2）发包人应在收到竣工结算报告及结算资料后 28 天内进行核实，给予确认或提出修改意见。发包人确认竣工结算报告后通知经办银行向承包人支付工程竣工结算价款。承包人收到竣工结算价款后 14 天内将工程交付发包人。

（3）发包人收到竣工结算报告及结算资料后 28 天内无正当理由不支付工程竣工结算价款，从 29 天起按承包人同期银行借款利率支付拖欠工程价款的利息，并承担违约责任。

（4）发包人收到竣工结算报告及结算资料后 28 天内不支付工程竣工结算价款，承包人可催告发包人支付。发包人收到竣工结算报告及结算资料后 56 天内仍不支付，承包人可与发包人协议将该工程折价，也可由承包人申请人民法院将该工程依法拍卖，承包人就该工程折价或拍卖价款优先受偿。

（5）工程竣工验收报告经发包人认可后 28 天内，承包人未能向发包人递交竣工结算报告及完整的结算资料，造成工程竣工结算不能正常进行或竣工结算价款不能及时支付，发包人要求交付工程的，承包人应当交付；发包人不要求交付工程的，承包人承担保管责任。

（6）发包人与承包人对工程竣工结算价款发生争议时，按关于争议的约定处理。

工程竣工结算经发包人与承包人确认，即作为工程竣工决算的依据。

10.3.2　项目竣工决算

《建设项目（工程）竣工验收办法》规定："所有竣工验收的项目（工程）在办理验收

手续之前，必须对所有财产和物质进行清理，编制竣工决算，分析概（预）算执行情况，考核投资效果，报上级主管部门审查。"

项目竣工决算是竣工验收阶段，业主与承包单位办理竣工结算后，按照国家规定的建设项目竣工决算编制办法，编制的核定项目建设成果和财务状况，及新增资产价值的总结性文件。项目竣工决算是项目竣工验收报告的重要内容，属于业主工程项目管理范围。

1. 竣工决算的编制依据

业主编制项目竣工决算的主要依据是：

（1）项目任务书及有关文件，如批准的可行性研究报告和初步设计文件等。

（2）项目总概算和单项工程综合概算。

（3）施工图及其设计说明、设计交底、图纸会审资料。

（4）合同文件，如中标书、承包合同等。

（5）项目竣工结算。

（6）设计变更及经济签证，如设计变更通知书、施工签证单、索赔记录及报告以及施工期间发生的其他费用。

（7）设备、材料调价文件及记录。

（8）竣工资料，如竣工图、竣工验收资料等。

（9）相关的项目资料、财务决算及批复文件。

（10）其他工程计价与控制资料。

2. 竣工决算的编制、审批程序

业主编制项目竣工决算的程序一般是：

（1）收集、整理项目竣工决算有关资料；

（2）核实工程变动情况；

（3）清理项目的账务、债务和结算物质；

（4）填写项目竣工决算报表；

（5）编写项目竣工决算说明书；

（6）开展工程造价对比分析；

（7）整理、装订竣工图。

按照国家对建设项目分类、分级管理办法的规定，项目竣工决算应在项目竣工验收移交使用后一个月内编制完成，并按规定程序报送审批。对政府投资项目，其"建设项目竣工财务决算审批表"的审批程序是：

（1）建设项目开户银行签署意见并盖章；

（2）建设项目所在地财政监察机构签署意见并盖章；

（3）建设单位主管部门或地方财政部门签署审批意见。

3. 竣工决算的内容

项目竣工决算文件应包括项目竣工财务决算报表、项目竣工财务决算说明书、项目造价分析资料、项目竣工图等主要内容。

（1）项目竣工财务决算报表

按照财政部《基本建设财务管理若干规定》的要求，项目的竣工决算报表按项目建设规模分两种情况编制，其具体内容分别要求如下：

1）大、中型建设项目竣工财务决算报表包括建设项目竣工财务决算审批表；大、中型建设项目概况表；大、中型建设项目竣工财务决算表；大、中型建设项目交付使用资产总表；建设项目交付使用资产明细表。

2）小型建设项目竣工财务决算报表包括建设项目竣工财务决算审批表；小型建设项目竣工财务决算总表；建设项目交付使用资产明细表。

由于小型建设项目的建设内容一般比较简单，所以不单独编制"建设项目概况表"，其项目概况纳入"小型建设项目竣工财务决算总表"中，小型建设项目不编制"交付使用资产总表"，只编制"建设项目交付使用资产明细表"。

（2）项目竣工财务决算说明书

项目竣工财务决算说明书是综合说明竣工项目建设情况、财务状况及建设成果的文字性报告文件，主要反映项目建设过程中各项资金的运用情况、各项技术经济指标的完成情况等内容。项目竣工财务决算说明书的编制应注重系统性和综合性，注意层次分明、条理清楚。其主要内容包括：

1）项目概况，主要是对项目建设工期、工程质量、投资效果及设计、施工等各方面情况的概括分析和说明。

2）对项目投资来源、会计账务处理、财产物资管理及债权债务清偿等情况的说明。

3）项目资金节超情况及上交分配说明。

4）项目各项技术经济指标的完成情况及分析评价意见。

5）项目管理及竣工决算中存在的问题和处理意见。

6）其他需要说明的事项。

（3）项目工程造价分析资料

工程造价分析资料的主要内容应涵盖项目主要实物工程量、主要材料消耗量和构成工程造价的主要费用等，以确定竣工项目的工程总造价，总结项目控制工程造价、提高投资效益的经验，或查找超支原因、提出改进意见。

（4）项目竣工图

项目竣工后应编制反映竣工项目全部内容的竣工图，作为项目竣工决算的真实依据和技术档案。项目竣工图的编制应按国家有关竣工图编制规定执行。

复习思考题

1. 开展工程竣工验收有什么作用？
2. 简述工程竣工验收的依据、应具备的条件和验收标准。
3. 工程竣工验收的主要程序有哪些？项目竣工预验的主要内容是什么？
4. 什么是项目竣工验收报验？它有哪些主要程序？
5. 建设单位（业主）应如何组织工程竣工验收？
6. 工程竣工验收报告应包括哪些主要内容？办理工程竣工验收备案应提供哪些文件资料？

7. 怎样进行工程档案验收与移交?

8. 简述项目竣工结算的编制依据和内容。

9. 建设单位（业主）如何进行项目竣工结算审查?

10. 法规、规章关于办理项目竣工结算有哪些主要规定?

11. 什么是项目竣工决算? 它与竣工结算有什么区别和联系?

12. 编制项目竣工决算的依据和程序是什么? 项目竣工决算包括哪些内容?

第 11 章　工程项目后评价

项目后评价是对投资管理和约束的一种手段，是投资项目管理必不可少的一项内容。开展工程项目后评价有助于对已完成的工程项目进行科学的评价，总结经验教训，在以后的工程项目建设中不断提高决策水平和管理水平，是获取项目真实影响的有效手段之一。因此，有效地开展工程项目后评价，是提高工程项目投资效益的重要手段之一，是我国深化投资体制改革中面临的一个崭新方向。

11.1　工程项目后评价概述

11.1.1　工程项目后评价的概念及作用

1. 工程项目后评价的概念

传统项目管理理论认为，项目管理的范围只包含从项目提出到项目竣工投产全过程的管理，而通常把项目后评价排斥于项目管理的周期之外。实际上，项目后评价是项目管理工作的自然延伸，是项目管理周期中一个不可缺少的重要阶段。

工程项目后评价（Project Post Evaluation）是指在工程项目建设完成以后。对项目的目的、执行过程、效益、作用和影响所进行的全面、系统、客观的分析评价。通过对投资活动实践的检查总结，检验投资的目的是否合理有效，是否能够达到，项目的经济效益是否按期实现，通过分析对比找出项目成败的主客观原因，总结投资开发项目实践正反两方面的经验教训，并通过及时有效的评价信息反馈，使项目的决策者、管理者和建设者获得有效信息，学习到更加合理的方法和策略。完善和调整相关的方针、政策和管理程序，提高项目决策、管理和建设的能力水平、对完善已建项目、改进再建项目和指导待建项目都有重要意义，为投资决策服务，从而达到提高投资效益的目的。

2. 工程项目后评价的作用

第一，总结项目的管理经验教训，提高项目管理水平。投资项目管理是一项庞大的系统工程。把项目后评价纳入基本建设程序，通过对投资活动成功经验和失败教训的主客观原因分析，可以客观有效地查找投资决策者、管理者和建设者存在的实际问题。通过对已经投入运营项目实际情况与项目预期目标的对比分析，总结管理经验教训，可以指导未来同类项目的投资与管理，有利于减少浪费和最大限度地提高建设工程的回报，有利于项目管理水平的提高。

第二，提高项目决策科学化水平。通过项目后评价来进行的检验和监督，一方面能够增强项目决策人员的责任感，敦促决策人员努力做好项目前期工作，有利于提高项目决策的准确性；另一方面通过对项目从决策、设计、建设到投入经营各阶段进行后评价，并及时将评价结果进行反馈，有利于对项目决策中存在的问题进行及时纠正，从而提高项目决策的科学化水平。

第三，为国家工程项目计划和政策的优化提供依据。总结项目建设的经验教训，有利于及时发现宏观投资管理中的不足，并对某些不适合经济发展的技术经济政策、已经过时的指标与参数等进行修正或修订。同时，还可根据后评价成果的反馈信息，调整投资规模和投资流向，并对各产业、各部门之间及其内部的各种比例关系进行协调。后评价的反馈信息也是建立工程项目管理的法令、法规、制度和机构的重要参考。

11.1.2 工程项目后评价的内容

工程项目后评价主要围绕五个方面的内容来进行。

1. 项目目标评价

评定工程项目立项时预定目标的实现程度是项目后评价的主要任务之一。要对照原定目标的主要指标，检查项目实际的情况和发生的变化，分析原因，判断目标的实现程度。判别项目目标的指标应在项目立项时就确定，一般包括宏观目标，即对地区、行业或国家经济、社会发展的总体影响和作用，以及项目的直接目的等量化指标。目标评价的另一项任务是要对原定项目目标的正确性、合理性和实践性进行分析评价。

2. 项目实施过程评价

应对照立项评估或可行性研究报告中所预计的情况与实际执行的过程进行比较和分析，找出差别，分析原因。一般分析以下几个方面：项目的立项、准备和评估；项目内容和建设规模；工程进度和实施情况；配套设施和服务条件；受益者范围及其反响；项目的管理和机制；财务执行情况。

3. 项目效益评价

包括财务评价和经济评价，主要内容与项目前评价没有大的差别，主要分析内部收益率、净现值和贷款偿还期等项目盈利能力和清偿能力等指标。

4. 项目影响评价

主要包括经济影响、环境影响和社会影响三方面的内容。经济影响评价，主要分析项目对所在地区、所属行业以及国家所产生的经济方面的影响，包括分配、就业、国内资源成本（或换汇成本）、技术进步等。环境影响评价，根据项目所在地（或国）对环境保护的要求，评价项目实施后对大气、水、土地、生态等方面的影响，评价内容包括项目的污染控制、地区环境质量、自然资源的利用和保护、区域生态平衡和环境管理等方面。社会影响评价，对项目在社会的经济、发展方面的效益和影响进行分析，重点评价项目对所在地区和社区的影响，评价内容一般包括贫困、平等、参与、妇女和持续性等方面。

5. 项目持续性评价

项目的持续性是指在项目建设资金投入完成之后，项目的既定目标是否还能继续达成，项目是否可以持续地发展下去，接受投资的项目业主是否愿意并可能依靠自己的力量继续实现既定目标，项目是否具有可重复性。

11.1.3 国内外项目后评价

1. 国外项目后评价发展

20 世纪 30 年代美国首先开始项目后评价活动，通常被认为是项目后评价的开端，迄今已有 70 多年的历史。当时开展的后评价主要是针对由美国联邦政府控制的投资计划即经济大萧条时期进行的"新分配"（New Deal）计划所进行。与此同时，瑞典的国家审计机关和一些援外机构也开始对国家和自己投资的项目进行效果评价检查，并将最终结果对外公布，这种做法尽管不是完全意义上的项目后评价，但与当今的后评价有诸多相似之处。

20 世纪 60 年代，在被称为"向贫困宣战"（War On Poverty）的计划中，美国联邦政府投入巨额财政资金，建设了一大批大型公益项目。国会和公众对财政资金的使用效益和项目影响给予极大的关注，适应这种要求，在计划实施的同时，开展了以投资效益评价为核心的后评价。后评价手段的运用对于资金的使用进行了有效的监督，同时，随着后评价的深入和广泛开展，项目后评价的理论和方法逐步发展和完善，美国是后评价做得比较好的国家之一。

20 世纪 70 年代中后期以后，项目后评价在美国、加拿大、英国、瑞典等许多国家和世界银行（World Bank，WB）、亚洲开发银行（Asian Development Bank，ADB）、联合国教科文组织（UNESCO）等诸多国际援助机构被逐步推广和使用，后评价使用范围进一步拓展。为了保证资金的合理使用和推动投资效益的提高，这些国家和组织逐步建立和健全了各自的评估和后评价体系，为后评价的理论和方法的创新和发展做出了积极贡献。

在发达国家，对项目后评价的关注和重视往往源于公共资金使用效益和影响及政治改革的压力，后评价主要是对国家的计划、预算和项目进行评价，这使得他们对项目后评价工作极为重视。通常来说，这些国家有相对完善的法律、职能明确的管理机构以及系统的规则、方法和程序，在项目后评价方面积累了较为丰富的经验。

近年来，项目后评价在发展中国家的进展也很快。据联合国开发署（UNDP）的资料介绍，已经有近百个发展中国家成立了中央评价机构，但是这些评价机构大多从属或挂靠政府的下属机构，相对独立的后评价机构体系还没有真正形成。

总之，项目后评价已得到世界各国以及国际组织越发广泛的重视与采用，成为西方发达国家以及一些发展中国家项目管理中必不可少或不可分割的重要组成部分，成为政府决策和宏观管理的一种重要工具。

经过几十年的发展，国外项目后评价已经形成了比较完善的体系，近年来国外项目后评价的发展呈现出以下几个方面的规律和趋势：

第一，项目后评价的系统化、制度化。国外项目后评价的发展，表现为由分散、零碎的后评价向具有系统的规则、明确的法律和管理机构的后评价转变的过程。1980 年美国会计总署成立了后评价研究所，这是美国的项目后评价向系统化、制度化方向发展的重要标志。目前，美国的后评价已拥有最广泛的支持和最完善的系统，包括项目后评价人员培训、建立创办后评价相关专业协会和专业杂志等方面。韩国 1983 颁布（1987 年进行了部分修正）了《政府投资机构管理基本法》，明确规定项目后评价是投资管理的重要内容。澳大利亚在 1987 年及随后制定的有关法律法规中规定，政府有关部门每年都必须对所管项目进行后评价，且将评价结果报财政部汇总审查。

第二，项目后评价的时间范围趋向于对项目全过程扩展。随着项目后评价实践的深入和人们认识的不断提高，项目后评价的时间范围开始扩展，从前评估到后评价，再到对项目全过程的监督和管理的评价，项目后评价正在逐步形成对项目全过程综合分析和全面评价的完整体系，在项目监督管理、提高决策水平方面发挥着更加重要的作用。亚洲开发银行的"项目绩效管理系统"、世界银行及美国政府倡导的绩效管理等，都体现出连续的、完整的评价思想。

第三，国际金融组织对项目后评价的推动力量日益显著。国际金融组织在开展投资贷款项目后评价的日常工作时，不断强化其项目后评价的功能。世界银行负责项目后评价的业务评价局，直接由银行执行董事会领导，保证了后评价机构的权威性和独立性。世行每年对其贷款项目总数的15％进行项目后评价，且把项目后评价的结论作为评价各业务部门工作质量和效果的重要依据，项目后评价成为内部监督的重要工具。这些国际金融组织的后评价工作实践成为推动项目后评价发展的重要推动力量。

第四，项目后评价的独立性逐步增强。主要表现为政府部门的项目后评价职能在逐渐削弱，而立法部门的后评价职能在不断加强。到二十世纪九十年代中后期，项目后评价逐步从美国政府决策支持的角色转向政府内部业绩考评的需要。与之相反的是，美国国会的后评价能力不断加强，包括美国会计总署、国会技术评价办公室、国会图书馆和国会研究服务中心、预算办公室等四个具有后评价能力的支持机构向其提供后评价信息。美国会计总署聘用了大量社会科学家和具有高级专业人员，对美国联邦政府所有部门的后评价进行研究，从而为国会提供有关政策分析和调整、监督的后评价信息，使立法部门后评价的应用领域越来越广。项目后评价的这种发展趋势并不单单发生在美国，在加拿大、澳大利亚等国家也有很类似的表现，是因为后评价的独立性和客观性的本质决定了项目后评价应由独立于政府之外的力量展开。项目后评价的这种发展趋势，有利于提高后评价成果的客观科学性，提高后评价成果的使用效率，也有利于促进后评价自身的可持续发展和完善。

2. 国内项目后评价发展

由于社会主义国家的性质，从20世纪50代开始我国采用了苏联的技术经济论证方法。在"一五"时期的156个重点项目建设中，采用了较简单的静态技术经济论证，并把论证结论作为选择项目和编制设计任务书的依据。这种静态的技术经济论证方法沿用了多年。

改革开放以来，国门对外打开，国内有了从对外交流中学习到新的项目评价理论和方法的机会。国外投资、国际金融机构贷款、各国政府对华援助资金逐步进入我国，这为国内项目评价工作的开展带来了压力，也带来了机会。1987年，原国家计委和建设部联合颁布了《建设项目经济评价方法与参数》，作为指导性文件在全国范围内实行。

20世纪80年代中后期项目后评价在中国开始得到应用，受原国家计委正式委托，1988年中国国际工程咨询公司对第一批国家重点项目进行后评价，标志着我国项目后评价工作的开始，随后我国的项目后评价工作逐步在各个部门得到推广和应用。

1988年11月，原国家计委下发了《关于委托进行利用国外贷款项目后评价工作的通知》，这是我国政府下达的关于推行后评价工作的第一个文件。文件要求选择重点项目进行后评价，并提出了后评价的重要内容和具体做法。在该通知的指导下，国家计委、审计署、中国人民建设银行以及交通部、农业部和卫生部等部门率先对9个利用国外贷款的国家重点工程项目进行了后评价，取得了理想的成效。

在 1990 年 1 月 24 日原国家计委下达了第一个国家建设项目后评价计划文件（计建设〔1990〕54 号《关于开展一九九零年国家重点建设评价工作的通知》），并委托给中国国际工程咨询公司实施。同年 4 月，在北京召开了"重点工程项目后评价工作会议"，部署了对大庆 30 万吨乙烯工程、山东兖州矿区鲍店立井、北京中央彩电工程等 14 个项目进行后评价的任务。到 1992 年国家计委下达了三批共计 33 个项目的后评价工作计划。1994 年又下达了第四批共计 6 个项目的后评价工作计划。

1994 年负责政策性投资的国家开发银行成立，并建立了后评价局，制定了《贷款项目后评价暂行办法》及其实施细则，并同时选择了安徽淮南煤矿大屯矿电厂和新集煤矿作为评价方法的试点，以评价检验项目贷款效益。中国人民建设银行等单位相继成立了后评价机构。这些后评价机构多与世行的模式类似，具有相对的独立性。2002 年国家电力公司发出《关于开展电力建设项目后评价工作的通知》，规定凡列入国家计划建设的国家电力公司系统控股的发、送、变电工程项目，都要开展后评价工作。国家重点工程项目和政策性贷款项目的后评价已经步入正轨。

近年来我国涉及项目后评价的法规文件主要有：2004 年 7 月国务院出台文件《国务院关于投资体制改革的决定》中明确规定："建立政府投资项目后评价制度，对政府投资项目进行全过程监管。"2005 年 5 月国务院国有资产监督管理委员会出台文件《中央企业固定资产投资项目后评价工作指南》中对项目后评价概念及一般要求、项目后评价内容、项目后评价方法、项目后评价的实施、项目后评价成果及应用做了规定及介绍。2006 年 3 月北京市发展改革委员会出台文件《关于印发北京市政府投资建设项目后评价试行办法的通知》，就后评价项目的级别做了规定，即采用直接投资、资本金注入方式且市级政府投资在 5000 万元以上的建设项目，以及市级政府投资补助资金在 1000 万元以上的补助、贴息项目，应实行后评价管理。《通知》还规定了后评价的内容，主要内容包括对项目审批管理、项目实施内容、项目功能技术、资金管理效率、经济效益、公共效益方面进行全面综合评价，并且还规定了后评价的指标体系设置的原则，后评价的形式与方法。

我国项目后评价经过近二十年的发展，在借鉴国外项目后评价理论和方法的基础上，已取得一定的成绩，后评价已在交通部、建设部、国家计委、金融机构等部门得到重视，尤其是公路、铁路项目和金融机构贷款项目的后评价，已初步形成比较完善的后评价理论、体系和方法。但总体上看，我国当前的项目后评价研究和应用的重点，主要在于具有投资收入的项目，如收费的公路、铁路、竞争性工业项目等，项目后评价还存在两个方面的不足：一是项目后评价只强调对成本超支、工期延长、投资回收期、投资内部报酬率等指标分析，重点放在项目投资的效益评价方面，评价的内容仅限于经济和财务评价，对生态环境影响和社会效益评价内容涉及很少，且评价方法也相对简单，在研究的理论、评价内容和评价技术等方面，都没有达到项目后评价应有的水平，项目后评价仍处于初级发展阶段；另一方面是项目后评价的机构和体制建设还不够完善，还没有一个全国性的独立后评价机构，往往是同一个机构既负责项目的组织、实施工作，又负责项目后评价，后评价机构不具有独立性和权威性，从而影响项目后评价结果的客观性、科学性和全面性。另外，我国目前的后评价信息的反馈机制也很不完善，如何将后评价的结果和项目计划、规划设计、施工、管理有效地联系起来，还是一个值得探讨的问题。随着我国经济体制改革尤其是投资体制改革的深入与发展，市场经济对投资行为的约束日益加强，建立与完善我国的投资项目后评价体系已是深化投资体制改革过程中面临的一个急迫而又崭新的课题。

11.2 工程项目后评价的程序与方法

11.2.1 后评价的程序

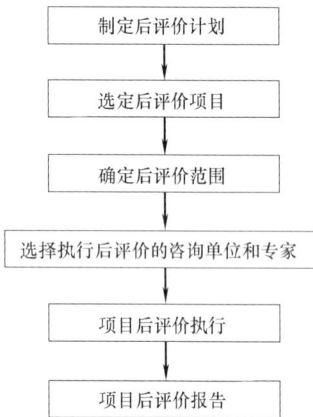

图 11-1 后评价的相关工作
及评价程序

后评价的相关工作及评价程序一般包括制定后评价计划、选定后评价项目、确定后评价范围、选择执行项目后评价的咨询单位和专家、后评价的执行和后评价报告等。如图 11-1 所示。

1. 项目后评价计划的制定

计划是行动的方向。项目后评价计划的制定应越早越好，最好是在项目评估和执行过程中就确定下来，以便项目管理者和执行者在项目实施过程中就注意收集资料。从项目周期的概念出发，每个项目都应重视和准备事后的评价工作。因此，以法律或其他得力规定的形式，把项目后评价作为建设程序中必不可少的一个阶段确定下来就显得格外重要。国家、部门和地方的年度评价计划是项目后评价计划的基础，时效性是比较强的。但是，与银行等金融组织不同的是，国家的后评价更注重投资活动的整体效果、作用和影响，例如某个行业的发展政策、一个五年计划的投资效益等。所以，国家的后评价计划应从长远的角度和更高的层次上来考虑，合理安排项目的后评价，使之与长远目标结合起来。

2. 项目后评价的选定

作为后评价计划的一部分，选定后评价项目也是十分重要的。一般来讲，选定后评价项目有以下几条标准：由于项目实施引起运营中出现重大问题的项目；一些非常规的项目，如规模过大、建设内容复杂或带有实验性的新技术项目；发生重大变化的项目，如建设内容、外部条件、厂址布局等发生重大变化的项目；急迫需要了解项目作用和影响的项目；可为即将实施的国家预算、宏观战略和规划原则提供信息的相关投资活动；为投资规划计划确定未来发展方向的有代表性的项目；对开展行业部门或地区后评价研究有重要意义的项目。

国际组织一般采用年度计划和 2~3 年滚动计划结合的方式来操作项目后评价计划。我国国家重点项目的后评价计划由国家以年度计划为主，按行业选择一些有代表性的项目进行后评价。

3. 项目后评价范围的确定

由于后评价的范围很广，一般后评价的任务是限定在一定的内容范围内的。因此，在评价实施前必须明确评价的范围和深度。评价范围通常是在委托合同中确定的，委托者要把评价任务的目的、内容、深度、时间和费用等，特别是那些在本次任务中必须完成的特定要求，应交代得十分明确具体。受托者应根据自身的条件来确定是否可能按期完成合同。国际国内后评价委托合同通常有以下内容：项目后评价的目的和范围，包括对合同执行者明确的调查范围；提出评价过程中所采用的方法；提出所评项目的主要对比指标；确定完成评价的经费和进度。

4. 项目后评价咨询专家的选择

项目评价通常分两个阶段实施，即自我评价阶段和独立评价阶段，在项目独立评价阶段，需要委托一个独立的评价咨询机构去实施。项目后评价机构在一般情况下，应确定一名项目负责人，负责人不应参与过此项目前评估。该负责人聘请和组织项目后评价专家组去实施后评价。专家的聘用，根据所评项目的特点、后评价要求和专家的专业特长及经验来选择。

5. 项目后评价的执行

在项目后评价任务委托、专家聘用后，就可以开始进行后评价了。由于后评价的类型很多，要求各不相同。

首先，要进行资料信息的收集。项目后评价的基本资料应包括项目资料、项目所在地区的资料、评价方法的导则和有关规定等。后评价项目的资料一般应包括：项目自我评价报告、项目完工报告、项目竣工验收报告；项目决算审计报告、项目概算调整报告及其批复文件；项目开工报告及其批复文件、项目初步设计及其批复文件；项目评估报告、项目可行性研究报告及其批复文件等。

项目所在地区资料包括：国家和地区的统计资料、物价信息等。项目后评价方法规定的资料则应根据委托者的要求进行收集。目前已经颁布项目后评价方法导则或手册的国内外主要机构有：联合国开发署、世界银行、亚洲开发银行、经济和合作发展组织（OECD）、英国海外开发署、日本海外协力基金（OECD）、中国国家发改委、中国国际工程咨询公司、国家开发银行等。

其次，要进行后评价现场调查。项目后评价现场调查应事先做好充分准备，明确调查任务，制定调查提纲。调查任务一般应有以下几点：项目基本情况，包括项目的实施情况、目标实现情况、目标合理度、考虑其他目标情况；目标实现程度，包括原定目标的实现程度、目标实现的关键因素、宏观目标评价下的项目目标表述情况；作用和影响，包括项目产生的结果，这不仅包括直接的效果，还应包括对社会、环境及其他发展因素的作用和影响。

最后，要进行分析，得出结论。后评价项目现场调查后，应对资料进行全面认真地分析，主要有以下几点：总体结果，包括项目的成功度、项目的投入与产生比例、项目在投资预算内实现目标情况、成功和失败的主要经验教训。可持续性，包括项目在维持长期运营方面存在的问题。方案比选，包括是否有更好的方案来实现这些成果。

6. 项目后评价的报告

项目后评价报告是评价结果的汇总，应真实反映情况，客观分析问题，认真总结经验。另一方面，后评价报告是反馈经验教训的主要文件形式，必须满足信息反馈的需要，而且后者显得更为重要。因此，后评价报告要有相对固定的内容格式，便于分解，便于计算机录入。

11.2.2 后评价的方法

项目后评价采用定性和定量相结合的方法，主要方法有对比法、层次分析法、因果分析法、逻辑框架法等，实际操作中可选择一种或多种方法对项目进行综合后评价。这里主要介绍一般常用的对比法、逻辑框架法。

1. 对比法

对比法是将工程项目竣工投产后的有关指标与可行性研究和评估时的指标进行对比分析。对比法又分为"前后对比"和"有无对比"法。

"前后对比"法是指将项目实施之前与完成之后的情况加以对比，以确定项目的作用与效益的一种对比方法。在项目后评价中，则是指将项目前期的可行性研究和评估的预测结论与项目的实际运行结果相比较，以发现变化和分析原因。这种对比用于揭示计划、决策和实施的质量，是项目过程评价应遵循的原则。

"有无对比"法是指将项目实际发生的情况与若无项目可能发生的情况进行对比，以度量项目的真实效益、影响和作用。对比的重点是要分清项目作用的影响与项目以外作用的影响。这种对比用于项目的效益评价和影响评价，是项目后评价的一个重要方法论原则。这里说的"有"与"无"指的是评价的对象，即计划、规划或项目。评价是通过对比实施项目所付出的资源代价与项目实施后产生的效果得出项目的好坏。方法论的关键是要求投入的代价与产出的效果口径一致。也就是说，所度量的效果要真正归因于项目。但是，很多项目，特别是大型社会经济项目，实施后的效果不仅仅是项目的效果和作用，还有项目以外多种因素的影响，因此，简单的前后对比不能得出项目真正的效果。

2. 逻辑框架法

逻辑框架法 LFA（Logical Framework Approach）是美国国际开发署（USAID）在1970 年开发并使用的一种设计、计划和评价工具，目前已有三分之二的国际组织把 LFA 作为援助项目的计划管理和后评价的主要方法。

LFA 是一种概念化论述项目的方法，即用一张简单的框图来清晰地分析一个复杂项目的内涵和关系，使之更易理解。LFA 是将几个内容相关、必须同步考虑的动态因素组合起来，通过分析其相互之间的关系，从设计策划到目的目标等方面来评价一项活动或工作。LFA 为项目计划者和评价者提供了一种分析框架，用以确定工作的范围和任务，并对项目目标和达到目标所需要的手段进行逻辑关系的分析。

LFA 的模式是一个 4×3 的矩阵，横行代表项目目标的层次（垂直逻辑），竖行代表如何验证这些目标是否达到（水平逻辑）。垂直逻辑用于分析项目计划做什么，弄清项目手段与结果之间的关系，确定项目本身和项目所在地的社会、物质、政治环境中的不确定因素。水平逻辑的目的是要衡量项目的资源和结果，确立客观的验证指标及其指标的验证方法来进行分析。水平逻辑要求对垂直逻辑 4 个层次上的结果做出详细说明。其基本模式见表 11-1 所示。

项目后评价通过应用 LFA 来分析项目原定的预期目标、各种目标的层次、目标实现的程度和原因，用以评价其效果、作用和影响。

逻辑框架法的模式

表 11-1

层次描述	客观验证指标	验证方法	重要外部条件
目标	目标指标	监测和监督 手段及方法	实现目标的 主要条件

层次描述	客观验证指标	验证方法	重要外部条件
目的	目的指标	监测和监督 手段及方法	实现目的的 主要条件
产出	产出物定量指标	监测和监督 手段及方法	实现产出的 主要条件
投入	投入物定量指标	监测和监督 手段及方法	实现投入的 主要条件

11.3 工程项目后评价的报告及案例

11.3.1 项目后评价报告

工程项目的类型、规模不同，其后评价报告的内容和格式也不同。营利性项目后评价报告应包括以下内容：总论、项目前期工作后评价、工程项目实施工作后评价、工程项目生产运营工作后评价、工程项目经济后评价、综合结论。

1. 总论

综述工程项目实施概况，工程项目后评价的主要结论概要和存在的问题及建议。工程项目后评价工作的组织机构及其工作依据和方法简介。

2. 项目前期工作后评价

（1）项目筹建工作的评价。主要评价项目筹建单位的组织机构设置、人员素质情况、筹建计划安排及其筹建工作效率。

（2）项目立项和决策工作的评价。工程项目立项和决策工作的评价是工程项目后评价的重点，主要评价承担工程项目可行性研究和项目前评估单位的资格及其提交报告的质量、项目决策依据、项目决策程序和项目决策效率。

（3）厂址选择工作的评价。主要是评价厂址选择是否符合国家建设布局、城镇规划、环境保护、节约土地和技术协作等要求，厂址选择是否经过多方案比选。征地拆迁工作进度和安置补偿标准是否符合国家标准。

（4）工程项目勘察设计工作的评价。主要评价承担工程项目勘察设计的单位是否经过招标优选，勘察设计的质量和效果。

（5）工程项目建设准备工作的评价。主要是对征地拆迁工作、建设资金筹集工作和建设物资采购工作的评价。评价自筹资金来源、实际投资额是否超过设计投资额、评价建设物资采购是否适应建设进度、有无盲目订货造成物资积压和浪费的现象等。

3. 工程项目实施工作后评价

（1）工程质量、进度和造价的评价。主要是核算工程质量、进度和造价的后评价指标，并进行分析和评价。

（2）业主、监理和承包商三者协调关系评价。评价工程实施管理的重点质量、进度和造价，关键是业主、监理、承包商三方协调、携手协力。回顾总结业主在协调监理、承包商方面的经验和教训，对提高工程管理水平是大有益处的。

（3）工程合同管理评价。主要评价工程合同形式的选择和工程索赔处理。

（4）工程竣工验收生产的评价。主要评价所有工程项目（包括环保设施）是否全部配套建成，竣工决算资料和技术档案是否已整理、移交和归档等，是否存在先使用、后验收或竣工验收后不办理固定资产交付使用手续等情况。

4. 工程项目生产运营工作后评价

（1）经营管理和生产技术系统评价。主要评价生产管理机构设置是否合理，管理人员的知识结构、业务水平是否与生产经营活动相适应，经营管理制度是否健全与落实；技术研究和发展机构是否存在或设置合理，技术人员的知识结构、专业水平是否与技术研究和发展活动相适应，技术管理制度是否健全与落实。

（2）产品方案评价。主要评价投产后规格、品种的变化情况及其对经济效益的影响，现行产品方案对市场的适应性和企业根据市场需求及时调整产品方案的能力等。

5. 工程项目效益后评价

（1）财务状况分析后评价。根据项目运营及预测情况，按照财务分析标准分析财务状况。主要评价项目债务的偿还能力和维持入场运营的财务能力，分析项目的资本构成、债务比例。

（2）国民经济效益后评价。用后评价阶段与前评估阶段的指标数值进行对比分析，找出差别和原因。与后评价计算的项目全投资加权综合利率相比，根据未来市场、价格等条件，进行风险分析和敏感性分析。

（3）社会和环境效益后评价。社会和环境效益后评价是分析项目对其受益者产生的影响。如从社会经济、区域文化、人均收入、就业机会、移民安置、社区发展、妇女地位、卫生健康、扶贫作用、环境质量、生态平衡和污染治理等方面进行分析评价。

（4）可持续发展分析。项目持续性的影响因素一般包括：本国政府的政策；管理、组织和地方参与；财务因素；技术因素；社会文化因素；环境和生态因素；外部因素等。通过对这些方面因素的分析，评价其可持续发展状况。

6. 综合结论

综合结论是对上述各项评价内容进行总结性的归纳。他包括项目决策、实施和生产经营各阶段工作的主要经验教训；对项目可行性研究和项目前评估决策水平的综合评价；在对项目进行再评估后，展望其发展前景，并为提高项目在未来时期内的经济效益水平提出建议和对策。

11.3.2 后评价案例

【案例】宁波北仑港二期工程后评价报告（简述）

1. 评价基础资料

（1）项目单位

项目名称：宁波港务局北仑港区二期工程项目

主管部门：国家交通部

所属地区：浙江省宁波市

项目地理位置：浙江省宁波市镇海区

项目单位：宁波港务局

地址：宁波市镇海区沿江东路 42 号

邮编：315200

电话：0574—××

联系人：×××

传真：0574—××

（2）项目建设内容

新建 3～5 万吨级深水泊位 6 个，其中：

集装箱泊位 1 个

多用途泊位 2 个

通用杂货泊 1 个

木材泊位 2 个，后改为煤炭泊位 2 个。

总吞吐能力为 1035 万 t，其中：煤炭 800 万 t，集装箱 60 万箱，其他 175 万 t。

建设期：5 年（原计划为 5 年）

（3）项目总投资

项目总投资见表 11-2。

项目总投资（单位：万元）   表 11-2

项目	原预计金额	实际金额
项目总投资	38971	54900
基本建设投资	38971	43346
建设期利息	3388	
新增流动资金	700	
技术改造资金	7466	

（4）资金来源

资金来源见表 11-3。

资金来源（单位：万元）   表 11-3

项目	原预计金额	实际金额
利用外资	2907.9 US＄（10760 万 RMB）	2895 US＄（15156 万 RMB）
地方资金	4700	4700
企业自筹	2868	2868
预算拨款	602	602
开行拨款	14562	14562
建行贷款	5479	5479
技术改造资金		
企业自筹		3223
租赁资金		4223
合计		50834

2. 报告摘要

（1）项目概况和实施结果

宁波北仑港二期工程位于宁波市深水港区，港口自然条件良好。工程建设依据为宁波港总体规划。目的是建设现代化集装箱泊位，为开发北仑国际中转港创造条件；同时建设其他几个泊位，为接卸中转大宗散货运输和区域外向型经济发展服务。

工程建设港口泊位6个，实际形成总吞吐能力1035万t，比原方案增加吞吐能力685万t。其中，集装箱泊位1个，能力10万标箱；多用途泊位2个，能力130万t；煤炭泊位2个，能力800万t（原方案为2个木材泊位能力115万t）；杂货泊位1个，能力45万t。

工程分为一阶段、二阶段和技改工程三个阶段实施。××年5月开工，按工期5年建成投产。工程质量优良，工程国内部分的投资概算没有突破并略有节余。一、二阶段工程分别于开工后的第2年9月和第3年12月经国家正式竣工验收后投产。

（2）项目效益状况及原因

工程总投资5.49亿元，其中固定资产投资5.43亿元，流动资金0.07亿元。工程利用世界银行贷款2895万美元，国家和地方拨款0.53亿元，国内银行贷款2亿元，企业自筹和设备租赁1.03亿元。

工程投产以来运营良好，预计投产后的第3年实际完成吞吐量可达1000万t，基本达到设计能力；预计同年营业收入1.3亿元，按当年价格计算，比原设计预计的年收入增加约4500万元。

工程财务内部收益率税前为8%（税后为6%），高于设计时原测算指标4.86%，也高于工程投资的实际贷款利率5.31%，财务效益较好；投资偿还期15年，比原测算缩短2年，抗风险能力较强。国民经济效益良好，据后评价测算，工程经济内部收益率为30%，比原测算高2个百分点。工程社会效益明显。

工程效益好的原因有3个方面：①宁波港务局千方百计节约开支，严格控制住了工程投资。初步估算，二期工程共节约开支3400万元用于抵消物价的上涨；②根据市场变化，及时将无货源的2个木材泊位改造为煤炭泊位，既满足了国家需要，又扩大了吞吐能力，增加了营业收入，使FIRR提高了6个百分点；③由于国家和地方的拨款及企业自筹部分的投资达到总投资的22%，资本构成基本合理，增强了企业的清偿能力。

（3）结论和主要经验教训

评价结论：工程实现并超过了原定的目标，符合宁波港的长远发展目标，经济和社会效益良好。项目是成功的。主要经验：

1）建立专门的管理机构进行规范化管理；

2）重视项目前期的资料分析研究；

3）学习世行经验实行采购公开招标和施工监理，抓好合同条款研究和管理；

4）注重建设物资和材料的储备和管理；

5）建立按月结算的财务制度；

6）国家对工程注入了适当的资本金，为港口运营和发展创造了条件。

主要教训：

1）汇率风险是目前利用外资项目的主要风险之一。本工程因汇率变化使造价上升了

30％，FIRR下降了3个百分点；

2）由于国际公开招标经验不足，对投标商的资信重视不够，造成两台进口设备不能按期达到合同要求；

3）工程前期对市场预测和风险分析不足，决策不当，造成木材泊位尚未建成投产就发生重大货源变化，不得不着手改造为煤炭泊位。

（4）建议

加强项目前期工作中的市场预测和风险分析。目前我国正处在改革的进程中，机构和政策的变化较大，现行可行性报告和评估内容要求不能满足对这类变化分析的需要。因此，增强风险分析的力度和规范是必要的、紧迫的。进一步强调国民经济评价在国家重点建设项目评价中的重要性。重点基础设施项目，交通、能源和通讯等是国家投资的重点，这类项目对社会经济的真实贡献只能在国民经济分析中反映出来。加强国家重点基础设施项目前评估和后评价国民经济分析至关重要。

在大型港口项目立项时，对建设专业性强的泊位应持慎重态度。在货源不稳定时，不应建设专业化泊位，宜建通用性泊位，以提高码头的适应能力。

复习思考题

1. 什么是工程项目后评价？试举例说明它的作用。

2. 工程项目后评价的主要内容有哪些？项目后评价的执行有哪些程序？

3. 试分析工程项目后评价报告的特点？

第 12 章　建设工程监理

建设工程监理是一项工程建设管理制度。工程监理单位依据法律法规、工程建设标准、勘察设计文件、建设工程监理合同及其他合同文件，代表建设单位发挥"三控两管一协调"的职能作用，同时还要依据《建筑法》、《建设工程安全生产管理条例》履行建设工程安全生产管理法定职责。本章从建设工程监理的性质、作用入手，分别介绍建设工程监理的程序、主要内容与基本方法，建设工程监理机构组织与协调，监理规划和监理实施细则的编制及监理操作实务等内容。

12.1　建设工程监理概述

12.1.1　建设工程监理产生的背景

20 世纪 80 年代以前，我国建设工程的管理基本上采用两种形式：对于一般建设工程，由建设单位自己组成筹建机构，自行管理；对于重大建设工程，则从与该工程相关的单位抽调人员组成工程建设指挥部，由指挥部进行管理。由于这两种形式都是针对一个特定的建设工程临时组建的管理机构，相当一部分人员不具有建设工程管理的知识和经验，因此，他们只能在实践中边干边摸索。而一旦工程建成投入使用，原有的工程管理机构和人员就解散，当再有新的建设工程时又重新组建。如此"项目来了搭班子，工程完工散摊子"，导致在建设工程管理上只有一再重复发生的教训，却没有承袭升华的经验，出现投资"三超"、工期延长、质量不高，使我国建设工程管理水平长期在低水平上徘徊，难以提高。当然，上述两种管理形式得以长期存在，与投资计划由国家统一安排、建设资金由财政单一拨款、建设单位无须承担经济风险等体制机制密切相关。

改革开放后，在通过对以往建设工程管理实践的反思和总结，以及对国外工程管理制度与方法进行考察的基础上，国家在工程建设领域开始推行项目法人负责制、工程招标投标制、建设合同管理制和建设工程监理制等采取一系列重大改革措施，特别是被誉为中国建设工程对外开放的"窗口"、位于云南省罗平县的鲁布革水电站工程，由于首次利用世界银行贷款并实行国际招标，引进国外先进设备和技术以及相应的管理方式所产生的示范作用，使人们认识到建设领域的工程项目管理是一项专门的学问，需要一大批专门的机构和人才，建设单位的工程项目管理应当走专业化、社会化的道路。于是国家建设主管部门于 1988 年发布了"关于开展建设监理工作的通知"，明确提出要建立建设监理制度。建设工程监理制于当年开始试点，5 年后逐步推开，1998 年开始实施的《中华人民共和国建筑法》以法律制度予以明确，"国家推行建设工程监理制度"，从而使建设工程监理在全国范围内进入全面推行阶段。

经过近 30 年的发展，我国建设工程投资管理体制改革不断深化和工程监理单位服务范围不断拓展，在工程勘察、设计、保修等阶段为建设单位提供的相关服务也越来越多。为了适应建筑市场的新需求，国家在修订原规范的基础上颁发了《建设工程监理规范》GB/T 50319—2013，这为进一步规范建设工程监理与相关服务行为、提高服务水平提供了依据，也标志着我国建设工程监理制度日益完善与成熟。

12.1.2 建设工程监理的概念

建设工程监理是指针对建设项目，由社会化、专业化的建设工程监理单位接受项目法人的委托和授权，根据国家批准的工程建设文件、法律法规和工程建设监理合同以及其他工程建设合同所进行的旨在实现项目投资目的的微观监督管理活动。

1. 建设工程监理的行为主体

《建筑法》明确规定，实行监理的建设工程，由建设单位委托具有相应资质条件的工程监理单位实施监理。建设工程监理只能由具有相应资质的工程监理单位来开展，建设工程监理的行为主体是工程监理单位，这是我国建设工程监理制度的一项重要规定。

建设工程监理不同于建设行政主管部门的监督管理，后者的行为主体是政府部门，它具有明显的强制性，是行政性的监督管理，它的任务、职责、内容不同于建设工程监理。同样，总承包单位对分包单位的监督管理也不能视为建设工程监理。

2. 建设工程监理实施的前提

《建筑法》明确规定，建设单位与其委托的工程监理单位应当订立书面建设工程监理合同，即建设工程监理的实施需要建设单位的委托和授权。只有与建设单位订立书面监理合同，明确了监理的范围、内容、权利、义务、责任等，工程监理单位才能在规定的范围内行使管理权，合法地开展建设工程监理。工程监理单位在委托监理的工程中拥有一定的管理权限，能够开展管理活动，是建设单位授权的结果。

作为接受监理的对象（如承建单位），根据法律、法规和它与建设单位签订的有关建设工程合同的规定，接受工程监理单位对其建设行为进行的监督管理并配合监理是其履行合同的一种行为。工程监理单位对哪些对象与行为实施监理取决于合同的约定，例如，仅委托施工阶段监理的工程，工程监理单位只能根据监理合同和施工合同对施工行为实行监理；而在委托全过程监理的工程中，工程监理单位则可以根据监理合同以及勘察合同、设计合同、施工合同对勘察单位、设计单位和施工单位的建设行为实行监理。

3. 建设工程监理的依据

建设工程监理的依据包括工程建设文件、有关的法律法规规章和标准规范、建设工程监理合同和有关的建设工程合同。

（1）工程建设文件。包括批准的可行性研究报告、建设项目选址意见书、建设用地规划许可证、建设工程规划许可证、批准的设计文件（施工图）、施工许可证等。

（2）有关的法律、法规、规章和标准规范。包括《建筑法》、《合同法》、《招标投标法》、《建设工程质量管理条例》等法律法规，部门规章以及地方性法规等，也包括《工程建设标准强制性条文》、《建设工程监理规范》以及有关的工程技术标准、规范、规程等。

（3）建设工程监理合同和有关的建设工程合同。工程监理单位应当根据两类合同，即工程监理单位与建设单位签订的建设工程监理合同和建设单位与承建单位签订的有关建设工程合同进行监理。

4. 建设工程监理的范围

建设工程监理范围可以分为监理的工程范围和监理的建设阶段范围。如全过程监理应当包括咨询、勘察、设计、施工以及设备采购等。

12.1.3 建设工程监理的性质、作用与方法

1. 建设工程监理的性质

建设工程监理的性质是通过监理单位公平、独立、诚信、科学地开展建设工程监理与相关服务活动所体现的，有如下几个方面：

（1）服务性。建设工程监理具有服务性，是由其业务性质所决定的，即建设工程监理既不同于承建商的直接生产活动，也不同于建设单位的直接投资活动。它只是在工程项目建设过程中，利用自己工程建设方面的知识、技能和经验为客户提供高智能监督管理服务，以满足建设单位对项目管理的需要。建设工程监理的主要任务是控制建设工程的投资、进度和质量，协助建设单位在计划的目标内将建设工程建成投入使用，这就是建设工程监理的管理服务的内涵。

工程监理单位既不直接进行设计，也不直接进行施工；既不向建设单位承诺造价，也不参与承包商的利益分成。在工程建设中，监理人员利用自己的知识、技能和经验、信息以及必要的试验、检测手段，为建设单位提供管理服务。但工程监理单位不能完全取代建设单位的管理活动，因为它不具有工程建设重大问题的决策权，只能在授权范围内代表建设单位进行管理。建设工程监理的服务对象是建设单位，其监理服务是按照监理合同的规定进行的，是受法律约束和保护的。

（2）科学性。科学性是由建设工程监理要达到的基本目的所决定的。建设工程监理以协助建设单位实现其投资目的为己任，力求在计划的目标内建成工程。面对工程规模日趋庞大，环境日益复杂，功能、标准要求越来越高，新技术、新工艺、新材料、新设备不断涌现，参加建设的单位越来越多，市场竞争日益激烈，风险日渐增加的情况，只有用科学的思想、理论、方法和手段才能驾驭工程建设。

（3）独立性。《建筑法》明确指出，工程监理单位应当根据建设单位的委托，客观、公正地执行监理任务。《建设工程监理规范》要求工程监理单位按照"公正、独立、自主"原则开展监理工作。

建设工程监理独立性的要求是一项国际惯例。国际咨询工程师联合会认为，工程监理单位是"作为一个独立的专业公司受聘于业主去履行服务的一方"，应当"根据合同进行工作"，监理工程师应当"作为一名独立的专业人员进行工作"，工程监理单位"相对于承包商、制造商、供应商，必须保持其行为的绝对独立性，不得从他们那里接受任何形式的好处，而使他的决定的公正性受到影响或不利于他行使委托人赋予他的职责"。监理工程师"不得与任何妨碍他作为一个独立的咨询工程师工作的商务活动有关"。

（4）公正性。公正性是社会公认的职业道德准则，是监理行业能够长期生存和发展的

基本职业道德准则。在开展建设工程监理的过程中，工程监理单位应当排除各种干扰，客观、公正地对待委托单位和承建单位。特别是当这两方发生利益冲突或者矛盾时，工程监理单位应以事实为依据，以法律和有关合同为准绳，在维护建设单位的合法权益时，不损害承建单位的合法权益。例如，在调解建设单位和承建单位之间的争议，处理工程索赔和工程延期，进行工程款支付控制以及竣工结算时，应当客观、公正地对待建设单位和承建单位。

2. 建设工程监理的作用

建设单位的工程项目实行具有专业化、社会化特征的建设工程监理，所产生的效益为政府和社会所承认。建设工程监理的作用主要表现在以下几方面：

（1）有利于规范工程建设参与各方的建设行为。工程建设参与各方的建设行为都应当符合法律、法规、规章和市场准则。要做到这一点，仅仅依靠自律机制是远远不够的，还需要建立有效的约束机制。政府对工程建设参与各方的建设行为进行全面的监督管理，这是最基本的约束，也是政府的主要职能之一。但是，由于客观条件所限，政府的监督管理不可能深入到每一项建设工程的实施过程中，因而，还需要建立另一种约束机制，能在建设工程实施过程中对工程建设参与各方的建设行为进行约束，这就是建设工程监理制的职能作用。

（2）有利于促使承建单位保证建设工程质量和使用安全。建设工程是一种特殊的产品，不仅价值大、使用寿命长，而且还关系到人民的生命财产安全、健康和环境。由于质量与安全既涉及建筑产品的建造期间，还涉及整个使用过程，因此，保证建设工程质量和使用安全就显得尤为重要，在这方面不允许有丝毫的懈怠和疏忽。

（3）有利于提高建设工程投资的经济效益和社会效益。就建设单位而言，希望在满足建设工程预定功能和质量标准的前提下，建设投资额越少越好；从价值工程观念出发，追求在满足建设工程预定功能和质量标准的前提下，建设工程建造周期越短越好；对国家、社会公众而言，应实现建设工程本身的投资效益与环境、社会效益的综合效益越大越好。实行建设工程监理之后，工程监理单位不仅能使建设单位实现建设工程的投资效益，还能大大提高全社会的投资效益，促进国民经济发展。

3. 工程建设监理的基本方法

工程建设监理的基本方法主要是通过组织管理和技术手段来实现，在日常监理活动中，通常采用下列方法：

（1）工程计量。项目监理机构根据建设单位提供的工程量清单、施工图预算、工程设计文件及施工合同约定，对施工单位申报的合格工程的工程量进行核验，即核对施工单位实际完成的合格工程量，符合工程设计文件及施工合同约定的，予以计量。

（2）旁站。旁站是项目监理机构对关键部位和关键工序的工程质量实施监理的主要方式之一，即监理人员在施工现场对工程实体关键部位或关键工序的施工质量进行的监督检查活动。

（3）巡视。监理人员在施工现场进行的定期或不定期的监督检查活动。

（4）平行检验。平行检验是项目监理机构在施工单位对工程质量自检的基础上，按照有关规定或建设工程监理合同约定独立进行的检测试验活动。平行检验既包括对材料、构配件和设备进行的"平行检验"，也包括对建设工程的工序、检验批、分项工程、隐蔽工程进行"平行检验"，在"平行检验"过程中，监理人员应该留下具体的记录（包括填表格、写小结、拍照片等），形成系统、完整、真实的平行检验资料。

（5）见证取样。见证取样是项目监理机构对施工单位进行的涉及结构安全的试块、试件及工程材料现场取样、封样、送检工作的监督活动。施工单位需要在项目监理机构监督下，对涉及结构安全的试块、试件及工程材料，按规定进行现场取样、封样，并送至具备相应资质的检测单位进行检测。

（6）编制监理日志与监理月报。监理日志、监理月报是记录、分析总结项目监理机构监理工作及工程实施情况的文档资料，既能反映建设工程监理工作及建设工程实施情况，也能确保建设工程监理工作可追溯。监理日志是项目监理机构每日对建设工程监理工作及建设工程实施情况所做的记录，监理月报则是项目监理机构每月向建设单位提交的建设工程监理工作及建设工程实施情况分析总结报告。

12.2 工程建设监理的程序与内容

12.2.1 工程建设监理工作程序

监理单位通过投标竞争，在与建设单位签订监理委托合同后，即按以下程序（如图12-1所示）开展监理活动。

图 12-1 建设工程监理工作程序

1. 确定项目总监理工程师，成立项目监理机构

每个拟监理的工程建设项目，监理单位都应根据工程建设项目的规模、性质、建设单位对监理的要求，委派称职的人员担任项目的总监理工程师，代表监理单位全面负责该项目的监理工作。总监理工程师对内向监理单位负责、对外向建设单位负责。在总监理工程师的具体领导下，组建项目的监理班子，并根据签订的监理合同，制订监理规划和具体的实施细则，开展监理工作。

2. 编制建设工程建设监理规划

建设工程建设监理规划是开展工程监理活动的纲领性文件。监理规划的编制应针对项目的实际情况，明确项目监理机构的工作目标，确定具体的监理工作制度、程序、方法和措施，并应具有可操作性。监理规划应在签订监理合同及收到设计文件后开始编制，完成后必须经监理单位技术负责人审核批准，并应在召开第一次工地会议前报送建设单位。监理规划应由总监理工程师主持，专业监理工程师参加编制。

3. 制定各专业工程建设监理实施细则

对中型及以上或专业性较强的工程项目，项目监理机构应编制监理实施细则。监理实施细则应符合监理规划的要求，并应结合工程项目的专业特点，做到内容详细，具有可操作性。

4. 开展监理工作

根据制订的监理规划和实施细则，进行监理工作交底，规范地进行建设监理工作。监理工作的规范化体现在：

（1）工作的时序性。监理的各项工作都应按一定的逻辑顺序先后展开，从而使监理工作能有效地达到目标而不致造成工作状态的无序和混乱。

（2）职责分工的严密性。建设工程监理工作是由不同专业、不同层次的专家群体共同来完成的，他们之间严密的职责分工是进行监理工作的前提和实现监理目标的重要保证。

（3）工作目标的确定性。在职责分工的基础上，每一项监理工作的具体目标都应是确定的，完成的时间也应有时限规定，从而能通过报表资料对监理工作及其效果进行检查和考核。

5. 参与验收，签署工程建设监理意见

施工完成以后，监理单位应在正式验交前组织竣工预验收，在预验收中发现的问题，应及时与施工单位沟通，提出整改要求。监理单位应参加建设单位组织的工程竣工验收，签署监理单位意见。

6. 向建设单位提交工程建设监理档案资料

监理工作完成后，监理单位应按监理合同文件的约定向建设单位提交监理档案资料。不管在合同中是否作出明确的规定，监理单位提交的资料应符合有关规范规定的要求，一般应包括：设计变更、工程变更资料，监理指令性文件，各种签证资料等。

7. 监理工作总结

监理工作总结包括以下两部分内容：

第一部分是向建设单位提交的监理工作总结。其内容主要包括：监理合同履行情况概述；监理任务或监理目标完成情况的评价；由建设单位提供的供监理活动使用的办公用房、车辆、试验设施等清单；表明监理工作终结的说明等。

第二部分是向上级单位提交的监理工作总结。其内容主要包括：监理工作的经验，如采用某种监理技术、方法的经验；采用某种经济措施、组织措施的经验；签订监理合同等方面的经验；如何处理好与建设单位、施工单位关系的经验等。同时应提出监理工作中存在的问题及改进的建议，以指导今后的监理工作，并向政府有关部门提出政策建议，不断提高工程建设监理水平。

按照国家有关文件及监理合同规定，各专业监理工程师还应定期回访、鉴定质量问题，作好保修跟踪服务。

12.2.2　工程质量、造价、进度控制及安全监督工作

工程质量、造价、进度控制目标的分解是项目监理机构对工程目标事前控制的一项重要工作内容。项目监理机构应根据建设工程监理合同，分析影响工程质量、造价、进度控制的因素及影响程度，有针对性地制定控制对策和措施，实施动态控制。

1. 工程质量控制

（1）审查质量管理制度及人员资格。工程开工前，审查施工单位现场的质量管理组织机构、管理制度及专职管理人员和特种作业人员的资格。

（2）审查施工组织设计或（专项）施工方案。由总监理工程师组织专业监理工程师对

施工单位报审的施工方案，主要审查施工方案编审程序是否符合相关规定、工程质量保证措施是否符合有关标准。

（3）审查施工单位报送的新材料、新工艺、新技术、新设备的质量认证材料和相关验收标准的适用性。可根据具体情况要求施工单位提供相应的检验、检测、试验、鉴定或评估报告及相应的验收标准，必要时，要求施工单位组织专题论证会。

（4）检查、复核施工单位报送的施工控制测量成果及保护措施。内容包括施工单位测量人员的资格证书及测量设备检定证书；施工平面控制网、高程控制网和临时水准点的测量成果及控制桩的保护措施。

（5）查验施工单位在施工过程中报送的施工测量放线成果是否符合规范及标准要求，并审核施工单位的测量依据、测量人员资格。

（6）检查施工单位自有的试验室或委托的试验室，检查的内容包括：试验室的资质等级及试验范围；法定计量部门对试验设备出具的计量检定证明；试验室管理制度；试验人员资格证书。

（7）审查施工单位报送的用于工程的材料、设备、构配件的质量证明文件（包括出厂合格证、质量检验报告、性能检测报告以及施工单位的质量抽检报告），并按照有关规定或建设工程监理合同约定平行检验的项目、数量、频率，对用于工程的材料进行见证取样、平行检验。对已进场经检验不合格的工程材料、设备、构配件应要求施工单位限期将其撤出施工现场。

（8）要求施工单位定期提交影响工程质量的计量衡器、量具、计量装置等设备的检查和检定报告，确保计量设备的精确性和可靠性。

（9）对施工过程进行巡视，并对关键部位、关键工序的施工过程进行旁站，填写旁站记录。巡视的主要内容包括：施工单位是否按照工程设计文件、工程建设标准和批准的施工组织设计（专项）施工方案施工；使用的工程材料、设备和构配件是否合格；施工现场管理人员，特别是施工质量管理人员是否到位；特种作业人员是否持证上岗。旁站的关键部位、关键工序应由项目监理机构与施工单位按照有关规定协商确定，施工单位在施工前应将相应的施工计划报送项目监理机构。监理人员发现质量问题或质量隐患的，应及时作出处置。

（10）对施工单位自检合格后报验的检验批、隐蔽工程、分项工程及相关文件和资料进行验收，提出验收意见。对验收不合格的应拒绝签认，并严禁施工单位进行下一道工序施工。

（11）发现施工存在质量问题的，应及时签发监理通知，要求施工单位整改。整改完毕后，应根据施工单位报送的监理通知回复单对整改情况进行复查，提出复查意见。

（12）发现下列情形之一的，应及时签发工程暂停令，要求施工单位停工整改：施工单位未经批准擅自施工的；施工单位未按审查通过的工程设计文件施工的；施工单位未按批准的施工组织设计施工或违反工程建设强制性标准的；施工存在重大质量事故隐患或发生质量事故的。对施工单位的整改过程及结果进行检查、验收，符合要求的及时签发复工令。暂停令和复工令由总监理工程师签发，应事先征得建设单位同意。

（13）对需要返工处理或加固补强的质量事故，项目监理机构应要求施工单位报送质量事故调查报告和经设计等相关单位认可的处理方案，并对质量事故的处理过程进行跟踪检查，对处理结果进行验收。

（14）审查施工单位提交的单位工程竣工验收报审表及竣工资料，组织工程竣工预验收，对工程实体质量情况及竣工资料进行全面检查，需要进行功能试验（包括单机试车和无负荷试车）的，应审查试验报告单。存在问题的，要求施工单位及时整改；合格的，总监理工程师应签发单位工程竣工验收报审表。

（15）工程竣工预验收合格后，编写工程质量评估报告，经总监理工程师和工程监理单位技术负责人审核签字后报建设单位。工程质量评估报告的主要内容为：工程概况；工程各参建单位；工程质量验收情况；工程质量事故及其处理情况；竣工资料审查情况；工程质量评估结论。

（16）项目监理机构应参加由建设单位组织的竣工验收，对验收中提出的整改问题，督促施工单位及时整改。工程质量符合要求的，总监理工程师应在工程竣工验收报告中签署意见。

2. 工程造价控制

（1）项目监理机构应及时审查施工单位提交的工程款支付申请，进行工程计量，并与建设单位、施工单位沟通协商一致后，由总监理工程师签发工程款支付证书。对于验收不合格或不符合施工合同约定的工程部位，项目监理机构不进行工程计量。

（2）项目监理机构应对实际完成量与计划完成量进行比较分析，发现偏差的，提出调整建议，并向建设单位报告。

（3）项目监理机构应按有关工程结算规定及施工合同约定对竣工结算进行审核。通常先由专业监理工程师审查施工单位提交的竣工结算申请，提出审查意见；再由总监理工程师对专业监理工程师的审查意见进行审核，并与建设单位、施工单位协商。协商达成一致意见的，签发竣工结算文件和最终的工程款支付证书，报建设单位；不能达成一致意见的，应按施工合同约定处理。

3. 工程进度控制

项目监理机构对工程进度控制应做好如下工作：

（1）审查施工单位报审的施工总进度计划和阶段性施工进度计划，提出审查意见，由总监理工程师审核后报建设单位。在审核阶段性施工进度计划时，应注重阶段性施工进度计划与总进度计划目标的一致性。

（2）审查施工进度计划的基本内容为：施工进度计划是否符合施工合同中工期的约定；施工进度计划中主要工程项目有无遗漏，是否满足分批动用或配套动用的需要，阶段性施工进度计划是否满足总进度控制目标的要求；施工顺序的安排是否符合施工工艺要求；施工人员、工程材料、施工机械等资源供应计划应满足施工进度计划的需要；施工进度计划应满足建设单位提供的施工条件（资金、施工图纸、施工场地、物资等）。

（3）在施工进度计划实施过程中，专业监理工程师应检查和记录实际进度情况；如发现实际进度与计划进度不符时，应通过签发监理通知、召开监理例会及专题会议，督促施工单位采取调整措施，确保进度计划的实施。

（4）当施工单位原因导致实际进度严重滞后于计划进度时，总监理工程师应签发监理通知，要求施工单位采取补救措施，调整进度计划，并向建设单位报告工期延误风险。调整后的施工进度计划应报项目监理机构审批，并经建设单位同意后实施。

4. 安全监督

项目监理机构具有履行建设工程安全生产管理的监督职责，并将安全生产管理的监督工作内容、方法和措施纳入监理规划及监理实施细则。安全生产管理的监理工作体现在如下几个方面：

（1）审查施工单位现场安全生产规章制度的建立和实施情况，审查施工单位安全生产许可证及施工单位项目经理、专职安全生产管理人员和特种作业人员的资格，核查施工机械和设施的安全许可验收手续。

（2）审查施工单位报审的专项施工方案，审查其编审程序是否符合相关规定，安全技术措施是否符合工程建设强制性标准。对于超过一定规模的危险性较大的分部分项工程的专项施工方案，应检查施工单位组织专家论证与审查的情况。监理机构应要求施工单位按已批准的专项施工方案组织施工。

（3）当发现工程施工存在安全事故隐患时，应能及时签发监理通知单要求施工单位整改；情况严重时，应签发工程暂停令，并及时报告建设单位；施工单位拒不整改或不停止施工时，及时向有关主管部门报送监理报告。

12.2.3 工程变更、索赔及施工合同争议的处理

项目监理机构应在建设工程监理合同的授权范围内，依据施工合同的条款约定处理工程变更、索赔及施工合同争议等相关事宜，当施工合同终止时，还应协助建设单位按施工合同约定处理施工合同终止的有关事宜。

1. 工程变更的处理

发生工程变更，无论是由设计单位或建设单位或施工单位提出的，均应经过建设单位、设计单位、施工单位和工程监理单位的签认，并通过总监理工程师下达变更指令后，施工单位方可进行施工。

（1）项目监理机构处理施工单位提出的工程变更，一般先由专业监理工程师对工程变更引起的增减工程量、费用变化以及对工期的影响作出评估，再由总监理工程师根据实际情况、工程变更文件和其他有关资料，组织建设单位、施工单位等共同协商，会签工程变更单。

当工程变更需要修改工程设计文件，涉及消防、人防、环保、节能、结构等内容时，项目监理机构应组织建设、设计、施工等单位召开专题会议，论证工程设计文件的修改方案，且按规定经有关部门重新审查。

（2）项目监理机构处理建设单位要求的工程变更时，应对其提出评估意见，且通过建设单位要求原设计单位编制设计变更文件。

（3）项目监理机构应在工程变更实施前与建设单位、施工单位等协商确定工程变更的计价原则、计价方法或价款。工程变更价款确定的原则为：合同中已有适用于变更工程的价格，按合同已有的价格计算、变更合同价款；合同中有类似于变更工程的价格，可参照类似价格变更合同价款；合同中没有适用也没有类似于变更工程的价格，总监理工程师应与建设单位、施工单位就工程变更价款进行充分协商达成一致；如双方达不成一致，由总监理工程师按照成本加利润的原则确定工程变更的合理单价或价款，如有异议，按施工合同约定的争议程序处理。

（4）项目监理机构处理工程变更是在建设单位授权的前提下进行的，当建设单位与施工单位未能就工程变更费用达成协议时，项目监理机构应提出一个暂定价格并经建设单位同意，作为临时支付工程款的依据。工程变更款项最终结算时，应以建设单位与施工单位达成的协议为依据。

（5）督促施工单位按照会签后的工程变更单组织施工是项目监理机构的职责，若发现施工单位在工程变更单会签前实施工程变更的，项目监理机构应签发工程暂停令。

2. 费用索赔的处理

项目监理机构处理费用索赔需及时收集、整理有关工程费用的原始资料作为证据。原始资料包括施工合同、采购合同、工程变更单、施工组织设计、专项施工方案、施工进度计划、建设单位和施工单位的有关文件、会议纪要、监理记录、监理工作联系单、监理通知、监理月报及相关监理文件资料等。其中，合同文件是处理索赔的重要依据，还应注意的是，除依据合同的明示条款外，还应考虑合同的隐含条款。在处理索赔事件中，应遵循"谁索赔，谁举证"原则，并注意证据的有效性。

（1）处理施工单位费用索赔程序。受理施工单位在施工合同约定的期限内提交的费用索赔意向通知书；收集与索赔有关的资料；受理施工单位在施工合同约定的期限内提交的费用索赔报审表；审查费用索赔报审表（当需要施工单位进一步提交详细资料的，应在施工合同约定的期限内发出通知）；与建设单位和施工单位协商一致后，在施工合同约定的期限内签发费用索赔报审表，并报建设单位。总监理工程师在签发索赔报审表时，可附一份索赔审查报告。索赔审查报告内容包括受理索赔的日期、索赔要求、索赔过程、确认的索赔理由及合同依据、批准的索赔额及其计算方法等。

（2）批准施工单位费用索赔应同时满足下列三个条件：施工单位在施工合同约定的期限内提出费用索赔；索赔事件是因非施工单位原因造成，不可抗力除外；索赔事件造成施工单位直接经济损失。

（3）当施工单位的费用索赔要求与工程延期要求相关联时，项目监理机构应提出费用索赔和工程延期的综合处理意见，并与建设单位和施工单位协商。

（4）因施工单位原因造成建设单位损失，建设单位提出索赔的，项目监理机构应与建设单位和施工单位协商处理。

3. 工程延期及工期延误的处理

工程延期及工期延误的结果均是工期延长，但其责任承担者不同，工程延期是由于非施工单位原因造成的，如建设单位原因、不可抗力等，施工单位不承担责任；而工期延误是由于施工单位自身原因造成的，需要施工单位采取赶工措施加快施工进度，如果不能按合同工期完成工程施工，施工单位还需根据施工合同约定承担误期责任。

项目监理机构受理施工单位提出的工程延期要求后，应分析是否符合施工合同约定，收集相关资料，及时处理。

当影响工期事件具有持续性时，项目监理机构应对施工单位提交的阶段性工程临时延期报审表进行审查，签署工程临时延期审核意见后报建设单位。当影响工期事件结束后，项目监理机构应对施工单位提交的工程最终延期报审表进行审查，签署工程最终延期审核意见后报建设单位。

项目监理机构在作出工程临时延期批准和工程最终延期批准之前，均应与建设单位和施工单位协商。当协商达不成一致意见时，项目监理机构应提出评估意见。

批准工程延期应同时满足下列三个条件：施工单位在施工合同约定的期限内提出工程延期；因非施工单位原因造成施工进度滞后；施工进度滞后影响到施工合同约定的工期。

施工单位因工程延期提出费用索赔时，项目监理机构应按施工合同约定进行处理。

4. 施工合同争议的处理

项目监理机构处理施工合同争议应进行如下工作：了解合同争议情况并要求争议双方出具相关证据；及时与合同争议双方进行磋商；提出处理方案后，由总监理工程师进行协调；当双方未能达成一致时，总监理工程师本着客观、公平的原则提出处理合同争议的意见。

在施工合同争议处理过程中，对未达到施工合同约定的暂停履行合同条件的，应要求施工合同双方继续履行合同。

在施工合同争议的仲裁或诉讼过程中，项目监理机构可按仲裁机关或法院要求提供与争议有关的证据。

12.2.4 设备采购与监造及监理相关服务

设备采购与监造及监理相关服务由建设工程监理合同约定，其中相关服务范围包括工程勘察、设计和保修阶段的工程管理服务工作。

当合同约定设备采购与设备监造时，总监理工程师应组织设备专业监理人员制订设备采购工作的程序、方法和措施，明确岗位职责；当合同约定相关服务时，根据建设单位所委托的其中一项、多项或全部服务，针对性地编制相关服务工作计划，该计划包括相关服务工作的内容、程序、措施、制度等。

1. 设备采购与设备监造

项目监理机构应编制设备采购与设备监造工作计划，协助建设单位编制设备采购与设备监造方案。

（1）设备采购。建设单位委托设备采购服务的，项目监理机构的主要工作内容是协助建设单位编制设备采购方案、择优选择设备供应单位和签订设备采购合同。当采用招标方式进行设备采购的，项目监理机构应协助建设单位按照有关规定组织设备采购招标。

项目监理机构应在确定设备供应单位后协助建设单位进行设备采购合同谈判，协助签订设备采购合同。

（2）设备监造。由专业监理工程师对设备制造单位的质量管理体系建立和运行情况进行检查，审查设备制造生产计划和工艺方案，审查合格并经总监理工程师批准后方可实施。

项目监理机构应审查设备制造的检验计划和检验要求，确认各阶段的检验时间、内容、方法、标准以及检测手段、检测设备和仪器。

专业监理工程师应审查设备制造的原材料、外购配套件、元器件、标准件以及坯料的质量证明文件及检验报告，并审查设备制造单位提交的报验资料，符合规定时予以签认。在审查质量证明文件及检验报告时，应审查文件及报告的质量证明内容、日期和检验结果是否符合设计要求和合同约定，审查原材料进货、制造加工、组装、中间产品试验、强度试验、严密性试验、整机性能试验、包装直至完成出厂并具备装运条件的检验计划与检验要求，此外，应对检验的时间、内容、方法、标准以及检测手段、检测设备和仪器等进行审查。

项目监理机构应对设备制造过程进行监督和检查，对主要及关键零部件的制造工序应进行抽检。主要内容包括：零件制造是否按工艺规程的规定进行，零件制造是否经检验合格后才转入下一道工序，主要及关键零件的材质和加工工序是否符合图纸、工艺的规定，零件制造的进度是否符合生产计划的要求。

项目监理机构应要求设备制造单位按批准的检验计划和检验要求进行设备制造过程的检验工作，做好检验记录。项目监理机构应对检验结果进行审核，认为不符合质量要求时，要求设备制造单位进行整改、返修或返工。当发生质量失控或重大质量事故时，应由总监理工程师签发暂停令，提出处理意见，并及时报告建设单位。

项目监理机构应检查和监督设备的装配过程，检查配合面的配合质量、零部件的定位质量及连接质量、运动件的运动精度等装配质量是否符合设计及标准要求，符合要求后予以签认。

在设备制造过程中如需要对设备的原设计进行变更，项目监理机构应审查设计变更，并协商处理因变更引起的费用和工期调整。

项目监理机构参加设备整机性能检测、调试和出厂验收，要求设备制造单位提供相应的设备整机性能检测报告、调试报告和出厂验收书面证明资料。符合要求后予以签认。

在设备运往现场前，项目监理机构应检查设备制造单位对待运设备采取的防护和包装措施，并检查是否符合运输、装卸、储存、安装的要求，这些要求主要包括防潮湿、防雨淋、防日晒、防振动、防高温、防低温、防泄漏、防锈蚀、须屏蔽及放置形式等内容；检查随机文件、装箱单和附件是否齐全。

设备运到现场后，项目监理机构应参加由设备制造单位按合同约定与接收单位的交接工作。设备交接工作一般包括开箱清点、设备和资料检查与验收、移交等内容。

按设备制造合同的约定审查设备制造单位提交的付款申请单，提出审查意见，由总监理工程师审核后签发支付证书。审查内容包括制造单位备料阶段、加工阶段、完工交付阶段控制费用支出，或按设备制造合同的约定审核进度付款。

设备制造结算工作应依据设备制造合同的约定进行，设备监造工作完成后，由总监理工程师按要求负责整理汇总设备监造资料，并提交建设单位和本单位归档。

2. 工程勘察设计阶段服务

在工程勘察设计阶段，项目监理机构对勘察、设计单位的质量、进度执行情况和签发费用支付证书，需由建设单位在建设工程监理合同中授权。

（1）勘察设计。工程监理单位应协助建设单位编制工程勘察设计任务书，选择工程勘察设计单位，并协助签订工程勘察设计合同。监理过程中检查勘察设计进度计划执行情况，督促勘察设计单位完成勘察设计合同约定的工作内容，审核勘察设计单位提交的勘察设计费用支付申请表，签发勘察设计费用支付证书，并报建设单位。

工程监理单位应根据勘察设计合同，协调处理勘察设计延期、费用索赔等事宜；协调工程勘察设计与施工单位之间的关系，保障工程正常进行。

（2）勘察。工程监理单位应审查勘察单位提交的勘察方案，提出审查意见，并报建设单位。检查勘察现场及室内试验主要岗位操作人员即钻探设备机长、记录人员和室内实验的数据签字和审核人员的上岗证、所使用设备、仪器计量的检定情况。

检查勘察单位执行勘察方案的情况，对重要点位如工程勘察所需要的控制点、作为持力层的关键层和一些重要岩土层变化处的勘探与测试应进行现场检查或实施旁站。审查勘察单位提交的勘察成果报告，向建设单位提交勘察成果评估报告，并参与勘察成果验收。

勘察成果评估报告包括勘察工作概况；勘察报告编制深度、与勘察标准的符合情况；勘察任务书的完成情况；存在问题及建议；评估结论。

（3）设计。工程监理单位依据设计合同及项目总体计划要求审查设计各专业、各阶段进度计划，审查设计单位提交的设计成果，并提出评估报告。其中，审查设计成果主要审查方案设计是否符合规划设计要点，初步设计是否符合方案设计要求，施工图设计是否符合初步设计要求。至于对设计工作成果的评估可不区分方案设计、初步设计和施工图设计，合并出具一份报告。评估报告的主要内容包括设计工作概况；设计深度、与设计标准的符合情况；设计任务书的完成情况；有关部门审查意见的落实情况；存在的问题及建议。

对审查设计单位提出的新材料、新工艺、新技术、新设备时，应通过相关部门评审备案。必要时应协助建设单位组织专家评审。对审查设计单位提出的设计概算、施工图预算，提出审查意见，并报建设单位。

分析可能发生索赔的原因，制定防范对策，减少索赔事件的发生；协助建设单位组织专家对设计成果进行评审。工程监理单位可协助建设单位向政府有关部门报审有关工程设计文件，并根据审批意见，督促设计单位予以完善。

3. 工程保修阶段服务

建设单位将工程保修阶段的服务工作委托给工程监理单位承担时，工作具有可延续性的优势。工程保修期限遵循国家有关法律法规规定，而工程保修阶段服务的工作期限，由双方在建设工程监理合同中明确。工程监理单位承担工程保修阶段的服务工作时，应定期回访。

当承担工程保修阶段服务时，工程监理单位宜在施工阶段监理人员中保留必要的专业监理工程师，对于建设单位或使用单位提出的工程质量缺陷，安排监理人员进行检查和记录，要求施工单位予以修复，并监督实施，合格后予以验收和签认。

工程监理单位应对工程质量缺陷原因进行调查，分析并确定责任归属。对非施工单位原因造成的工程质量缺陷，应核实修复工程费用，由原总监理工程师或其授权人签发工程款支付证书，并报建设单位。

12.3　工程建设监理组织

12.3.1　项目监理机构及其资质

项目监理机构是工程监理单位派驻施工现场负责履行建设工程监理合同的组织机构。项目监理机构及其人员组成是在投标及签订合同时所确定的。项目监理机构的组织形式和规模，取决于建设工程监理合同约定的服务内容、服务期限，以及工程特点、规模、技术复杂程度、环境等因素。

1. 项目监理机构的资质

根据现行的《工程监理企业资质管理规定》，工程监理企业资质分为综合资质、专业资质和事务所资质。其中，综合资质、事务所资质不分级别，专业资质分为甲级、乙级，其中房屋建筑、水利水电、公路和市政公用专业资质可设立丙级。

（1）资质等级标准

1）综合资质标准。具有独立法人资格且注册资本不少于 600 万元；技术负责人应为注册监理工程师，并具有 15 年以上从事工程建设工作的经历或者具有工程类高级职称；具有 5 个以上工程类别的专业甲级工程监理资质；注册监理工程师不少于 60 人，注册造价工程师不少于 5 人，一级注册建造师、一级注册建筑师、一级注册结构工程师或者其他勘察设计注册工程师合计不少于 15 人次；企业具有完善的组织结构和质量管理体系，有健全的技术、档案等管理制度；等等。

2）专业资质甲级标准。具有独立法人资格且注册资本不少于 300 万元；企业技术负责人应为注册监理工程师，并具有 15 年以上从事工程建设工作的经历或者具有工程类高级职称；注册监理工程师、注册造价工程师、一级注册建造师、一级注册建筑师、一级注册结构工程师或者其他勘察设计注册工程师合计不少于 25 人次；等等。

3）事务所资质标准。取得合伙企业营业执照，具有书面合作协议书；合伙人中有 3 名以上注册监理工程师，合伙人均有 5 年以上从事建设工程监理的工作经历；有固定的工作场所；有必要的质量管理体系和规章制度；有必要的工程试验检测设备。

（2）监理业务范围

工程监理企业资质相应许可的业务范围如下：

1）综合资质可以承担所有专业工程类别建设工程项目的工程监理业务。

2）专业资质中，专业甲级资质可承担相应专业工程类别建设工程项目的工程监理业务，专业乙级资质可承担相应专业工程类别二级以下（含二级）建设工程项目的工程监理业务；专业丙级资质可承担相应专业工程类别三级建设工程项目的工程监理业务。

3）事务所资质可承担三级建设工程项目的工程监理业务，但国家规定必须实行强制监理的工程除外。

2. 项目监理机构的人员组成

项目监理机构的监理人员由总监理工程师、专业监理工程师和监理员组成，且专业配套、数量满足监理工作需要，必要时可设总监理工程师代表。

（1）总监理工程师。建设工程监理实行总监理工程师负责制。总监理工程师由工程监理单位法定代表人书面任命，负责履行建设工程监理合同、主持项目监理机构工作的注册监理工程师。

（2）总监理工程师代表。由总监理工程师授权，代表总监理工程师行使其部分职责和权力，具有工程类注册执业资格或具有中级及以上专业技术职称、3 年及以上工程监理实践经验的监理人员。

（3）专业监理工程师。由总监理工程师授权，负责实施某一专业或某一岗位的监理工作，有相应监理文件签发权，具有工程类注册执业资格或具有中级及以上专业技术职称、2年及以上工程实践经验的监理人员。

（4）监理员。从事具体监理工作，具有中专及以上学历并经过监理业务培训的监理人员。

3. 项目监理机构运行的相关规定

（1）项目监理机构与建设单位的联系。工程监理单位在建设工程监理合同签订后，应及时将项目监理机构的组织形式、人员构成及对总监理工程师的任命书面通知建设单位。工程监理单位调换总监理工程师的，事先应征得建设单位同意；调换专业监理工程师的，总监理工程师应书面通知建设单位。总监理工程师可同时担任其他建设工程的总监理工程师，但最多不得超过三项。建设单位应授权一名熟悉工程情况的代表，负责与项目监理机构联系。

（2）项目监理机构的工作终止。施工现场监理工作全部完成或建设工程监理合同终止时，项目监理机构可撤离施工现场。妥善处理监理检测设备和工器具，以及办公、交通、通讯和生活等设施，对于建设单位提供的设施，项目监理机构应按进驻现场时登记造册的名录，在监理工作结束或监理合同终止后归还建设单位。

12.3.2 监理人员的执业资格与职责

1. 监理工程师的注册与执业

监理工程师是我国建立最早的个人注册执业制度，根据《注册监理工程师管理规定》，未取得注册证书和执业印章的人员，不得以注册监理工程师的名义从事工程监理及相关业务活动。

（1）注册监理工程师。注册监理工程师，是指经考试取得中华人民共和国监理工程师资格证书，并按照规定注册，取得中华人民共和国注册监理工程师执业证书和执业印章，从事工程监理及相关业务活动的专业技术人员。

注册监理工程师依据其所学专业、工作经历、工程业绩，按照《工程监理企业资质管理规定》划分的工程类别，按专业注册，每人最多可以申请两个专业注册，注册证书和执业印章的有效期为3年。

（2）监理工程师执业。取得资格证书的人员，应当受聘于一个具有建设工程勘察、设计、施工、监理、招标代理、造价咨询等一项或者多项资质的单位，经注册后方可从事相应的执业活动。从事工程监理执业活动的，应当受聘并注册于一个具有工程监理资质的单位。工程监理活动中形成的监理文件由注册监理工程师按照规定签字盖章后方可生效。

2. 总监理工程师职责

1）确定项目监理机构人员及其岗位职责；

2）组织编制监理规划，审批监理实施细则；

3）根据工程进展情况安排监理人员进场，检查监理人员工作，调换不称职监理人员；

4）组织召开监理例会；

5）组织审核分包单位资格；

6）组织审查施工组织设计、（专项）施工方案、应急救援预案；

7）审查开复工报审表，签发开工令、工程暂停令和复工令；

8）组织检查施工单位现场质量、安全生产管理体系的建立及运行情况；

9）组织审核施工单位的付款申请，签发工程款支付证书，组织审核竣工结算；

10）组织审查和处理工程变更；

11）调解建设单位与施工单位的合同争议，处理费用与工期索赔；

12）组织验收分部工程，组织审查单位工程质量检验资料；

13）审查施工单位的竣工申请，组织工程竣工预验收，组织编写工程质量评估报告，参与工程竣工验收；

14）参与或配合工程质量安全事故的调查和处理；

15）组织编写监理月报、监理工作总结，组织整理监理文件资料。

值得注意的是，总监理工程师不得将下述 8 个方面的工作委托给总监理工程师代表，即：第一，组织编制监理规划，审批监理实施细则；第二，根据工程进展情况安排监理人员进场，调换不称职监理人员；第三，组织审查施工组织设计、（专项）施工方案、应急救援预案；第四，签发开工令、工程暂停令和复工令；第五，签发工程款支付证书，组织审核竣工结算；第六，调解建设单位与施工单位的合同争议，处理费用与工期索赔；第七，审查施工单位的竣工申请，组织工程竣工预验收，组织编写工程质量评估报告，参与工程竣工验收；第八，参与或配合工程质量安全事故的调查和处理。

3. 专业监理工程师职责

1）参与编制监理规划，负责编制监理实施细则；

2）审查施工单位提交的涉及本专业的报审文件，并向总监理工程师报告；

3）参与审核分包单位资格；

4）指导、检查监理员工作，定期向总监理工程师报告本专业监理工作实施情况；

5）检查进场的工程材料、设备、构配件的质量；

6）验收检验批、隐蔽工程、分项工程；

7）处置发现的质量问题和安全事故隐患；

8）进行工程计量；

9）参与工程变更的审查和处理；

10）填写监理日志，参与编写监理月报；

11）收集、汇总、参与整理监理文件资料；

12）参与工程竣工预验收和竣工验收。

4. 监理员职责

1）检查施工单位投入工程的人力、主要设备的使用及运行状况；

2）进行见证取样；

3）复核工程计量有关数据；

4）检查和记录工艺过程或施工工序；

5）处置发现的施工作业问题；

6）记录施工现场监理工作情况。

12.3.3 建设工程监理组织协调

建设工程监理目标的实现，需要监理工程师扎实的专业知识和对监理程序的有效执行，此外，还要求监理工程师有较强的组织协调能力。通过组织协调，实现各方主体有机配合，使监理工作实施和运行过程顺利。

1. 建设工程监理组织协调概述

建设工程系统就是一个由人员、物质、信息等构成的人为组织系统。用系统方法分析，建设工程的协调一般有三类：一是"人员—人员界面"；二是"系统—系统界面"；三是"系统—环境界面"。

项目监理机构的协调管理就是在"人员—人员界面"、"系统—系统界面"、"系统—环境界面"之间，对所有的活动及力量进行联结、联合、调和的工作。为了顺利实现建设工程系统目标，必须重视协调管理，发挥系统整体功能。在建设工程监理中，要保证项目的参与各方围绕建设工程开展工作，使项目目标顺利实现。组织协调工作尤为重要，也较为困难，是监理工作能否成功的关键，只有通过积极的组织协调才能实现整个系统协调控制的目的。

2. 项目监理机构组织协调的工作内容

（1）项目监理机构内部的协调

1）项目监理机构内部人际关系的协调。项目监理机构是由人组成的工作体系，工作效率很大程度上取决于人际关系的协调程度，总监理工程师应首先抓好人际关系的协调，激励项目监理机构成员。尽量做到：在人员安排上量才使用、在工作委任上职责分明、在业绩评价上实事求是、在矛盾调解上恰到好处。

2）项目监理机构内部组织关系的协调。项目监理机构是由若干部门（专业组）组成的工作体系。每个专业组都有自己的目标和任务。如果每个子系统都从建设工程的整体利益出发，理解和履行自己的职责，则整个系统就会处于有序的良性状态，否则，整个系统便处于无序的紊乱状态，导致功能失调，效率下降。项目监理机构内部组织关系的协调重点在把目标任务的分解；明确每个部门的目标、职责和权限；及时消除工作中的矛盾或冲突。

3）项目监理机构内部需求关系的协调。建设工程监理实施中有人员需求、实验设备需求、材料需求等，而资源是有限的，因此，内部需求平衡至关重要。组织协调侧重于对监理设备、材料的平衡和对各专业监理人员使用的平衡。

（2）与业主的协调

监理实践证明，监理目标的顺利实现和与业主协调的好坏有很大的关系。以往计划经济体制使得业主合同意识差、随意性大。表现在业主的管理人员比监理人员多，对监理工作干涉多，不把合同中规定的权利交给监理单位等等。监理工程师要从以下三方面加强与业主的协调：监理工程师首先要理解建设工程总目标、理解业主的意图；利用工作之便做好监理宣传工作，增进业主对监理工作的理解，主动帮助业主处理建设工程中的事务性工作，以自己规范化、标准化、制度化的工作去影响和促进双方的工作协调一致；尊重业主，让业主一起投入建设工作全过程。

（3）与承包商的协调

监理工程师对质量、进度和投资的控制都是通过承包商的工作来实现的，所以做好与承包商的协调工作是监理工程师组织协调工作的重要内容。

施工阶段的协调工作内容有：与承包商项目经理关系的协调；进度问题的协调；质量问题的协调；对承包商违约行为的处理；合同争议的协调；对分包单位的管理；处理好人际关系。

（4）与设计单位的协调

监理单位必须协调与设计单位的工作，以加快工程进度，确保质量，降低消耗。其协调包括：尊重设计单位的意见，由设计单位向承包商介绍工程概况、设计意图、技术要求、施工难点等；施工中发现设计问题，应及时按工作程序向设计单位提出，以免造成大的直接损失；注意信息传递的及时性和程序性。

（5）与政府部门的协调

一个建设项目的开展还存在政府部门及其他单位的影响，如政府部门、金融组织、社会团体、新闻媒介等。这些关系若处理不好，建设工程实施也可能严重受阻。

1）建设工程合同必要时应报政府建设管理部门备案，协助业主的征地、拆迁、移民等工作要争取政府有关部门支持和协作；

2）工程质量监督站是由政府授权的工程质量监督的实施机构，主要是核查设计单位、施工单位和监理单位的资质，监督这些单位的质量和工作质量。监理单位在进行工程质量控制和质量问题处理时，要做好与工程质量监督站的交流和协调；

3）当发生重大质量、安全事故，在承包商采取急救、补救措施的同时，应敦促承包商立即向政府有关部门报告情况，接受检查和处理。

3. 建设工程监理组织与组织协调的关系

建设工程项目监理的合理组织和组织协调是一个项目顺利实施不可或缺的组成部分，其中既有科学的监理程序的作用，也有监理人员自身能力的作用；两者相辅相成，构成了工程建设监理组织。

值得指出的是，在当前信息化技术如"建筑BIM"日益发展的背景下，项目监理机构不仅自身应实施建设工程监理信息化，还可根据建设工程监理合同的约定协助建设单位建立建设工程信息管理平台，促进建设工程各参与方基于信息平台协同工作。

12.4 监理规划编制及监理实务

12.4.1 监理规划及监理实施细则

监理规划应针对建设工程实际情况进行编制，故应在签订建设工程监理合同及收到工程设计文件后开始编制。此外，还应结合施工组织设计、施工图审查意见等文件资料进行编制。一个监理项目应编制一个监理规划。监理实施细则需结合工程特点、施工环境、施工工艺等编制，明确监理工作要点、监理工作流程和监理工作方法及措施，达到规范和指导监理工作的目的。对工程规模较小、技术较简单且有成熟管理经验和措施的，可不必编制监理实施细则。

1. 监理规划

（1）监理规划主要内容：

1）工程概况；

2）监理工作的范围、内容、目标；

3）监理工作依据；

4）监理组织形式、人员配备及进场计划、监理人员岗位职责；

5）工程质量控制；

6）工程造价控制；

7）工程进度控制；

8）合同与信息管理；

9）组织协调；

10）安全生产管理的监理工作；

11）监理工作制度；

12）监理工作设施。

在监理工作实施过程中，如实际情况或条件发生变化而需要调整监理规划时，应由总监理工程师组织专业监理工程师修改，经工程监理单位技术负责人批准后报建设单位。

（2）监理规划编审要求

监理规划应在签订建设工程监理合同及收到工程设计文件后由总监理工程师组织专业监理工程师编制；监理规划经总监理工程师签字后由工程监理单位技术负责人审批。由于监理规划需在召开第一次工地会议前报送建设单位，于是监理规划的编制及内部审核应在该会议前完成。若建设单位再委托相关服务的，可将相关服务工作计划纳入监理规划。

（3）监理规划的调整

在监理工作实施过程中，建设工程的实施可能会发生较大变化，如设计方案重大修改、承包方式发生变化、工期和质量要求发生重大变化，或者当原监理规划所确定的程序、方法、措施和制度等需要做重大调整时，总监理工程师应及时组织专业监理工程师修改，并按原报审程序审核批准后报建设单位。

2. 监理实施细则

采用新材料、新工艺、新技术、新设备的工程，以及专业性较强、危险性较大的分部分项工程，应编制监理实施细则。

（1）编制监理实施细则的职责分工

监理实施细则可随工程进展编制，但必须在相应工程开始施工前完成，并经总监理工程师审批后实施。监理实施细则还可根据建设工程实际情况及项目监理机构工作需要增加其他内容。当工程发生变化导致原监理实施细则所确定的工作流程、方法和措施需要调整时，专业监理工程师应对监理实施细则进行补充、修改。

（2）监理实施细则编制依据

1）监理规划；

2）相关标准、工程设计文件；

3）施工组织设计、专项施工方案。

（3）监理实施细则的主要内容

1）专业工程特点；

2）监理工作流程；

3）监理工作要点；

4）监理工作方法及措施。

12.4.2 监理相关会议及监理工作表格

监理过程中，相关会议及监理工作表格既是参与方之间沟通协调的媒介，又是规范化施行监理的必要程序与形式，也是获取、积累、保存必要信息资料的重要依据。

1. 监理相关会议

（1）图纸会审和设计交底会议

熟悉工程设计文件是监理人员顺利开展监理工作的前提条件，也是实施事前控制的一项重要工作，其中监理人员应参加建设单位主持的图纸会审和设计交底会议，总监理工程师应参与会议纪要会签。

通过熟悉工程设计文件，了解工程设计特点、工程关键部位的质量要求，便于按工程设计文件的要求有针对性地实施监理。参加图纸会审和设计交底会议时，应把握如下内容：

1）设计主导思想、设计构思、采用的设计规范、各专业设计说明等；

2）工程设计文件对主要工程材料、构配件和设备的要求，对所采用的新材料、新工艺、新技术、新设备的要求，对施工技术的要求以及涉及工程质量、施工安全应特别注意的事项等；

3）设计单位对建设单位、施工单位和工程监理单位提出的意见和建议的答复。项目监理机构如发现工程设计文件中存在不符合建设工程质量标准或施工合同约定的质量要求时，应通过建设单位向设计单位提出书面意见或建议。图纸会审和设计交底会议纪要应由建设单位、设计单位、施工单位的代表和总监理工程师共同签认。

（2）第一次工地会议

第一次工地会议是建设单位主持召开的建设项目各参与方对各自人员分工、开工准备的要求等情况进行沟通和协调的会议。监理方总监理工程师介绍监理工作的目标、范围和内容、项目监理机构及人员职责分工、监理工作程序、方法和措施以及监理规划等；建设单位、施工单位分别介绍开工准备情况施工准备情况；三方共同研究在施工过程中召开监理例会的周期、地点、议题等事项。

（3）监理例会

监理例会由项目监理机构主持定期召开，以组织有关单位研究解决与监理相关问题；对于不定期召开的专题会议，监理机构或主持或参加。上述会议的会议纪要，由项目监理机构负责整理，与会各方会签。监理例会主要内容为：检查上次例会定事项的落实情况，分析未完成事项的原因；分析项目目前情况提出下一阶段的目标及落实措施；解决需要协调的有关事项等。

2. 监理工作用表

建设工程监理用表按使用主体分为三类，分别为工程监理单位用表（A 类表）、施工单位报审／验表（B 类表）和通用表（C 类表）。其中，A 类表是工程监理单位对外签发的监理文件或监理工作控制记录表；B 类表由施工单位填写后报工程监理单位或建设单位审批或验收；C 类表是工程参建各方的通用表式。

建设工程监理用表按功能用途分为：一式一份，如"旁站记录"用表，由于该表只由项目监理机构留存故为一式一份且只需旁站监理人员签字即可；一式二份，如"工程材料、构配件、设备报审表"，该表需由施工项目经理部和项目监理机构及相关责任人签字盖章且分别留存；一式三份，如"工程款支付证书"则需由总监理工程师签字加盖执业印章且加盖项目监理机构章，为项目监理机构、建设单位以及施工单位各一份；一式四份，如"监理报告"，即除建设工程三方主体外还需交主管部门一份。以下对相关表格作简要介绍。

（1）监理单位用表及要求

1）监理单位用表的种类。监理单位用表共有如下 8 种，即：总监理工程师任命书，工程开工令，监理通知，监理报告，工程暂停令，旁站记录，工程复工令，工程款支付证书。

2）监理单位用表的有关规定。为了确保监理工作规范有效，监理单位用表中的工程开工令、工程暂停令、工程复工令、工程款支付证书的审核，总监理工程师除签字外，还需加盖执业印章。如工程开工令中的开始日期即为施工单位计算工期的起始日期。

3）监理通知的使用要求。对于监理通知，主要用于项目监理机构按照监理合同授权，对施工单位提出要求。需要说明的是，一是监理工程师现场发出的口头指令及要求，也应采用此表予以确认。二是监理通知的内容包括：针对施工单位在施工过程中出现的不符合设计要求、不符合施工技术标准、不符合合同约定的情况、使用不合格的材料、构配件和设备等行为，提出纠正施工单位在工程质量、进度、造价等方面的违规、违章行为的指令和要求。三是施工单位收到《监理通知》后，须使用《监理通知回复单》回复，并附相关资料。

4）监理报告的使用要求。项目监理机构在实施监理过程中，发现工程存在安全事故隐患，发出《监理通知》或《工程暂停令》后，施工单位拒不整改或者不停工时，应当采用监理报告表及时向政府主管部门报告。

情况紧急下，项目监理机构可先通过电话、传真或电子邮件方式向政府主管部门报告，事后应以书面形式的监理报告送达政府主管部门，同时抄报建设单位和工程监理单位。

监理报告表中"可能产生的后果"是指：①基坑坍塌；②模板、脚手架支撑倒塌；③大型机械设备倾倒；④严重影响和危及周边（房屋、道路等）环境；⑤易燃易爆恶性事故；⑥人员伤亡等。

监理报告表应附相应《监理通知》或《工程暂停令》等证明监理人员所履行安全生产管理职责的相关文件资料。

5) 工程款支付证书的使用要求

工程款支付证书是监理单位对施工单位"工程款支付报审表"的回应，工程款支付证书表如表12-1所示。

工程款支付证书　　　　　　　　　　　　　　　　　　　表 12-1

工程款支付证书

工程名称：　　　　　　　　　　　　　　　　　　　　　　编号

致：＿＿＿＿＿＿＿＿＿＿＿＿（施工单位）

　　根据施工合同约定,经审核编号为＿＿＿＿＿＿＿＿＿＿工程款支付报审表,扣除有关款项后,同意支付工程款
共计(大写)

＿＿＿＿＿＿＿＿＿＿＿＿＿＿＿＿＿＿＿＿＿＿＿＿＿＿＿＿＿＿＿＿＿＿＿＿(小写：

＿＿＿＿＿＿＿＿＿＿＿＿＿＿＿＿＿＿)。

　　其中：

1. 施工单位申报款为：

2. 经审核施工单位应得款为：

3. 本期应扣款为：

4. 本期应付款为：

附件：工程款支付报审表及附件

　　　　　　　　　　　　　　　　　　　　　　项目监理机构(盖章)
　　　　　　　　　　　　　　　　　　　　　　总监理工程师(签字、加盖执业印章)
　　　　　　　　　　　　　　　　　　　　　　　　年　　月　　日

注：本表一式三份，项目监理机构、建设单位、施工单位各一份。

（2）施工单位报审/验用表及要求

1) 施工单位用表的种类。施工单位用表共有14种，即：施工组织设计/(专项) 施工方案报审表、开工报审表、复工报审表、分包单位资格报审表、施工控制测量成果报验表、工程材料/构配件/设备报审表、××报审/验表、分部工程报验表、监理通知回复单、单位工程竣工验收报审表、工程款支付报审表、施工进度计划报审表、费用索赔报审表、工程临时/最终延期报审表。

2) 施工单位用表的要求。施工单位用表中，施工组织设计/(专项) 施工方案报审表中对超过一定规模的危险性较大的分部分项工程专项施工方案、开工报审表、复工报审表、工程款支付报审表、费用索赔报审表、工程临时/最终延期报审表均须由建设单位代表签字并加盖单位章。

3) 工程款支付报审表。工程款支付报审表如表12-2所示，表中附件是指和付款申请有关的资料，如已完成合格工程的工程量清单、价款计算及其他和付款有关的证明文件和资料。

工程名称：
编号：

致：＿＿＿＿＿＿＿＿＿＿＿＿(项目监理机构) 　　　根据施工合同约定,我方已完成＿＿＿＿＿＿＿＿＿工作,建设单位应在＿＿＿年＿＿＿月＿＿＿日前支付工程款共计(大写)＿＿＿＿＿＿＿＿＿(小写：＿＿＿＿＿＿＿＿＿),请予以审核。 　　　附件： 　　　　　□已完成工程量报表 　　　　　□工程竣工结算证明材料 　　　　　□相应支持性证明文件 <div align="right">施工项目经理部(盖章) 项目经理(签字) 年　　月　　日</div>
审查意见： 　　1. 施工单位应得款为： 　　2. 本期应扣款为： 　　3. 本期应付款为： 　　附件:相应支持性材料 <div align="right">专业监理工程师(签字) 年　　月　　日</div>
审核意见： <div align="right">项目监理机构(盖章) 总监理工程师(签字、加盖执业印章) 年　　月　　日</div>
审批意见： <div align="right">建设单位(盖章) 建设单位代表(签字) 年　　月　　日</div>

注：本表一式三份,项目监理机构、建设单位、施工单位各一份；工程竣工结算报审时本表一式四份,项目监理机构、建设单位各一份,施工单位二份。

　　（3）通用表及要求。通用表包括工作联系单、工程变更单、索赔意向通知书。工作联系单用于工程监理单位与工程建设有关方相互之间的日常书面工作联系,其内容包括告知、督促、建议等事项。工作联系单的特点是不需要书面回复。工程变更单仅适用于施工单位提出的工程变更。工程变更单中的附件包括工程变更的详细内容,变更的依据,对工程造价及工期的影响程度,对工程项目功能、安全的影响分析及必要的图示。

12.4.3　监理文件资料管理

　　监理文件资料是实施监理过程的真实反映,既是监理工作成效的根本体现,也是工程质量、生产安全事故责任划分的重要依据。项目监理机构应建立完善监理文件资料管理制度,在设专人管理的基础上,应及时、准确、完整地收集、整理、编制、传递监理文件资料。为实现监理文件资料管理的科学化、程序化、规范化,应采用计算机技术进行监理文件资料管理。

1. 监理文件资料的内容

监理文件资料主要包括：

1）勘察设计文件、建设工程监理合同及其他合同文件；

2）监理规划、监理实施细则；

3）设计交底和图纸会审会议纪要；

4）施工组织设计、（专项）施工方案、应急救援预案、施工进度计划报审文件资料；

5）分包单位资格报审文件资料；

6）施工控制测量成果报验文件资料；

7）总监理工程师任命书、开工令、工程暂停令、复工令、开工/复工报审文件资料；

8）工程材料、设备、构配件报验文件资料；

9）见证取样和平行检验文件资料；

10）工程质量检查报验资料及工程有关验收资料；

11）工程变更、费用索赔及工程延期文件资料；

12）工程计量、工程款支付文件资料；

13）监理通知、工作联系单与监理报告；

14）第一次工地会议、监理例会、专题会议等会议纪要；

15）监理月报、监理日志、旁站记录；

16）工程质量/生产安全事故处理文件资料；

17）工程质量评估报告及竣工验收监理文件资料；

18）监理工作总结。

2. 监理日志的主要内容

监理日志的主要内容包括天气和施工环境情况；施工进展情况；监理工作情况（包括旁站、巡视、见证取样、平行检验等情况）；存在的问题及协调解决情况；其他有关事项等。总监理工程师通过定期审阅监理日志以全面了解监理工作情况。

3. 监理月报主要内容

监理月报是项目监理机构定期编制并向建设单位和工程监理单位提交的重要文件。

监理月报的主要内容包括本月工程实施情况；本月监理工作情况；本月施工中存在的问题及处理情况；下月监理工作重点。

（1）本月工程实施概况，包括：

1）工程进展情况；实际进度与计划进度的比较；施工单位人、料、机进场及使用情况；本期在施部位的工程照片。

2）工程质量情况；分项分部工程验收情况；材料、构配件、设备进场检验情况；主要施工试验情况；本期工程质量分析。

3）施工单位安全生产管理工作评述。

4）已完工程量与已付工程款的统计及说明。

（2）本月监理工作情况，包括：

1）工程进度控制方面的工作情况；

2）工程质量控制方面的工作情况；

3）安全生产管理方面的工作情况；

4）工程计量与工程款支付方面的工作情况；

5）合同其他事项的管理工作情况；

6）监理工作统计及工作照片。

（3）本月工程实施的主要问题分析及处理情况，包括：

1）工程进度控制方面的主要问题分析及处理情况；

2）工程质量控制方面的主要问题分析及处理情况；

3）施工单位安全生产管理方面的主要问题分析及处理情况；

4）工程计量与工程款支付方面的主要问题分析及处理情况；

5）合同其他事项管理方面的主要问题分析及处理情况。

（4）下月监理工作重点，包括：

1）在工程管理方面的监理工作重点；

2）在项目监理机构内部管理方面的工作重点。

4. 监理工作总结主要内容

监理工作总结的主要内容包括工程概况；项目监理机构；建设工程监理合同履行情况；监理工作成效；监理工作中发现的问题及其处理情况；说明和建议。监理工作总结经总监理工程师签字后报工程监理单位。

5. 监理文件资料归档

项目监理机构应及时整理、分类汇总监理文件资料，按规定组卷和归档，形成监理档案。

项目监理机构收集归档的监理文件资料应为原件，若为复印件，应加盖报送单位印章，并由经手人签字，注明日期和原件存放处。监理文件资料涉及的有关表格应采用统一表式，签字盖章手续完备。

除按合同约定向建设单位移交监理档案外，还应向有关部门移交监理档案。工程监理单位自行保存的监理档案，应根据工程特点和有关规定，合理确定监理档案保存期限，保存期可分为永久、长期、短期三种。

复习思考题

1. 什么是监理？建设工程推行监理的意义何在？

2. 建设工程监理的作用体现在哪些方面？其主要特点是什么？

3. 建设工程监理的主要内容有哪些？

4. 实施建设工程监理的基本方法有哪些？

5. 项目监理机构的人员组成及其职能是怎样的？

6. 总监理工程师与专业监理工程师的职责和权利分别有哪些？

7. 监理规划的主要内容有哪些？

8. 监理实施过程中如何规范有序地操作才能实现监理目标？

第13章 工程项目信息管理

信息是工程项目实施和管理的依据，是决策的基础，是组织要素之间联系的主要内容，是工作过程之间逻辑关系的桥梁。信息化是当今国际社会发展的趋势之一，我国也提出了信息化发展战略和规划。本章主要对工程项目信息的内涵、工程项目信息管理及其基本环节、工程项目文档管理、计算机辅助项目管理以及工程项目管理信息化等内容分别进行阐述。

13.1 工程项目信息管理概述

13.1.1 工程项目信息的内涵及分类

1. 信息的含义

信息一词来源于拉丁文，意思是解释或陈述。从研究和利用信息的角度，可以将信息定义为：经过加工处理能对人们各项具体活动有参考价值的数据资料。

2. 信息的特征

与人们一般意义上理解的消息不同，信息在产生、传递与处理过程中具有以下特征：

（1）信息的客观性。信息是对客观实际的现实反映，因而它必须真实地反映客观情况。项目执行过程中如果没有一套有效地保证项目信息客观性的机制，会给项目的实施活动带来负面影响。

（2）信息的可存储性。是指信息储存的可能性。并且要求存储安全而不丢失或失真，要求在较小的空间中存储更多的信息，能够在不同的形式和内容之间很方便地进行转换和连接，随时随地对所需的信息进行检索。

（3）信息的可传递性。信息通过传播媒体可以进行传递和传播，信息传递可以说是进行任何管理的基础。随着广播、电视、电话等通信工具的发展，扩大了信息传递范围，缩短了信息传递的时滞，并提高了信息传递的质量。

（4）信息的共享性。共享表现在许多单位、部门和个人都能使用同样的信息，而信息本身并不因此而有损耗。如在工程项目决策和实施过程中，许多信息可以被各个部门使用，这样既可以保证各个部门使用信息的统一性，也保证了决策的一致性。可见信息的共享问题对于项目管理者来说非常重要。

（5）信息的有序性。信息的有序性指先后发生的信息之间是连贯、相关和动态的。人们可以利用过去信息的有序性分析现在，并利用过去和现在的信息预测未来。为保证信息的有序性，则需要连续收集、存储信息。

（6）信息的系统性。包括信息构成的整体性和全面性，信息运动的连续性和双向性等内容。

3. 工程项目信息的含义

工程项目信息是指反映和控制建设项目管理活动的信息，包括各种报表、数字、文字和图像等。

4. 工程项目信息的分类

工程项目的信息量大、来源广泛、形式多样，为了有效地管理和应用项目信息，须将之进行分类。依据不同标准，可将项目信息划分为不同的类型。

（1）按信息来源划分

1）项目内部信息：取自工程项目本身，如项目建议书、可行性研究报告、设计文件、施工组织设计、施工方案、合同结构和管理制度等。

2）项目外部信息：取自工程项目外部环境信息，如国家有关的政策及法规、国内及国际市场的原材料及设备价格、物价指数和资金市场变化等。

（2）按照工程建设阶段划分

1）投资决策阶段：包括项目相关的市场信息，项目资源相关方面的信息，自然环境相关方面的信息，新技术、新设备、新工艺、新材料、专业配套能力方面的信息，当地法律、法规、政策、教育等方面的信息。

2）设计阶段：包括项目前期相关文件资料，同类工程项目信息，拟建工程所在地相关信息，勘察、测量、设计单位相关信息，工程所在国和地方政策、法律、法规、规范规程、环保政策、政府服务情况和限制等信息。

3）施工招标阶段：包括工程地质、水文地质勘察报告，设计概算、地质勘察、施工图设计及施工图预算、测绘的审批报告等方面的信息；业主建设前期报审文件；工程造价的市场变化规律及其所在地区的材料、构件、设备、劳动力差异等信息；当地施工管理水平、质量保证体系；工程所在地招标代理机构的能力、特点；所在地招投标管理机构及管理程序等相关信息。

4）施工准备阶段：包括施工承包合同；工程项目管理合同；工程咨询合同；工程监理合同；施工单位人员、资质、设备等情况；分包人情况；建筑红线、标高、坐标、水、电、气管道的引入标志；施工图会审和交底记录；施工组织设计、施工技术方案和施工进度计划等相关信息。

5）施工阶段：如业主对工程建设各方的意见、看法、指令等信息；各种保审、报验文件，分包合同等来自施工承包单位的信息；工作日记、月（季、年）报资料、工地会议纪要等来自监理机构、咨询机构的信息；以及来自其他方面的各种信息。

6）竣工验收阶段：一部分是在整个施工过程中长期积累的信息；另一部分是在竣工验收阶段，根据积累的资料整理分析得到的信息，如竣工验收报告等。

若按项目管理职能划分为造价管理信息、进度管理信息、质量管理信息、安全管理信息、合同管理信息和行政管理信息等；还可按信息稳定程度、信息层次来划分。

13.1.2 工程项目信息管理及其基本环节

1. 工程项目信息管理的含义

（1）信息管理的含义及要求

1）信息管理的含义

信息管理是指对信息的收集、加工、整理、存贮、传递与应用等一系列工作的总称。信息管理的主要作用是通过动态、及时的信息处理和有组织的信息流通，使指挥和各级管理人员能全面、及时、准确地获得所需的信息，以便采取正确的决策和行动。

2）信息管理应满足下列要求：

① 时效性。一项信息如果不严格注意时间，那么信息的价值就会随之消失，可能会对工程项目造成巨大的损失。要严格保证信息的时效性，应注意解决以下问题：一是当信息分散于不同地区时，如何能够迅速而有效地进行收集和传递工作；二是当各项信息的口径不一、参差不齐时，如何处理；三是采取何种方法、何种手段能在很短的时间内将各项信息加工整理成符合目的和要求的信息；四是使用计算机进行自动化处理信息的可能性和处理方式。

② 针对性。信息管理的重要任务之一，就是如何根据需要，提供针对性强、十分适用的信息。如果仅仅能提供成沓的细部资料，其中又只能反映一些普通的、并不重要的变化，这样，会使决策者不仅要花费许多时间去阅览这些作用不大的繁琐细况，而且仍得不到决策所需要的信息，使得信息管理起不到应有的作用。

③ 必要的精度。要使信息具有必要的精度，需要对原始数据进行认真的审查和必要的校核，避免分类和计算的错误。即使是加工整理后的资料，也需要做细致的复核。这样，才能使信息有效可靠。但信息的精度应以满足使用要求为限，并不一定是越精确越好，因为不必要的精度，需耗用更多的精力、费用和时间，容易造成浪费。

④ 综合考虑信息成本及信息收益，实现信息效益最大化。各项资料的收集和处理所需要的费用直接与信息收集的多少有关，如果要求愈细、愈完整，则费用将愈高。例如，如果每天都将施工项目上的进度信息收集完整，则势必会耗费大量的人力、时间和费用，这将使信息的成本显著提高。因此，在进行工程项目信息管理时，必须要综合考虑信息成本及信息所产生的收益，寻求最佳的切入点。

（2）工程项目信息管理的含义

工程项目信息管理是通过对各个系统、各项工作和各种数据的管理，使建设项目信息能方便和有效地获取、存储、存档、处理和交流。其目的旨在通过有组织的信息流通，使项目管理人员及时掌握完整、准确的信息，为项目建设的增值服务。

2. 工程项目信息管理的任务

一个项目在决策和实施过程中，项目信息数量巨大、变化多而且错综复杂，项目信息资源的组织与管理任务十分重大，具体来讲工程项目信息管理的任务主要包括：

（1）组织项目基本情况的信息，并系统化，编制项目手册。项目管理的任务之一是按照项目的任务，项目的实施要求设计项目实施和项目管理中的信息和信息流，确定它们的基本要求和特征，并保证在实施过程中信息流通顺利。

（2）项目报告及各种资料的规定，例如资料的格式、内容、数据结构要求。

（3）按照项目实施、项目组织、项目管理工作过程建立项目管理信息系统流程，在实际工作中保证这个系统正常运行，并控制信息流。

（4）文档管理工作。有效的项目管理需要更多地依靠信息系统的结构和维护。信息管理影响项目组织和整个项目管理系统的运行效率，是人们沟通的桥梁，项目管理者应对它有足够的重视。

3. 工程项目信息管理的基本环节

工程项目信息管理贯穿工程建设全过程，衔接工程建设的各个阶段、各个参建单位和各个部门，其基本环节包括信息的收集、处理、传输、存储、检索、维护和使用等。

（1）信息的收集。工程项目信息的收集，就是收集项目决策和实施过程中的原始数据。要从工程项目管理的目标出发，从客观情况调查入手，加上主观思路，规定数据的范围，建立信息收集的渠道，明确各类项目信息的收集部门、收集者、收集地点、收集时间、收集方法、收集形式等内容，确保所需信息的准确、完整、可靠和及时。

（2）信息的处理。工程项目的信息管理除应注意各种原始资料的收集外，更重要的是要对收集来的资料进行加工整理，并对工程决策和实施过程中出现的问题进行处理。

项目的信息加工处理主要是将得到的数据和信息进行鉴别、选择、核对、合并、排序、更新、计算、汇总、转储，生成不同形式的数据和信息，提供给不同需求的各类管理人员使用。按照不同的需求、不同的使用角度，信息加工可分为：一是对资料和数据进行简单整理和过滤；二是对信息进行分析，概括综合后产生辅助建设信息管理决策的信息；三是通过应用数学模型统计推断产生可以决策的信息。

（3）信息的传输。信息的传输是借助一定的载体（如纸张、软盘、光盘、磁带等）在建设项目信息管理工作的各部门、各单位之间的传输。信息通过传输形成信息流。为提高传输速度和效率，项目管理机构应合理设置机构，明确规定信息传输的级别、流程、时限以及接受方和传递方的职责。根据信息的特点，选择合适的输出媒体、输出格式、输出方式，以确保信息传递便捷准确、使用方便以及保密的需要等。同时，还应当尽可能采用先进的工具，如电话、传真、计算机网络通信等形式，尽量减少人工传递，在可能的情况下注意采用书面形式进行信息传输。

（4）信息的存储。信息的存储是将信息保存起来以备将来使用。信息存储包括物理存储和逻辑组织两个方面，物理存储是指将信息存储在适当的介质上，如纸张、胶卷、录音（像）带、计算机存储器等；逻辑组织是指按信息的内在联系组织和使用数据，把大量的信息组成合理的结构。工程项目信息存储可以按照工程进行组织，同一个工程按照进度、质量、造价、合同等角度组织。文件名要规范化，尽量使用统一的代码，保证数据的唯一性。

（5）信息的检索。无论是存入档案库还是存入计算机存储器的信息、资料，存储的目的是为了信息的再利用，存储于各种介质上的庞大数据要让使用者便于检索，为用户提供方便的查询方式。迅速准确的检索应以先进科学的存储为前提，为此，必须对信息进行科学的分类、编码并采用先进的存储媒介和检索工具。在检索设计中应主要考虑：允许检索的范围、检索的密级划分、密码的管理；检索的信息和数据能否及时、快速地提供，实现的手段；提供检索需要的数据和信息输出形式能否根据关键字实现智能检索。

（6）信息的使用和维护。项目信息管理的最终目的，就是为了更好地使用信息，为项目管理决策服务。使用过程中，要注意信息的维护。项目信息维护是为了保证项目信息处于准确、及时、安全和保密的合理状态，能够为管理决策提供有用的帮助。准确是要求数据在合理的误差范围以内；信息的及时性要求数据保持最新的状态，能够及时地提供信息，常用的信息放在易获取的地方，能够高速、高质地把各类信息、各种信息报告提供到使用者手中。安全性和保密性是要防止信息受到破坏和丢失。在整个项目信息管理环节中，都应当考虑实时性，及时注意信息的更新。

13.2 工程项目文档管理

13.2.1 文档资料概念和特征

1. 文档资料概念

工程项目文档资料是指工程项目在立项、设计、施工、监理和竣工活动中形成的具有归档保存价值的基建文件、监理文件、施工文件和竣工图的统称。建设项目的文档资料主要由以下文件资料组成。

（1）建设单位文件：由建设单位在工程建设过程中形成并收集汇编，关于立项、征用工地、拆迁、地质勘察、测绘、设计、招投标、工程验收等文件或资料的统称。

（2）监理文件：是指监理单位在工程设计、施工等阶段监理全过程中形成的文件或资料。

（3）施工文件：是指施工单位在工程施工过程中形成的文件或资料。

（4）竣工图：是指工程竣工验收后，真实反映建设工程项目竣工结果的图纸文件。

2. 文档资料的保存方式

通常文档资料是集中处理、保存和提供的。在项目实施过程中文档可能有三种保存方式：

（1）施工单位保存的项目相关资料。例如项目经理提交给企业的各种报告、报表，主要是上层系统需要的信息。

（2）项目集中的文档。这是关于全项目的相关文件，必须有专门的地方并由专门人员负责保管。

（3）各部门专用的文档。它仅保存本部门专门的资料。

当然这些文档在内容上可能有重复。例如一份重要的合同文件可能复制三份，部门、项目和企业各保存一份。

3. 文档资料的特征

工程项目文档资料具有以下特点：

（1）分散性和复杂性。工程建设具有生产周期长、工艺复杂、建筑材料种类多、技术发展迅速、过程阶段性强且相互穿插等特点，由此导致了工程项目文档资料的分散性和复杂性。这个特征决定了工程项目文档资料是由多层次、多环节、相互关联的资料组成的。

（2）全面性和真实性。工程项目文档资料只有全面反映项目的各类信息，才更有实用价值，因此必须形成一个完整的系统，有时只言片语地引用往往会造成误导。另外，工程项目文档资料必须真实反映工程情况，包括发生的事故和存在的隐患。

（3）继承性和时效性。随着建筑技术、施工工艺、新材料以及建筑企业管理水平的不断提高和发展，文档资料可以被继承和积累。新的工程在施工过程中可以吸取以前的经验，避免重犯以往的错误。同时，工程项目文档资料又具有很强的时效性，其价值会随着时间的推移而衰减，有时文档资料一经生成，就必须及时传达到有关部门，否则，会造成严重后果。

（4）随机性。工程项目文档资料产生于工程建设的整个过程中，工程开工、施工、竣工等各个阶段、各个环节都会产生各种文档资料。部分工程项目文档资料的产生有一定的规律性（如各类报批文件），但还有相当一部分文档资料产生是由具体工程事件引发的，因此，工程项目文档资料具有一定的随机性。

（5）多专业性和综合性。工程项目文档资料依附于不同的专业对象而存在，又依赖于不同的载体而流动。它涉及多个专业：建筑、市政、公用、消防、保安等多个专业，也涉及电子、力学、声学、美学等多种学科，同时还综合了质量、进度、造价、合同、组织协调等多方面内容。

4. 工程项目文件的归档范围

对与工程项目有关的重要活动、记载工程项目主要过程和现状、具有保存价值的各种载体的文件，均应收集齐全，整理立卷后归档。

工程文件的具体归档范围按照现行《建设工程文件归档整理规范》中"建设工程文件归档范围和保管期限表"共5大类执行。

13.2.2 文档资料的分类

1. 工程项目资料数据的类型

资料是数据或信息的载体。在项目实施过程中资料上的数据有两种：

（1）内容性数据。它是资料的实质性内容，如施工图纸上的图，信件的正文等。它的内容丰富，形式多样，通常有一定的专业意义，其内容在项目过程中可能有变更。

（2）说明性数据。为了方便资料的编目、分解、存档、查询，对各种资料必须做出说明和解释，并按照一定特征加以区别。它的内容一般不改变，由文档管理者设计。例如图标、各种文件说明、文件的索引目录等。

通常，文档按内容性数据的性质分类，而具体的文档管理，如生成、编目、分解、存档等以说明性数据为基础。

2. 文档资料的分类

在项目实施过程中，文档资料量大面广，形式丰富多彩。为了便于进行文档管理，可以按如下方法对其进行分类。

（1）按重要性分：必须建立的；值得建立的；不必存档的。

（2）按资料的提供者分：外部；内部。

（3）按登记责任分：必须登记、存档；不必登记。

（4）按特征分：书信；报告；图纸等。

（5）按产生方式分：原件；拷贝。

（6）按内容范围分：单项资料；资料包（综合性资料），例如综合索赔报告，招标文件等。

13.2.3 文档管理的基本要求

1. 文档管理的概念

文档管理指的是对作为信息载体的资料进行有序地收集、加工、分解、编目、存档，并为项目各参加者提供专用和常用信息的过程。在实际工程中，许多信息由文档系统给出，文档系统是管理信息系统的基础，是管理信息系统有效运行的前提条件。

2. 文档系统的基本要求

工程项目文档管理的基本要求是：

（1）系统性，即包括项目相关的，应进入信息系统运行的所有资料，事先要罗列各种资料并进行系统化，并限制它们的范围。

（2）各个文档要有单一的标志，能够互相区别，这通常通过编码来实现。

（3）文档管理责任明确，即有专门人员或部门负责资料工作。

（4）文档内容正确、实用，在处理过程中不失真。

13.2.4 文档系统的建立

在工程项目中资料多、内容复杂，办公室零乱无序，要找到一份自己想要的文件却要花很多时间，有时甚至不知从哪找起。这是因为项目管理中缺乏有效的文档系统。然而，一个项目的文件再多，也没有图书馆的资料多，但为什么人们到图书馆却可以在几分钟内找到自己要找的一本书呢？这就是由于图书馆有一个功能很强的文档系统。所以在项目中也要建立像图书馆一样的文档系统。

1. 建档内容

工程项目中常常要建立的文档内容包括：合同文本及附件；合同分析资料；信件；会谈纪要；各种原始工程文件，如工程日记、备忘录等；记工单、用料单；各种工程报表，如月报、成本报表、进度报告等；索赔文件；工程的检查验收、技术鉴定报告。

2. 资料编码

有效的文档管理是以用户友好和较强表达能力的资料特征（编码）为前提的。在项目实施前，就应专门研究、建立该项目的文档编码体系。一般项目编码体系的要求是：统一性，即对所有资料适用的编码系统；能区分资料的种类和特征；能"随便扩展"；对人工处理和计算机处理有同样效果。

通常，项目管理中的资料编码要考虑如下几个部分。

（1）有效范围。说明资料的有效使用范围，如属某子项目、功能或要素。

（2）资料种类。按外部形态不同有图纸、书信、备忘录等；按资料的特点有技术资料、商务资料、行政资料等。

（3）资料的内容和对象。这是编码的重点。对一般项目，可用项目结构分解的结果作为资料的内容和对象。但有时它并不适用，因为项目结构分解是按功能、要素和活动进行的，与资料说明的对象常常不一致。在这时就要专门设计文档结构。

（4）日期、序号。相同有效范围、相同种类、相同对象的资料可通过日期或序号来表达，如对书信可用日期、序号来标识。

这几个部分对于不同规模的工程要求不一样。如对仅有一个单位工程的小工程，则有效范围可以省略。

3. 索引系统

为了资料使用的方便，必须建立资料的索引系统，它类似于图书馆的书刊索引。

项目相关资料的索引一般可采用表格形式。在项目实施前，就应做好专门设计。表中的栏目应能反映资料的各种特征信息。不同类别的资料可以采用不同的索引表，如果需要查询或调用某资料，即可按图索骥。

例如信件索引可以包括如下栏目：信件编码，来（回）信人，来（回）信日期，主要内容，文档号，备注等。这里要考虑到来信和回信之间的对应关系，收到来信或回信后即可在索引表上登记，并将信件存入对应的文档中。

13.3 计算机辅助项目管理

13.3.1 计算机辅助项目管理的概述

随着工程项目规模的日益扩大，专业分包单位的增多，项目管理中的信息量亦大量增加，为了提高信息管理的现代化水平，必须依靠电子计算机这一现代化工具对工程项目进行辅助管理。

1. 计算机在工程项目信息管理中的应用形式

目前，在工程项目信息管理中，计算机的应用形式主要有以下几种：

（1）使用文字处理软件处理工程项目管理中的各类文档。这样一方面可以提高工作效率，另一方面也便于对这些文档进行重复利用。

（2）使用电子表格软件对施工项目管理中的大量数据（如混凝土强度数据、材料台账等）进行计算、统计、分析等工作，并生成直观形象的统计图表，供项目管理人员使用。

（3）使用项目管理软件对项目中的进度、资源、成本、质量等信息进行动态管理，为工程项目的目标控制提供依据。

（4）使用某些专用软件对有关信息进行管理，如工程造价软件、施工现场管理软件、材料管理软件、质量管理软件、合同管理软件、文档管理软件等。

在工程项目信息管理中，应根据项目管理工作的客观需要和实际情况，采用上述的一种或数种形式来应用计算机，以达到全面、及时、准确地为工程项目管理工作提供信息的目的。

2. 计算机辅助项目管理的概念

计算机辅助项目管理是投资者、开发商、承包商和工程咨询方等进行工程项目管理的手段，主要是指利用项目管理软件或某些专业软件对工程项目进行辅助管理。

计算机辅助项目管理在国外已运用得很普遍，诸如 MS Project、Primavera Project Planer 等软件，这些软件都是关于项目的进度与计划管理、成本管理、合同管理等方面的软件，也有专门针对工程项目管理的信息系统（Project Management Information System，简称 PMIS）。运用项目管理信息系统是为了及时、准确、完整地收集、存储、处理项目投资、进度、质量规划和实际信息，以迅速采取措施，尽可能好地实现项目的目标。

13.3.2 工程项目管理信息系统的概念

1. 工程项目管理信息系统的含义

工程项目管理信息系统（PMIS）是一个由人、电子计算机等组成的能处理工程项目信息的集成化系统，它通过收集、存储及分析项目实施过程中的有关数据，辅助项目管理人员和决策者进行规划、决策和检查，其核心是辅助项目管理人员进行项目目标规划和控制。

项目管理信息系统与管理信息系统是两个完全不同的信息系统。项目管理信息系统是计算机辅助项目目标规划和控制的信息系统，它的功能是针对项目的投资、进度、质量目标的规划和控制而设立的。管理信息系统是计算机辅助企业管理的信息系统，它的功能是针对企业的人、财、物、产、供、销的管理而设立的。

针对项目建设参与各方的工程项目管理，即建设单位（业主方）、设计方、施工方、供货方的工程项目管理，形成不同类型的项目管理信息系统。

2. 工程项目管理信息系统应用的必要条件

应用工程项目管理信息系统必须具备以下条件：

（1）组织件。组织件即要有明确的项目管理组织结构、项目管理工作流程和项目信息管理制度。项目信息管理制度是计算机辅助项目信息管理系统的基础，这是软件系统能正常运行的组织保证，没有它，软件系统则难以正常运行。

项目信息管理制度包含三部分内容：1）项目管理信息结构图，是对项目管理组织结构图中各部门对外主导信息流程的规定；2）项目管理信息编码，包含项目编码、项目建设参与单位和部门的组织编码、投资控制和管理信息编码、进度控制和管理信息编码、质量控制和管理信息编码、合同管理信息编码等；3）信息卡和信息处理表，即对每一条信息明确信息分类编号、信息名称、信息内容、提供者、提供时间、处理者、处理时间、处理结果、接受和归档者。

（2）硬件。硬件即要有计算机设备，通常可采用小型机、网络和微机。

（3）软件。软件即要有项目管理信息系统正常运行的操作系统、系统软件等软件环境。

（4）教育件。教育件即要对计算机操作人员、项目管理人员和领导进行培训。

13.3.3 工程项目管理信息系统的功能结构

工程项目管理是以投资、进度、质量三大控制为目标，以合同管理为核心的动态系统，因而，工程项目管理信息系统至少应具有处理三大目标控制及合同管理任务的功能。

同时，每个工程项目都有大量的工程图纸和大量的公文信函来往，因此，一个完善的信息管理系统，也应具备处理这两项任务的能力，即包含一个文档管理子系统。

为节省存储空间和处理时间，方便排序、运算和查找，有效地管理项目的大量信息，必须对项目进行分解，进而建立与项目分解体系相应的编码体系，因而，项目管理信息系统必须具有信息编码管理的功能。

综上所述，工程项目管理信息系统的主要功能结构如图13-1所示。

对于施工单位而言，其项目管理的内容还应包括对劳动力、材料、设备、技术、财务等资源的管理以及进行施工组织设计，因而其项目管理信息系统除具有图13-1所示的功能模块以外，还应具有资源管理模块和施工组织设计模块。

处于不同项目生命周期阶段的信息系统，其核心功能和目标会有所侧重和区别。譬如，对于规划阶段的项目设计管理信息系统，文档处理是系统的核心功能；对于实施阶段的业主项目管理信息系统，项目进度、质量和造价三大控制信息的一体化集成处理是系统的主要目标；对于实施阶段的项目监理信息系统，质量信息的实时采集与监控是系统的核心目标等。

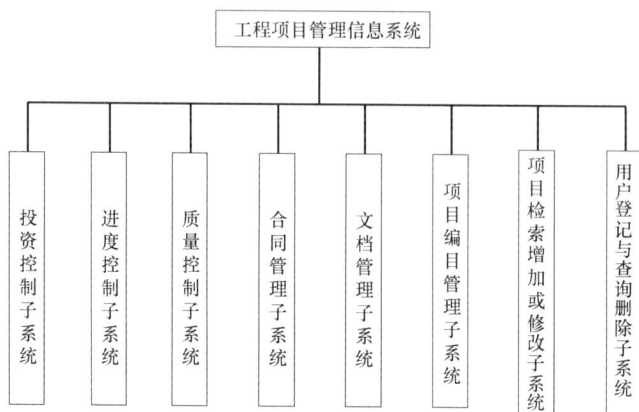

图 13-1 工程项目管理信息系统的主要功能结构

13.3.4 工程项目管理信息系统的功能模块设计

工程项目管理信息系统的各功能模块即各子系统应具有的基本功能介绍如下。

1. 投资控制子系统

投资控制子系统的基本设想是通过项目的投资计划和投资实际值的不断比较,投资管理者可及时获得信息,以控制项目计划投资的实现。在项目建设过程中,与项目投资有关的费用有估算、概算、预算、标底、投标价、合同价、结算、决算等。投资计划值与实际值的比较是一个动态的过程,也就是将与投资有关这些费用进行比较,从中发现投资偏差。如果将项目概算作为计划投资目标值,在进行概算和预算时,概算是计划值,预算是实际值;在进行合同价与结算比较时,合同价为计划值,结算为实际值。

投资控制子系统的基本方法是将项目总投资按照投资控制项进行切块,求出项目投资计划值与实际值的差及其该差值在投资计划值中所占的比例,尤其应注重占了 80% 项目总投资额的 20% 的投资控制项。

投资控制子系统的基本功能框架如图 13-2 所示。

2. 进度控制子系统

进度控制子系统的基本设想是通过项目的计划进度和实际进度的不断比较,进度管理者可及时获得反馈信息,以控制项目实施进度。

进度控制子系统的基本方法是网络计划编制方法、计划进度与实际进度的比较方法。计划进度和实际进度的比较可通过工作开始时间、工作完成时间、完成率、形象进度的比较来实现。

其基本功能框架如图 13-3 所示。

3. 质量控制子系统

质量控制子系统的基本设想是辅助制定项目质量标准和要求,通过项目实际质量与质量标准、要求的对比,质量管理者可及时获得信息,以控制项目质量。质量控制和管理子系统的基本方法是质量数据的存储、统计和比较。

232

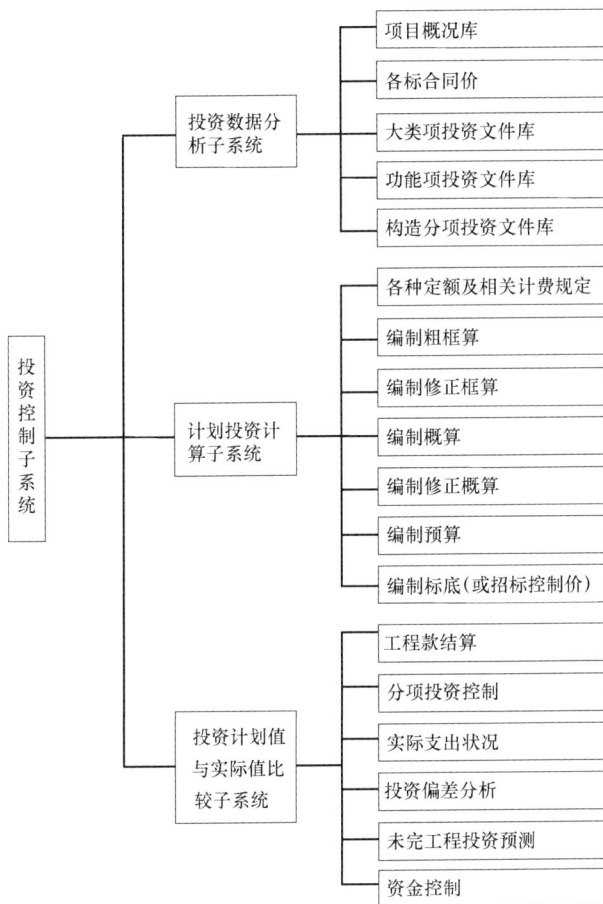

图 13-2　投资控制子系统基本功能

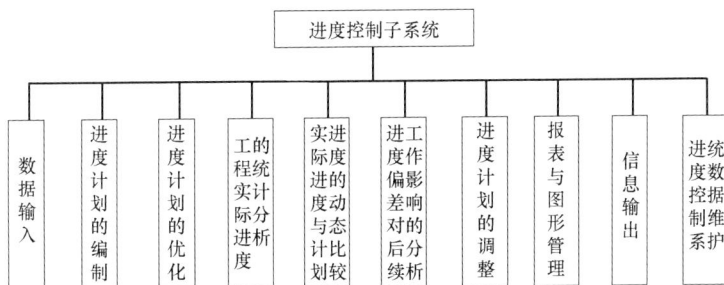

图 13-3　进度控制子系统基本功能

质量控制子系统的基本功能框架如图 13-4 所示。

4. 合同管理子系统

合同管理子系统的基本设想是涉及项目勘察设计、施工、工程监理、咨询和科研等全

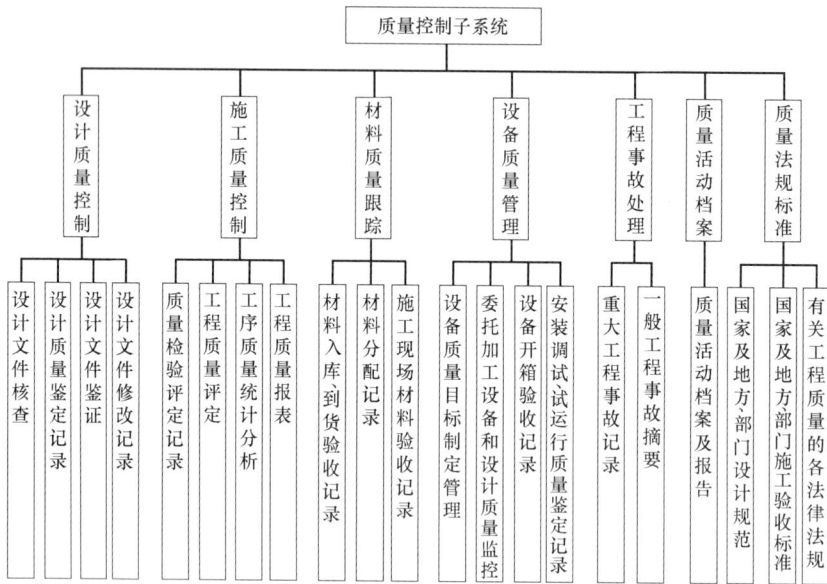

图 13-4　质量控制子系统基本功能

部项目实施合同的起草、签订、执行、归档、索赔等全部环节的辅助管理。

合同管理子系统的基本方法是用于合同文本起草和修改的公文处理和合同信息的统计，通过合同信息的统计可以获得月度、季度、年度的应付款额、合同总数等信息。

合同管理子系统应具备的基本功能如表 13-1 所示。

5. 文档管理子系统

文档管理子系统的基本功能框架如图 13-5 所示。

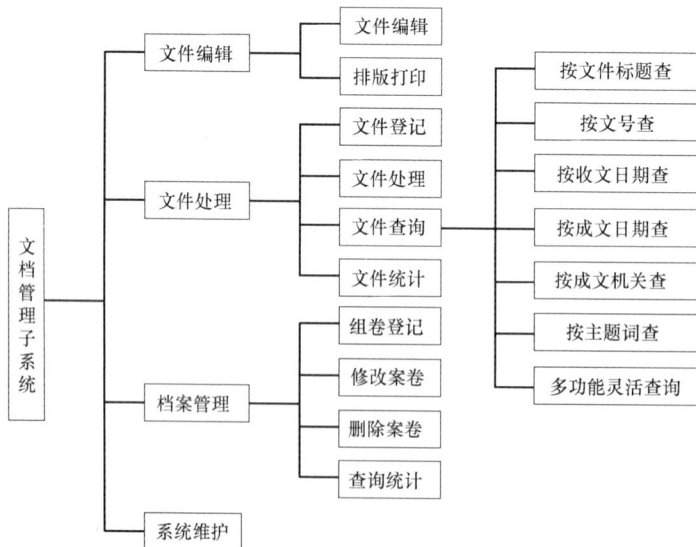

图 13-5　文档管理子系统基本功能

6. 施工组织设计子系统

施工单位项目管理信息系统的施工组织设计子系统应具备的基本功能，如表 13-2 所示。

合同管理子系统的基本功能　　　　　　　　　　　　表 13-1

功能	属性	具 体 内 容
合同的分类登录与检索	主动控制 （静态控制）	(1)建立经济法规库(国内经济法、国外经济法) (2)合同结构模型的提供和选用 (3)合同文件、资料的登录、修改、删除等 (4)合同文件的分类、查询和统计 (5)合同文件的检索
合同的跟踪与控制	动态控制	(1)合同执行情况跟踪和处理过程的记录 (2)合同执行情况的打印报表等 (3)涉外合同的外汇折算

施工组织设计子系统基本功能　　　　　　　　　　　表 13-2

名　　称	具 体 内 容
总说明	(1)初步设计审批意见执行情况 (2)施工组织、施工期限，主要工程的施工办法、工期、进度及措施 (3)劳动力计划及主要施工机具的使用安排 (4)主要材料供应、运输方案及临时工程的安排 (5)对特殊地区以及冬期、雨期施工所采取的措施 (6)施工准备工作的意见(如拆迁、用地、电信设施等)
工程进度图	包括劳动力计划安排
主要材料计划表	包括型号、规格及数量
主要施工机具、设备计划表	包括数量和型号
临时工程表	包括通往工地、料场、仓库等的便道、便桥及电力、电信设备
重点工程施工场地布置图	包括仓库、工棚、便道、便桥、构件预制场、拌合场地、材料堆放场地等工程和生活设施的位置
重点工程施工进度图	包括施工机具、设备及人员安排

13.3.5　较为流行的工程项目管理软件简介

　　根据项目管理软件的功能和价格水平，大致可以划分为两个档次：一种是供专业项目管理人士使用的企业级项目管理软件，这类软件功能强大，价格一般较高，如 ABT 公司的 WorkBench、Oracle 公司的 P6、Gores 技术公司的 Artemis 等；另一种是 PC 级的项目管理软件，应用于一些中小型项目管理，这类软件虽然功能不很齐全，但价格较便宜，如 Microsoft 公司的 Project、Symantec 公司的 Time Line、Scitor 公司的 Project Scheduler 等。

1. 国外相关软件介绍

　　（1）Oracle's Primavera Portfolio Management（P6）。Oracle's Primavera Portfolio Management 原是美国 Primavera System Inc. 公司研发的项目管理软件 Primavera 6.0（2007 年全球正式发布），但 2008 年被 ORACLE 公司收购，对外统一称作 Oracle Primavera P6，缩写为 P6。

　　Oracle Primavera P6 是一个综合的项目组合管理（Project Portfolio Management）解

决方案，包含进行企业级项目管理的一组软件，可以在同一时间跨专业、跨部门，在企业的不同层次上对不同地点进行的项目进行管理，以满足每位团队成员的需求、责任和技能。主要包含以下软件组件。

1）Project Management（PM）模块。本模块可供用户跟踪与分析执行情况，具有进度时间安排与资源控制功能的多用户、多项目系统，支持多层项目分层结构、角色与技能导向的资源安排、记录实际数据、自定义视图以及自定义数据。PM 模块对于需要在某个部门内或整个组织内，同时管理多个项目和支持多用户访问的组织来说，是理想的选择。它支持企业项目结构（EPS）、该结构具有无限数量的项目、作业、目标项目、资源、工作分解结构（WBS）、组织分解结构（OBS）、自定义分类码、关键路径法（CPM）计算与平衡资源。如果在组织内大规模实施该模块，项目管理应采用 Oracle 或 SQL 服务器作为项目数据库。如果是小规模应用，则可以使用 SQL Server Express。PM 模块还提供集中式资源管理，这包括资源工时单批准，以及与使用 Timesheets 模块的项目资源部门进行沟通的能力。此外，该模块还提供集成风险管理、问题跟踪和临界值管理。用户可通过跟踪功能执行动态的跨项目费用、进度和挣得值汇总。可以将项目工作产品和文档分配至作业，并进行集中管理。"报表导向"创建自定义报表，此报表从其数据库中提取特定数据。

2）Methodology Management（MM）模块。该模块是一个在中央位置创造与保存参照项目（即项目计划模板）的系统。项目经理可对参照项目进行选择、合并与定制，来创建自定义项目计划。可以使用"项目构造"向导将这些自定义的参照项目导入 PM 模块，作为新项目的模块。因此，组织可以不断地改进和完善新项目的参照项目作业、估算值以及其他信息。Primavera 亦提供基于网络的项目间沟通和计时系统。作为项目参与者的团队工具，Timesheets 将即将要执行的分配列成简单的跨项目计划列表，帮助团队成员集中精力完成手头工作。它还提供项目变更和时间卡的视图，供项目经理批准。由于团队成员采用本模块输入最新的分配信息，并根据工作量来记录时间，因此项目主管可以确信他们拥有的是最新的信息，可以借此进行重大项目决策。

3）Primavera Web 应用程序。可提供基于浏览器的访问来访问组织的项目、组合和资源数据。各个 Web 用户可创建自定义仪表板，以获得单个或集中视图，来显示与其在项目组合、项目与资源管理中所充当的角色最相关的特定项目和项目数据类型。Project Workspaces 和 Workgroups 允许指定的项目团队成员创建与某特定项目或项目中的作业子集相关的团队统一数据视图，从而扩展了可定义的集中数据视图模型。Primavera Web 应用程序提供对广泛数据视图和功能的访问，使 Web 用户能够管理从项目初始的概念审查、批准，直到完成的全过程。

4）Primavera Integration API。是基于 Java 的 API 和服务器，供开发人员创建无缝接入 Primavera 项目管理功能的客户端分类码。软件开发工具包 Primavera Software Development Kit（SDK）可将 PM 模块数据库中的数据与外部数据库及应用程序进行集成。它提供对架构以及包含业务逻辑的已保存程序的访问。SDK 支持开放式数据库互联（ODBC）标准和符合 ODBC 的接口，如，OLE-DB 和 JDBC，以接入项目管理数据库。SDK 必需安装在要与数据库集成的计算机上。

5）Claim Digger。用于进行项目与项目，或项目与相关目标计划之间的比较，来确定已添加、删除或修改的进度数据。根据选定用于比较的数据字段，此功能可创建一个项目计划比较报表，格式为三种文件格式中的一种。Claim Digger 在 PM 模块中自动安装，可从"工具"菜单访问。

6）ProjectLink。是一种插件程序，可使 Microsoft Project（MSP）用户在 MSP 环境中工作的同时，仍可使用 Primavera 企业功能。MSP 用户可使用此功能在 MSP 应用程序内，从 PM 模块数据库打开项目，且将项目保存到 PM 模块数据库中。而且，MSP 用户可在 MSP 环境下，调用 Primavera 的资源管理。将大量项目数据保存在 MSP 中的组织可从 ProjectLink 中受益，但是要求一些用户在 Primavera 应用程序中拥有附加功能和优化数据组织。

（2）Microsoft Project（MSP）。Microsoft Project（或 MSP）是由微软公司开发销售的项目管理软件程序，适用于不同规模的企业和不同管理目标需求的项目，功能强大、使用灵活、应用广泛，可协调项目经理编制计划、分配资源、跟踪进度、管理预算、分析工作量，也可绘制商务图表、形成图文并茂的报告。

Microsoft Project 是一个完整的产品体系，Microsoft 将包含了项目管理服务器端及客户端的一系列产品及一套完善的方法指导统称为企业项目管理解决方案（Microsoft Office Enterprise Project Management Solution，EPM 解决方案）。下面以 2013 版为例介绍相关产品的基本功能。

1）Microsoft Project Professional 2013

即 Project 2013 专业版，是项目计划管理的核心工具，可用于项目计划编制、资源分配与安排、WBS 工作分解、项目成本管理、项目执行情况跟踪和项目报表制作等，是 Microsoft 为项目经理开发的高效项目管理软件；具备网络功能，可连接 Project Server 2013 或 Project Online 或者其他文档协同平台，如 SharePoint 2013，在企业网络环境中实现项目沟通与跟踪，以发挥更强大的项目管理能力。

2）Microsoft Project Standard 2013

即 Project 2013 标准版，具有 Project 2013 专业版的所有客户端功能，但不具备网络功能，不能与 Project Server 2013 等相连，所以主要用于没有构建 EPM 解决方案的小型企业环境。

3）Microsoft Project Server 2013

即 Project 2013 服务器版，可与 Project Professional 2013 或 Project Pro for Office 365 构建 EPM 解决方案，主要供管理者、PMO、项目成员使用；可构建基于网络的多项目管理中心，集中管理企业项目信息、统一协调项目资源、标准化企业项目管理数据，有效实现企业项目沟通协作，并对企业项目信息进行全面分析。

同时，还提供了 Project 云版本，如 Project Pro for Office 365——标准版云计算版本，Project Online——服务器云计算版本，以及 Project Online with Project Pro for Office 365——云计算专业版。

（3）Time Line。Time Line 是 Symantec 公司的产品。该公司开发了 DOS 版本和 Windows 版本的一系列项目管理软件 Time Line。该软件用户众多，遍布全球，已成为当今较为流行的项目管理标准工具软件之一。

Time Line 集成了各种项目管理软件的许多优秀功能，如项目自动建立、报告生成和

SQL（结构化查询语言）数据库管理等，并且开发研制了一种非常有用的功能 Over View（全局视图）。Over View 是向用户提供有关项目、资源、日历、设置、筛选准则、用户自定义的数据计算公式等整体状况信息的图形，它还允许用户以图形方式组织和调用多个项目。

Time Line 还提供了较好的项目管理技术，包括一种叫作 Dependency Walker（逻辑关系检查）的功能、多项目的资源供应量和资源成本可变功能、用户自定义计算公式和显示内容的图形功能、不同工作班制功能以及非常好的资源均衡功能。

尽管该软件对初学者来说使用稍感困难，但仍是有经验的项目管理经理的首选之一。

（4）Project Scheduler。Project Scheduler 是 Scitor 公司的产品，它是一个广受欢迎的项目管理软件，提供了风格独特的功能，并且方便易用。它可以帮助用户管理项目中的各种活动。Project Scheduler 的资源优先设置和资源平衡算法非常实用，利用项目分组，用户可以观察到多项目中的一个主进度计划，并可以分析更新。数据可以通过工作分解结构、组织分解结构、资源分解结构进行调整和汇总。提供了统一的资源跟踪工作表，允许用户根据一个周期的数据来评价资源成本和利用率，还有详细的"what if"分析功能，通过 ODBC 连接数据库。

项目管理人员可在桌面完成基本的工作，或与数据库一起处理大的、复杂的程序。它包括向导、当日窍门、域级帮助等，还具有非常好的灵活性，适合组织、合并及查看项目情况。它还提供一个网页出版程序，使用户可以快速、专业地交流项目的进展。

2. 国内相关软件介绍

目前，有多种国内自主开发的工程项目管理软件已推向市场。下面介绍其中的两种。

（1）项目组织仿真软件——ProjectSim

ProjectSim 是一个建模、设计项目和仿真工具，它能够整合流程和组织两个视角来模拟项目。无论项目有多大、多复杂，无论日程有多么紧迫，都可以使用 ProjectSim 来建模、审视、分析和修正项目的各种情景。不同于传统工具和其他风险管理技术，ProjectSim 能精确地预见那些成熟工具（如 P6、MS Project）和技术（如 CPM、PERT）无法识别的，被"隐藏"的风险和失败点；能提供详细的分析，输出丰富的结果，有效地识别与特定任务、项目、人员和团队相关的多种绩效指标，包括工期、成本、工作积压和质量风险等，可用来指导具体的关于团队和流程方面的管理策略，并研究组织调整带来的影响。它给组织提供了一种方法和工具，使得使用者能像建筑师建造桥梁一样来构造一个项目组织，首先通过设计和分析一个虚拟电脑模型，然后在了解组织能力和瓶颈的基础上对组织进行优化。ProjectSim 可以定量地预测一个项目组织的绩效，这个项目组织可以只负责一个特定项目，也可以横跨多个项目。由分析引擎能产生大量细节性数据，并形成结构化报表，管理者借助 ProjectSim 能深刻地洞察工作流程、组织和执行任务的员工之间的内在关系。

ProjectSim 的强大之处在于可以对项目及其流程进行建模，从而处理组织设计问题。与跟踪项目的传统方法不同，ProjectSim 通过对工作、团队行为和各种能力（沟通、决策、技能和经验）进行建模，精确预测协调和质量问题可能出现的方式、地点和原因，识别项目的潜在风险和关键的失败点。

ProjectSim 作为一个组织建模和仿真工具，能给项目管理带来以下优势：

1）项目前期的战略规划——可以在规划项目时既考虑任务又考虑组织。

2）协调目标，达成共识——在项目目标、风险、管理策略和重要里程碑等方面帮助项目利益相关者达成共识。项目利益相关者包括项目直接负责人和其他利益放，如客户和高管。

3）合理的组织设计和人员配置——通过职位分析和技能配置，可以整合一个高效的团队，确保项目的工期和质量。

4）周期性的工程和项目的检查——工程和项目的进展具有一定的规律，在整个生命周期内各种需求、制约和机会会不断变化，ProjectSim 的情景建模可以审视和管理各种变化。

5）流程优化——在既定的项目基线基础上，ProjectSim 可以定量预测各种微观管理策略所能带来的利益，如更改任务顺序和依赖、调整任务对应的职位以及改变管理风格等。这对于希望通过缩减产品的技术需求或者增长交付日期以取保一个更为合理的解决方案来说十分重要。

6）外包评估——外包常常可以缩短工期、提高质量和降低成本，但这需要和供应商或承包商之间的协作。工程包含多个项目，项目间的协调对于创造一个优秀的产品至关重要，ProjectSim 情景建模可以规划和管理产品开发团队的工作方式。

7）风险分析——基于项目数据科学地计算各种项目风险。

8）项目组和管理——优化项目组合内稀缺资源的配置。

9）知识交流——借助互联网，ProjectSim 的情景模型可以在全球传播，成功的工农工作实践得以在任何时间和地点被借鉴、修改和再利用。

10）缩减设计时间——ProjectSim 内含的"行为矩阵"，定义了多个行业从业者的行为模式，不但大量缩减建模者用于描述项目、流程和组织所花的时间和努力，而且有助于生成更为详尽和精确的仿真结果。

ProjectSim 集人力资源与组织理论、行为科学、复杂性科学、Agent 技术、人工智能和计算机技术等多个前沿学科和技术领域于一身，孕育于同济大学，现已成功应用于多个世界级工程项目，实践应用表明，ProjectSim 强大的预测功能可以在项目或项目群规划上产生可持续的竞争优势。

（2）梦龙智能化项目管理软件 PERT。项目管理软件 PERT 是由北京梦龙科技开发公司制作，是目前国内最先进的项目管理软件之一，该软件基于网络计划技术原理，并通过建立数据交换标准体系，利用 Internet、Intranet 及其他通信手段，实现了各功能模块、多项目之间的数据共享，统一合理调度，因此该软件为项目管理集成系统。

PERT 集成系统包含快速投标集成系统和项目动态控制集成系统两个子集成系统，比较适用于承包商的施工项目管理，也可用于业主、监理方的项目管理。

PERT 曾获全国施工管理优秀软件一等奖，界面友好、操作简单，已应用于三峡工程、秦山核电站、青岛胶州机场、北京机场改建等一大批国家重点工程，并在巴基斯坦核电站、新加坡水处理厂、伊朗德黑兰地铁等国外工程中得到应用。

还有大连同州电脑公司的工程项目管理软件、水利部成都勘测设计研究院的建设监理软件包等软件，但真正形成气候的商品化的项目管理软件却较少，所以，随着我国对工程项目管理越来越重视，开发项目管理信息系统将大有可为。

13.4 工程项目管理信息化

13.4.1 工程项目管理信息化的概念

1. 信息化的含义

信息化表述了一个非常宏观的概念，对其含义有不同的理解。广义上讲，信息化是指信息资源的开发和利用，以及信息技术的开发和应用，也即信息产业和信息应用两大方面。信息化是人类社会发展过程中一种特定现象，是人类社会继农业革命、城镇化和工业化后进入新的发展时期的重要标志。

（1）信息资源的开发和利用。信息资源的开发和利用是信息化建设的重要内容，因为信息化建设的初衷和归属都是通过对信息资源的充分开发利用来发挥信息化在各行各业中的作用。

1）信息资源的开发可以从广义和狭义来理解。从广义上讲，信息资源是人类社会信息活动中积累起来的信息、信息生产者、信息技术等信息活动要素的集合。信息资源的开发包括信息本体开发、信息技术研究、信息系统建设、信息设备制造、信息机构建立、信息规则设定、信息环境维护和信息人员培养等活动。从狭义上讲，信息资源是指人类社会经济活动中经过加工处理的有序化并大量积累起来的有用信息的集合。信息资源的开发仅仅指对信息本体的开发，主要包括信息的创造、识别、表示、搜集、整理、组织、存储、重组、转化、加工、传播、评价和应用等。

2）信息资源的利用就是有目的性和有选择性地利用信息资源。由于信息资源的应用层次可以分为满足社会需求、满足组织需求、满足个人需求三个层次，相应的信息资源的利用也可分为社会利用、组织利用和个体利用。

信息资源的利用虽然给人类带来了巨大的财富，但同时也带来了许多以前未曾遭遇的麻烦，如信息污染与信息紊乱问题、信息产权保护和信息资源共享问题、信息编码与信息标准问题、信息保密与信息安全问题等。

（2）信息技术的开发和应用。广义的信息技术是用于管理和处理信息所采用的各种技术的总称，是指有关信息的收集、识别、提取、变换、存储、传递、处理、检索、检测、分析和利用等技术。信息技术的开发和应用涉及自然科学、技术、工程以及管理学等学科，信息技术的应用包括计算机硬件和软件、网络和通信技术、应用软件开发工具等。

2. 工程项目管理信息化的含义

工程项目管理信息化指的是工程项目管理信息资源的开发和利用，以及信息技术在工程项目管理中的开发和应用。工程项目管理信息化属于领域信息化的范畴，它和企业信息化也有关系。

在投资建设一个新的工程项目时，应重视开发和充分利用国内和国外同类或类似建设工程项目的有关信息资源。

13.4.2 工程项目管理信息化的意义

1. 工程项目管理信息资源的开发和利用意义

（1）它利用信息技术提供的便利，减轻了项目参与人员日常管理工作的负担，提高了管理的现代化程度。例如，它为各项目参与人员提供完整、准确的历史信息，方便浏览并减少部门之间对信息处理的重复工作，使项目管理工作的效率得到提高。

（2）它可以提供一个机制，使各项目参与人员很好地协同工作。例如，它在信息共享的环境下通过自动地完成某些常规的信息通知，减少了项目参与人员之间人为信息交流的次数，并保证了信息的传递更迅捷、及时和通畅。

（3）它适应大型建设项目管理对信息量急剧增长的需要，能够对每天的管理活动信息数据进行实时采集，使监督检查等控制及信息反馈变得更为及时有效，促进项目管理质量的提高。

（4）建设项目管理信息资源的开发和信息资源的充分利用，可吸取类似建设项目的正反两方面的经验和教训，许多有价值的组织类信息、管理类信息、经济类信息、技术类信息和法规类信息将有助于项目决策期多种可能方案的选择，有利于建设项目实施期的项目目标控制，也有利于项目建成后的运行。

2. 信息技术在工程项目管理中的开发和应用意义

（1）通过信息技术在建设项目管理中的开发和应用能实现"信息存储数字化和存储相对集中"，有利于项目信息的检索和查询，有利于数据和文件版本的统一，并有利于建设项目的文档管理。

（2）信息技术在建设项目管理中的开发和应用能实现"信息处理和变换的程序化"，有利于提高数据处理的准确性，并可提高数据处理的效率。

（3）信息技术在建设项目管理中的开发和应用能实现"信息传输的数字化和电子化"，可提高数据传输的抗干扰能力、使数据传输不受距离限制并可提高数据传输的保真度和保密性。

（4）信息技术在建设项目管理中的开发和应用能实现"信息获取便捷"、"信息透明度提高"以及"信息流扁平化"，有利于建设项目参与方之间的信息交流和协同工作。

13.4.3　我国建筑业信息化的发展目标

信息化造成的数字鸿沟，正在成为继城乡差别、工农差别、脑体差别"三大差别"之后中国社会的第四大差别，因此，信息化建设问题在我国也受到了高度的重视。

从国家层面看，我国实施国家信息化的总体思路是：以信息技术应用为导向，以信息资源开发利用为中心，以制度创新和技术创新为动力，创造环境，鼓励竞争，扩大开放；加快发展通信业、电子信息产品制造业、软件业和信息服务业；以应用促发展，以信息化带动工业化，加快经济结构的战略性调整，全面推动领域信息化、区域信息化、企业信息化和社会信息化进程。

由于工程项目管理信息化属于领域信息化的范畴，因此工程项目管理信息化的实施也受到建筑领域信息化水平的影响。建筑领域的信息化问题已经得到国家政府部门以及企业的高度重视，住房与城乡建设部依据《中共中央国务院关于进一步加强城市规划建设管理工作的若干意见》及《国家信息化发展战略纲要》，于2016年再一次编制《2016－2020年建筑业信息化发展纲要》，确定了我国建筑业信息化的发展目标："十三五"时期，全面提高建筑业信息化水平，着力增强BIM、大数据、智能化、移动通讯、云计算、物联网等信息技术集成应用能力，建筑业数字化、网络化、智能化取得突破性进展，初步建成一体化行业监管和服务平台，数据资源利用水平和信息服务能力明显提升，形成一批具有较强信息技术创新能力和信息化应用达到国际先进水平的建筑企业及具有关键自主知识产权的建筑业信息技术企业。同时，对勘察设计类、施工类、工程总承包类企业做了具体部署，积极探索"互联网＋"，对推进建筑行业的转型升级具有重要意义。

13.4.4　工程项目管理信息化的发展趋势

1. 中国工程项目管理信息化的现状

历经几十年的实践和探索，中国工程建设逐步建立了一整套既与国际接轨，又符合中国国情的工程建设管理体系。但另一方面，应用信息化技术对工程项目进行主动和有效管理的水平仍然很低，不能保障项目建设的规范推进和项目过程中资料的有效收集与分析。工程项目的运营维护和科学化管理与国外相比均有很大的差距。

我国的许多企业开始引进项目管理方法，进行业务流程的再造，建立项目管理系统。国内许多大型企业的大型或者特大型项目在这方面投入很大，但能够有效运行的并不多。随着企业信息化进程的快速推进，企业在信息化的过程中投入了大量的资源，结果却不是那么令人满意。除了 CAD 等基础技术的应用取得了不错的成果之外，现阶段企业信息化涉及管理信息化层面就没有这么幸运了。信息化样板工程很大一部分成了面子工程。比如，我国某大型建设项目投资近千万美元与国外某项目管理公司合作开发了一个基于网络平台的建设项目管理系统，系统的功能是先进的、完备的，但目前仅有约 20％的单个功能获得使用，并没有在整体上提高项目管理水平。

即便是一些管理较好的工程项目，也或多或少地存在一些问题，如项目可行性论证不充分；用户需求不全面、不准确；用户要求一变再变、工程进度一拖再拖；甲乙双方的合同书条文不规范，缺乏可执行性，或存在二义性；出现争执时，双方各执一词、争执不下；缺少对设备监理、对系统的评测验收；工程结束后，承包方没有提交与工程有关的文档资料，严重影响了工程的连续性、继承性、可扩展性；工程长时间不能投入正常运行、工程款一再拖欠，承包方也迟迟拿不到工程款，等等。

上述问题在我国许多企业和项目中之所以存在，一方面是因为管理体制、组织行为方面的障碍；另一方面则源于管理信息系统软件的盲目选择以及软件本身的集成度不高。具体到大多数项目管理软件而言，目前最突出的问题就是软件系统集成度和推广应用深度不够，具体体现在以下几个方面：

（1）信息资源管理基础标准体系尚未形成，信息共享不佳，存在"信息孤岛"现象。公共基础数据编码的不一致，导致数据的不一致性，数据质量难以有效控制，数据共享和关联程度不够。

（2）业主与承包商的数据不连续、不集中，施工、监理、项目部数据独立，各部门的信息传送成本较高。

（3）数据库的准确性和完整性仍需要持续落实。

（4）工程数据库向生产移交的内容和方式难以落实。

（5）推广应用力度不够，软件进一步改进的工作量超出当前信息技术力量所能承受的范围。

2. 工程项目管理信息化的发展趋势

目前，计算机已广泛应用于建筑业，不仅涉及计算机辅助设计、投资控制、进度控制、合同管理、信息管理以及办公自动化等各个方面，还涉及工程项目全寿命周期的各个阶段，包括决策阶段、实施阶段和运营阶段。但是这些软件的开发仅仅面向工程建设特定领域中的特定问题，没有从建筑业的角度考虑跨领域的信息传递与共享要求。这些软件通常是片面和孤立的，彼此之间很难进行有效的信息沟通，从而导致了"信息孤岛"现象。

"信息孤岛"现象已经严重制约了信息技术在工程建设中的充分应用和进一步发展，越来越多的专家开始关注不同应用领域的信息交换与系统集成问题。

随着相关标准的研究和应用，如国际互用联盟（International Alliance for Interoperability，简称 IAI）提出了行业基准分类（Industry Foundation Classes，简称 IFC）；国际标准化组织（International Standard Organization，简称 ISO）提出了产品模型数据交换标准（Standard for The Exchange of Product Model Data，简称 STEP）；信息和通信技术的应用体现出标准化、集成化、网络化和虚拟化等特点。应用的趋势主要包括以下几个方面：

1）基于建设产品和建设过程（而非文件）的信息模型和信息管理，如建筑信息模型（Building Information Model）；

2）建设项目全寿命周期各阶段之间信息的无遗漏、无重复传递和处理，即建筑全寿命周期管理（Building Lifecycle Management，简称 BLM）；

3）模拟技术、虚拟技术（仿真技术）在建筑业中的应用，如虚拟建筑（Virtual Construction）等；

4）基于网络的项目管理、信息交流以及协同工作等，如基于网络的项目采购、项目信息门户（Project Information Portal，简称 PIP）、可视化技术的应用等。

集成化和网络化是两个重要发展方向。集成化主要是由独立系统向集成系统发展，网络化则是改变建筑业生产方式和管理方式的重要手段。网络技术的应用对建筑业管理信息化发展方向起着决定性的影响。从目前的发展趋势来看，工程项目管理信息化的主要发展趋势之一就是基于网络的工程项目管理。

（1）工程项目全寿命周期管理

工程项目全寿命周期管理（Building Lifecycle Management，简称 BLM）的产生主要源自建筑业所面临的挑战。据统计，自 1964 年到 1998 年期间，包括机械制造、建筑、服务等所有非农业行业的平均劳动生产率指标提高了约 80%，而建筑行业的劳动生产率指标却有所下降。甚至有研究人员指出，整个建筑行业需要用创新的手段以达到突破性的目标。在以上背景情况下，以美国 Autodesk 公司为首的建筑业信息化倡导者提出了建设项目全寿命周期管理的概念。

Autodesk 公司的研究成果认为，建设项目信息全寿命周期的行为本质就是创建（Create）、管理（Manage）和共享（Share），如图 13-6 所示。

Autodesk 公司根据建设项目信息全寿命周期的行为本质，提出了两个轮子的解决方案。

1）第一个轮子：基于数据层面的协同设计，改变信息创建过程。方法是采用建筑信息模型（BIM），实现由二维到三维、由图形到建筑信息模型的转换。在产品支持上，

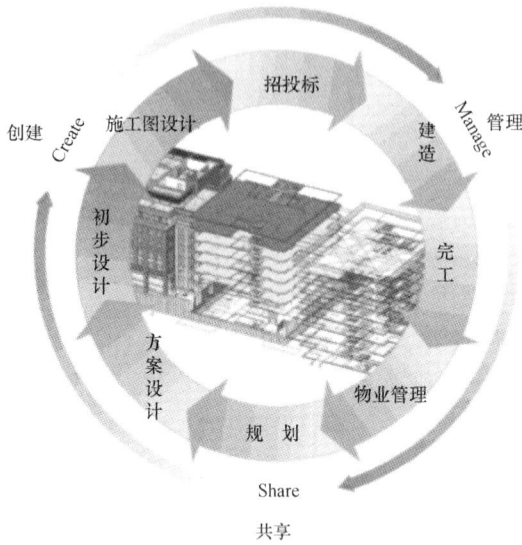

图 13-6 信息的创建、管理和共享过程

Autodesk 提出从 AutoCAD 到 Civil 3D 和 Revit 的思路，如图 13-7 所示。

通过 Autodesk Revit 信息化建筑模型的设计信息自我控制管理机制，信息的创建可以保证其免于低级错误的准确性，大幅改进设计的质量与效率。

2）第二个轮子：基于沟通层面的协同作业，改变信息的"管理"和"共享"过程。方法是采用项目全寿命周期管理（BLM）技术，实现从杂乱无序的沟通方式到在线协同作业，如图 13-8 所示。

在产品支持上，Autodesk 提出从电话、传真、快件、双脚、Email 和图纸（后缀名为 DWG）到 Buzzsaw 和 DWF 的思路。

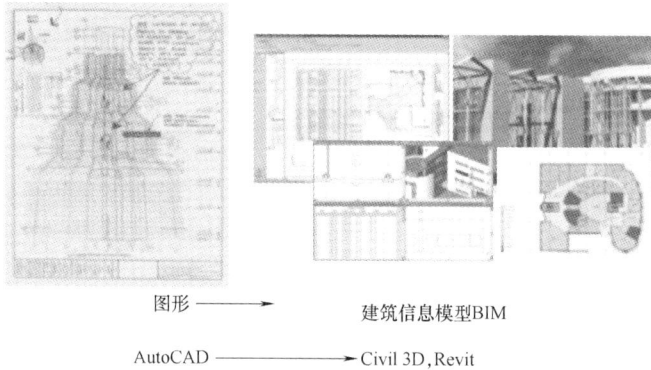

图 13-7 信息创建过程的改变

通过 Buzzsaw 实时、中心化的项目信息管理，所有参与方得以在任何时间、地点、准确地共享同一信息。这个与 DWG/DWF 图纸完全集成的环境，确保项目团队能准确地在同一信息基础上，协同工作。

Buzzsaw 是一个基于 Internet 的在线协同作业平台，概括来说，其主要功能包括四个方面，即项目资料完整信息的存储中心、项目成员协同作业的沟通平台、项目进展动态跟踪的检查手段和版本控制浏览批注的实施工具。

DWG 和 DWF 都是一种文件格式。DWG 是 AutoCAD 产生的图形文件格式，而 DWF 文件格式是 Autodesk 公司推出的文件 WEB 发布格式，它为共享设计数据提供了一种简单安全的方法。DWF 可以为所有设计信息的有效管理提供很好地保障，确保发布的信息能被项目参与成员在授权范围内在线阅读或修改。DWF 是一种开放的格式，可由多

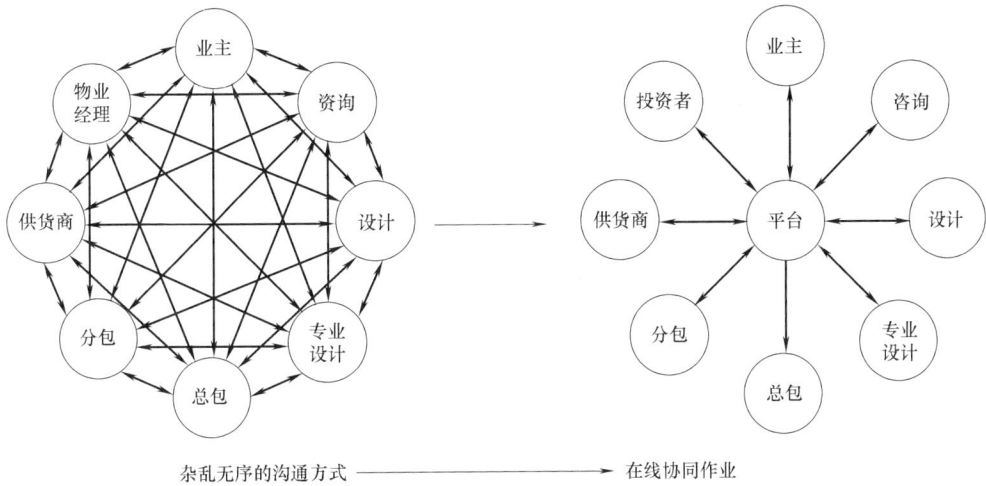

图 13-8　改变信息管理和共享过程

种不同的设计应用程序发布；同时又是一种紧凑的、可以快速共享和查看的格式。DWF与 Autodesk 查看工具一起构成了建筑全寿命周期管理的基础，架起了设计者与其他项目参与单位和成员之间沟通的技术桥梁。

（2）BIM

进入 21 世纪后，一个被称为"BIM"的新事物出现在全世界建筑行业中。BIM 源自"Building Information Modeling"的缩写，中文常译为"建筑信息模型"。BIM 问世后，不断在世界各国建筑界中施展"魔力"，但随着研究和应用的不断发展，BIM 的含义比它问世时已大大拓展。NBIMS-US V1（United States National Building Information Modeling Standard，Version 1，即美国国家 BIM 标准第一版）关于 BIM 的论述引发了国际学术界的思考，国际上关于 BIM 最权威的机构是 bSI（buildingSMART International），其网站上有一篇题为《开放的 BIM 不断发展 BIM》(The BIM Evolution Continues with OPEN BIM)，根据该文对"什么是 BIM"的论述，可以认为 BIM 包括三个方面的内涵：

1）Building Information Modeling：是在开放标准和互用性基础上建立、完善和利用设施的信息化电子模型的行为过程，设施有关的各方可以根据各自职责对模型插入、提取、更新和修改信息，以支持设施的各种需要，被认为是 BIM 建模。

2）Building Information Model：是设施所有信息的数字化表达，是一个可以作为设施虚拟替代物的信息化电子模型，是共享信息的资源，可被称为 BIM 模型。

3）Building Information Management：是一个透明、可重复、可核查、可持续的协同工作环境，在这个环境中，各参与方在设施全生命周期中都可以及时联络，共享项目信息，并通过分析信息，做出决策和改善设施的交付过程，是项目得到有效的管理，可称为建筑信息管理。

BIM 是一种创新型的建筑设计、施工、运营和管理方法，在建设项目各个工作环境运用 BIM 技术，通过基于 BIM 的建筑项目协同工作平台，让信息最大限度重复使用，减少重复工作，提高生产效率，工作过程和成果直观可视，提高了工作质量，可有效控制工程造价，降低项目风险，已经成为主导建筑业进行大变革的推动力。

BIM 技术应用在工程建设领域，往往需要的不仅仅是一个或一类软件，而是诸多不同软件的相互协调，软件数量之多，组成了一系列的 BIM 软件系统，如图 13-9 所示。

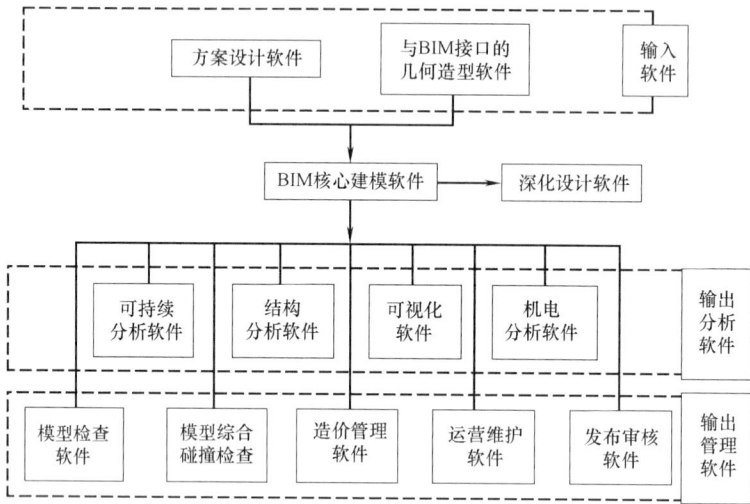

图 13-9　BIM 软件系统

BIM 技术的成功应用是由基础软件决定的，其他应用性软件则是在 BIM 核心建模软件基础上实施的，需要核心建模软件与应用软件共用一套标准的数据格式，从而让建筑信息能在不同软件之间顺畅传递。常见的 BIM 软件种类如下：

1）BIM 核心建模软件

BIM 核心建模软件（BIM Authoring Software）是 BIM 技术的基础，目前主要由 Autodesk、Bentley 等四个公司提供，每个公司的核心建模软件侧重各有不同，具体的对比如表 13-3 所示。

BIM 核心建模软件　　　　　　　　　　　　　　　　　　　　　表 13-3

公司	软件	应用市场
Autodesk	Revit Architecture	侧重点在民用建筑市场,市场份额大
	Revit Structure	
	Revit MEP	
Bentley	Bentley Architecture	在工厂设计(石油、化工、电力、医药)和基础设施(道路、桥梁、市政、水利等)领域使用较多
	Bentley Structure	
	Bentley BMS	
Nemetschek Graphisoft	Archi CAD	国内建筑业使用普遍
	AIIPLAN	德语区使用较多
	Vector works	美国使用较多
Grey Technology Dassault	Digital Project	基于 CATIA 面向工程建设行业
	CATIA	高端机械设计制造软件,在航空、航天、汽车等领域具有垄断地位

2）BIM 方案设计软件

在设计初期，BIM 方案设计软件主要是通过参数化建模将业主设计任务书中描述的项目转化为三维几何形体的建筑方案，用于业主和设计师之间的沟通和方案论证，它可帮助设计师验证设计方案与业主设计任务书中的项目要求是否相匹配。BIM 方案设计软件创建的参数模型可导入 BIM 核心建模软件中，根据项目需求进一步深化设计，并继续验证满足业主要求的情况。目前，BIM 方案设计软件有 Onuma Planning System 和 Affinity 等。

3）与 BIM 接口的几何造型软件

BIM 核心建模软件包含几何造型的功能，但由于 BIM 核心建模软件侧重的是参数模型整体的创建与管理，导致某些不常用功能无法实现以及整体操作复杂，在设计初期的形体、体量研究或者遇到复杂建筑造型的情况时，使用几何造型软件会比直接使用 BIM 核心建模软件更方便、更高效。因此，将实用高效的几何造型软件的成果输入到 BIM 核心建模软件中，能进一步完善几何造型效果。目前，与 BIM 接口的几何造型软件有 Sketch-up、Rhino 和 FormsZ 等。

4）BIM 可持续分析软件

可持续分析软件可使用 BIM 模型的信息对项目进行日照、风环境、热工、景观可视度、噪音等方面的分析，主要软件有国外的 Echotect、IES、Green Building Studio 以及国内的 PKPM 等。

5）BIM 结构分析软件

结构分析软件是最早与 Revit 等 BIM 核心建模软件对接，实现设计、管理、研究一体化的产品。BIM 系统最初是为建筑结构分析而设计的，两者在信息的双向交互上具有先天的优势。Revit 等 BIM 核心软件具有建筑结构子系统，结构分析软件能够直接获取系统下的模型及数据进行结构分析，而结构分析软件内进行的参数修改也可以在 BIM 核心软件内实现自动更新。目前，BIM 结构分析软件有 PKPM、Robot、STAAD 和 ETABS 等。

6）BIM 可视化软件

BIM 可视化软件能减少可视化建模的工作量，提供模型的精度及与设计（实物）的吻合度，可以在项目的不同阶段以及各种变化情况下快速产生可视化效果。常用的可视化软件包括 3DS Max、Artlantis、AccuRender 和 Lightscape 等。

7）BIM 机电分析软件

水暖电等设备和电气分析软件国内产品有鸿业、博超等，国外产品有 Designmaster、IES Virtual Environment、Trane Trace 等。

8）BIM 模型检查软件

BIM 模型检查软件既可用来检查模型本身的质量和完整性，例如空间之间有无重叠、空间有无被适当的构建围闭、构建之间有无冲突等；也可以用来检查设计是否符合业主的要求、是否符合规范的要求等。目前具有市场影响的 BIM 模型检查软件是 Solibri Model Checker。

9）BIM 综合碰撞检查软件

模型综合碰撞检查软件的基本功能包括集成各种三维软件创建的模型，进行 3D 协调、4D计划、可视化、动态模拟等，属于项目评估、审核软件的一种。常见的模型综合碰撞检查软件有 Autodesk Navisworks、Bentley Projectwise Navigator 和 Solibri Model Checker 等。

10）BIM造价管理软件

造价管理软件是利用 BIM 模型提供的信息进行工程量进行工程量统计和造价分析，由于 BIM 模型参数化和结构化数据的支持，基于 BIM 技术的造价管理软件可根据工程施工计划动态提供造价管理需要的数据。目前，BIM 造价管理软件有 Innovaya、Solibri 和国内的广联达、鲁班等。

11）BIM运营管理软件

BIM 模型在建筑运营阶段的运用具有强大的推动力，不仅能提供建设方案，还能为建筑物的运营管理提供支持。市场上最有影响力的运营管理软件有 Archibus 和 Navisworks 等。

12）BIM发布审核软件

最常用的 BIM 成果发布审核软件包括 Autodesk Design Review、Adobe PDF 和 Adobe 3D PDF。发布审核软件把 BIM 的成果发布成静态的、轻型的、包含大部分智能信息的、不能编辑修改但可以标注审核意见的、更多人可以访问的格式，如 DWF/PDF/3D PDF 等，供项目其他参与方进行审核或利用。

复习思考题

1. 如何理解工程项目管理中信息的含义，它有哪些特征？
2. 什么是信息管理？信息管理应该满足哪些要求？
3. 工程项目信息管理有哪些基本环节？
4. 工程项目文档资料的含义是什么？它有哪些主要特征？
5. 文档管理有哪些要求？文档系统是如何建立的？
6. 什么是工程项目管理信息系统？它有哪些基本功能？
7. 简述"信息化"、"信息孤岛"和"工程项目管理信息化"的含义。
8. 我国实施国家信息化的总体思路是什么？
9. 简述工程项目全寿命周期管理（BLM）解决方案。

参 考 文 献

［1］ 中国建设监理协会. 建设工程监理概论. 北京：知识产权出版社，2006.

［2］ 许晓峰，沈清立，刘彦生. 工程建设监理手册. 北京：中华工商联合出版社，1999. 1

［3］ 詹炳根. 工程建设监理. 北京：中国建筑工业出版社，2000.

［4］ 王长永，李树枫. 工程建设监理概论. 北京：科学出版社，2001.

［5］ 周坚，陈召军. 工程建设监理理论与实务. 西安：西安地图出版社，2001.

［6］ 巩天真，张泽平. 建设工程监理概论. 北京：北京大学出版社，2006.

［7］ 中国建筑业协会，清华大学，中国建筑工程总公司. 工程项目管理与总承包. 北京：中国建筑工业出版社，2006.

［8］ 吕茫茫. 施工项目管理. 上海：同济大学出版社，2005.

［9］ 盛天宝等. 工程项目管理与案例. 北京：冶金工业出版社. 2005.

［10］ 卢有杰. 项目经济学. 北京：中国水利水电出版社、知识产权出版社，2006.

［11］ 宋淑启等，现代项目管理与论与方法. 北京：中国水利水电出版社，2006.

［12］ 王卓甫，杨高升. 工程项目管理——原理与案例. 北京：中国水利水电出版社，2005.

［13］ 全国一级建造师执业资格考试用书编写委员会. 建设工程项目管理（第四版）. 北京：中国建筑工业出版社，2014.

［14］ GB/T 50319—2013. 建设工程监理规范. 北京：中国建筑工业出版社，2013.

［15］ 建设工程监理合同（示范文本）（GF-2012—0202）. 住房和城乡建设部、国家工商行政管理总局制定.

［16］ 全国造价工程师执业资格考试培训教材编审委员会. 2013 年版建设工程计价（2014 年修订）. 北京：中国计划出版社，2014.